在实践中感悟
在感悟中成长

——我的教育故事

赵国弟——主编

中西書局

本书编委会

主编：赵国弟

编委：朱君可　江海虹

　　　江　雷　陆晓红

　　　周　燕

（按姓氏笔画排序）

目　录

我也来讲几个故事

◇陈家昌

这是一本教师讲述自身成长故事的书。沉甸甸的书稿里每一页都记载着教师在教育教学实践中的认识、感悟、成长、收获，这是教师专业发展的第一手资料，弥足珍贵。

歌德说："理论是灰色的，而生命之树长青。"来自教师们自身的成长故事的价值，全在于这些成长故事不仅是真实的，而且是教师自己叙述的，自主感悟的，原汁原味的，因此是最具生命力的。

我的办公室就在这所充满活力的校园里。暮鼓晨钟，我常常能感受到这所学校日新月异的变化，耳濡目染师生们的成长与成熟，体验着教育工作者的辛苦、收获与欢欣……

我也来讲几个故事。

一、这里的孩子很自信

2013 年的一天，在英国伦敦的一所历史名校的校长办公室，一位身穿汉服的小男孩手提一把茶壶，将一盏盏热气腾腾、香气四溢的普洱茶递给校长和老师们。

校长和老师们欣赏着孩子从洗茶、注水、烹茶、闻香，到泡茶、递送茶盏的整个过程，大家一边品着茶，一边都赞许地点着头。来自上海市进才实验小学的这个小男孩，就这样被这所很难考进的英国名校录取，转入该校五年级就读。

2015 年夏季，上海市进才实验小学一名学生随父母到瑞士伯尔尼定居，其父母为他联系了一所当地名校，校方提出要测试一下，看看这孩子能否适应本校的学习和生活。

那天上午，父母带着孩子一起来到校长室。孩子随身携带的一把乐器引起了校长和老师们的兴趣，于是，孩子从容地拿起乐器，吹奏了一首充满浓郁民族色彩的《芦笙恋歌》。

校长和老师们听得入迷，纷纷夸奖孩子吹得好。孩子说："这是中国云南少数民族的乐器，名叫'葫芦丝'，我们上海进才实验小学所有的孩子都会吹。"

瑞士名校的校长和老师们惊叹不已。孩子也顺利地被录取了。

那位移居瑞士的孩子说的是事实：进才实验小学三千多名学生，的确人人都会吹奏葫芦丝。每年一月初，在期末考试之前，进才实验小学都会在东方艺术中心举办迎新音乐会。迎新音乐会的一个保留节目，就是全场葫芦丝合奏。几千个同学齐声吹奏葫芦丝，悠扬的曲调，壮观的场面，也令观赏的家长无比激动。

其实，学生的自信，关键还是源自校长的自信。进才实验小学每年都要在期末考试之前举办迎新音乐会，最初，有些家长不理解，有些老师颇为担忧：考试之前，学生们的主要任务不是复习吗？怎么可能抽得出时间排练节目呢？

校长赵国弟做家长和老师的思想工作。他说："我们学习的目的不是为了考试成绩，而是为了孩子终身发展的需要。我们要抓的是一贯的聚焦课堂、聚焦教学，通过有效教学，使孩子们真正掌握学科知识，并能够熟练运用，而不在于集中复习的那么几天。"

实践证明，赵校长的分析是对的。进才的孩子，没有因为排练节目而影响考试成绩，实际上那些登台表演节目的孩子，大多数考试成绩都超过了班级和年级的平均成绩。

进才实验小学校长赵国弟经常说，要办一所"让每一位学生都能在自信、文明、负责、快乐、成功中得到主动发展的学校"。

这句话，已经成为进才实验小学的办学理念，成为全体教职员工的共同愿景。

这句话，也因进才的孩子在各种场合的精彩表现，而得到一次又一次的证明。

有一位家长曾经对我说过这样的话："进才实验小学的校长有魄力和胸怀，他让自己的学生从小就在东方艺术中心这样的音乐殿堂表演，他们长大后，还会畏惧哪一个舞台呢！"

这个家长说得不错。进才实验小学的孩子们不仅活跃于东方艺术中心，他们在德国的汉堡花博会、意大利、英国的国际音乐节上都有不凡的表演，他们与俄罗斯艺术学校的孩子们合作演出，给人们带来了非常值得回味的艺术享受。

二、十分钟改变家长择校的决定

那还是2011年春季，有一位老朋友托我为他即将上小学的孩子择校，他们夫妇心仪的是一所名闻遐迩的名校。当我陪着朋友到那所学校，得到校长的首肯后，可以明显地看到孩子父亲脸上如释重负的表情，因为谁都知道，孩子要进这所学校有多难！

我不经意地问了一句："孩子放弃的是哪一所学校？"朋友回答说："就是我家对面的进才实验小学！"他不知道的是，就在前一年，九年一贯制的进才实验学校拆分后，担任小学校长的是很有教育管理经验且创办过好几所学校的赵国弟校长。

朋友开车回去的路上，恰好要经过进才实验小学，于是，我看似不经意地提议，反正入学手续已经办好，不妨去这所学校看看。朋友轻松地答应了。

当我们走进进才实验小学校长办公室时，正好有一位新生家长在向校长咨询孩子教育的相关事情。我们不好打断，便坐在一旁旁听。

那位新生家长关心的事，其实也就是我的那位朋友关心的事，也几乎是中国所有新入学孩子家长担忧的事：学校的教育质量如何抓，会不会给孩子很大的压力；孩子上下学的安全问题，校门口有没有交通安全隐患；会不会因注重分数，而耽误了孩子的艺体发展；等等。

赵校长非常耐心地为家长排疑释难。他说了一些给我留下深刻印象的话："学校绝不会以沉重的学习压力来换取孩子的分数，也不会以舍弃教学质量来发展艺体，这个问题的关键在于提高课堂教学的质量，提高课堂教学的有效性。""学校每天上午的第一节课，就是阳光体育活动，基本上是孩子的自由活动。如果孩子多睡一会，晚一点到校，也没有关系。"他还说："孩子客观上存在着差异，用同一个模子来衡量所有孩子的发展，是不科学的，也是不可取的，进才实验小学要让每一个孩子在原来的基础上，通过学校教育得到符合其个性要求的发展，而不是让每一个孩子从不同的起点走向同一个高度，同一个终点。"他还向家长具体介绍了一年级设立的“小荧星班”，以及学校开展的艺体教育等情况，并说明了学校附近安全情况以及校内安全的种种措施。

毕竟是语文教师出身，赵校长的语言很有吸引力，时而激昂，时而诙谐，时而低沉，言谈之间，透出一位成竹在胸的校长的底气。听了赵校长的解答，那位家长满意地离开了。

我看看手表，时间刚好过去了十分钟。

就在这时，意料之外情理之中的事情发生了。和我一起来的那位朋友贴近我的耳朵，小声却又坚决地说：“我们去把入学告知书拿回来，我的孩子要在这里读书！”我提醒朋友，这件事应当和孩子的妈妈商量一下，因为当初选择那所学校是他们的共同决定。于是，朋友走出办公室，给妻子打电话。没过几分钟，他就匆匆进来，告诉我和校长，他们决定孩子就在这里学习。尽管为了他们孩子的择校，我做了不少工作，但是对于这个决定，我很高兴。

其实，在我看似不经意地提出到进才实验小学看看时，我就期待着奇迹的发生。我了解赵校长，我想只要家长能亲身感受到这位校长的人格力量，谁会愿意放弃这样的学校呢？

如今，六年过去了，每次与那位朋友见面问起孩子的学习情况，朋友夫妇都是喜形于色。据他们说，孩子的学习成绩虽不突出，但是他们十分赞同赵校长的办学思想，他们认为小学阶段的关键不在分数，而在于校园文化氛围的熏染，在于良好的性格、习惯、品德的养成，这些都是在为孩子的一生幸福奠基。因此，他们表示对于孩子入学的决定，并不后悔。

三、上海与云南教育交流的亲善大使

2002 年，赵校长作为上海的支教教师，到云南楚雄州支教一年，主要任务是帮助创办楚雄州开发区实验小学，并担任该校首任校长。楚雄州是浦东对口支援的西部贫困地区，那里的教育设施和生活条件与上海有着天壤之别，更重要的是，要改变西部教师和干部长期形成的教育观念，其困难的程度，不亲临亲历，难以想象。

赵校长后来说，他清楚地意识到，帮助云南创办学校不仅是一个人的责任，而且体现上海对云南的支持，代表东部地区对西部地区的情谊，因此这项任务

“不言失败、不许一般、只准成功”。

因此，接受任务后，赵校长立即启程于当年5月中旬到达楚雄州，经过3个月的奋战，于8月下旬正式开学。在赵校长的努力下，这所小学刚一成立，就创造了当地的四个“第一”：第一所一年级就开设英语课并使用发达地区英语教材的小学、第一所拥有校本课程的小学、第一所建有心理辅导室的小学、第一所设有学生选修课的小学。现在，十年过去了，这所小学依然是楚雄州最好的小学之一。

支教一年的工作任务圆满完成后，云南教育主管部门给予赵国弟很高的评价，授予他楚雄彝族自治州有突出贡献的优秀专业技术人才一等奖、楚雄州优秀教育工作者、云南省支教先进教师等称号，并奖励赵国弟和他的团队两万多元，而他们立即将这笔钱捐献给了云南的一所乡村学校。

回上海后，每每想起云南的学校，想起云南孩子翻越崎岖的山路到校上学，想起云南的教师默默奉献，赵国弟的心就难以平静。为了拉近两地教育水平的差距，他主动担任起了两地教育交流的“亲善大使”。每年，他都要派出教师到云南支教；每年，他还要邀请一批批云南的校长、教师到上海来研修，来挂职；每年，他都会组织一批批上海的校长、教师到云南考察，帮助教学。他将上海最新的教材和教参寄到云南的学校，给老师作参考资料；他还毫无保留地将本校管理制度等材料提供给云南的同行。

正因如此，赵国弟在云南教育界具有重要影响，云南把他当作本省的校长，每年全省的校长会议都会邀请他参加。国弟还是云南小学校长协会的顾问。

国弟曾对我说过，他自己出生在浦东的一户普通农家，深知底层民众生活的艰难，正是怀着教育改变人生的朴素想法，他报考了师范学校，毕业后又回到乡村学校任教。他说，上海，特别是浦东，教育发展很快，我们应当帮助西部地区发展教育，让更多云南乡村的孩子通过教育改变命运，这是一个教育工作者对社会应尽的责任。

他是这样说的，更重要的是，他也在这样身体力行地做着。

我们这一批担任进才实验小学顾问的老教育工作者，受赵校长的精神感召，也多次赴云南为教师培训出力。例如2017年11月，我就两次往返于上海和楚雄之间，为云南教师国家培训和教学副校长培训做讲座。

我的亲身感受是，在云南小学教育界，提起赵国弟校长的名字，大家都很认可，也都深感亲切。

四、善待教师，不忘旧雨

许多人都相信管理是科学，但不知道管理也是艺术。许多人都相信管理需要刚性的制度，但不知道管理也需要柔性的关怀。进才实验小学的赵国弟校长能将两者有机统一起来，从而创造既有集体意志，又有个体个性、生动活泼的管理局面。

例如，一般学校安排教师课表大多是学校教务处的事，但是进才实验小学每年的课表安排，赵国弟都会亲自过问。假期里，教导处负责人将新学年的课表交给校长，他会仔仔细细地琢磨推敲，然后根据教师的特长，甚至根据教师性格和气质上的特点，进行调整。更有意思的是，在调整过程中，他会与每一位教师进行沟通，充分尊重教师的个人意向。

再比如，赵国弟先后担任过六所小学的校长，他有一个自己习惯的做法，就是要访遍所有教师的家，因此，他对教师的家庭背景，以及与此相关的教师的心理需求等都十分了解。有教师的孩子参加中高考，他会主动帮助联系资深教育专家为他们提供咨询服务，会在一定的时间段里减少他们的工作量，让他们有时间处理孩子升学的事。

由于气候突然变化或严重堵车，一些教师偶尔会迟到，很担心受到校长批评。然而，只要不影响学生上课，国弟一般不会严厉地指责教师，而是会问明情况，加以提醒。

当极个别教师确实存在一些较为严重的错误时，赵国弟也会在全面了解情况后，与之个别谈话，严肃批评，但不在众人面前给人以难堪。

特别值得一提的是，赵校长不忘旧雨。他说过，老同志教育和管理经验丰富，尊重并发挥他们的积极作用对办学有百利而无一弊，何乐而不为呢？

很多人知道，进才实验小学中活跃着一支资深专家队伍。细细数来，在教科研指导方面有资深校长陶德林，手把手指导教师实践研究、撰写论文；体育组有资深教研员周师章老师，长年累月坚持带教带研，使进才实验小学体育组成果斐然；浦东小学语文教育教学的公认专家汪立民老师，每周都会来语文组听课指导，他还带教多位语文教师；书法家褚元龙老师，每周都来学校指导孩子写字；

资深数学教研员顾忠坚老师，定期到校指导进才实验小学数学组的教师们。还有许许多多资深专家，长期在进才实验小学发挥余热，帮助各学科教学扎扎实实推进，取得辉煌成效。

在赵国弟校长的办公室，经常可以遇到已经退休的老教育专家、资深教研员和学科教师。因为赵国弟尊重他们，愿意听他们的意见和建议，因此他们也愿意到赵国弟这里转转，给点力所能及的帮助。有人戏称赵国弟办公室是退休教师俱乐部，他听到后笑着说："这又有什么不好呢？俱乐部，不就是大家聚在一起快乐的地方吗？只要大家感到快乐，就到我这里来吧！"

在进才实验小学的每一天，我都能够感受到学校改革与发展的脉搏在跳动着，感受到孩子们如生机勃勃的小树，茁壮成长着，感受到教师如沐春风，苟日新，日日新地成长与成熟着……

陈家昌

（上海市进才实验小学顾问，《论语导读》编著者）

读书故事

发现与重建

◇郑 楠

头顶的电扇“呼呼”转着，窗外的蝉鸣隐隐传来，阳光寻着窗户的缝隙洒入房间。我静静倚坐着翻一本书，周围是三三两两的同学，伴着轻浅的呼吸和轻不可闻的书页翻动的声音。记忆里总有个角落存放着这个画面，这是高三最后一学期每周一次的阅读课，老师安排我们去校园图书馆借阅书籍，我们便坐在阅览室里静静阅读。

“这世上如果有天堂，天堂应该是图书馆的模样。”博尔赫斯这样说过。回想那段时光，面对高考的压力，自己烦躁的内心似乎在这静谧的阅读中找到了天堂般的轻松和安宁。是啊，书就有这样一种魔力，似翅膀，让你能像鸟一样，翱翔天际，遍览世界风景；似钥匙，打开知识的大门，开启灵智的起源，赶走蒙昧；似雨，润物无声，滋养枯涩的心灵，温润干涸的灵魂。

白驹过隙，我的从教之路已迈入第 5 个年头了。初为教师的茫然无措，面对特殊学生的纠结苦恼，教学过程中的迷茫与思考，对未来的把握与希冀，冥冥中，我总在书里找到这些问题的线索和答案。

勇气与 π

2012 年是我正式进入教师队伍的第一年，作为一个初出茅庐的大学生，我还自认为自己是个涉世未深的大孩子呢！就这么赶鸭子上架似的，我竟然做起了一年级学生的语文老师兼班主任。炎热的七八月，一拿到学生的信息，我就热火朝天地准备去家访了。我强装着镇定，换上颇为正式的裙子，端着自认为专业、严肃的表情，叩开了学生的家门。一切好像挺顺利的，家长们特别理解、尊重老师，学生们也是个个活泼可爱。我长舒一口气，看来做个班主任也没那么难。

没过几天，一年级新生培训开始了，四十几个学生坐在教室里，个个瞪大着眼睛看着我，仿佛在问："老师，该做什么呀？"腾的一下，我脸红了，我该做什么呢？怎么让他们坐坐好？该训练什么行规要求？原来做好的准备几乎都忘了，脑袋里仿佛一团糨糊。我边上的副班主任——一名资深教师，仿佛看出了我的窘迫，走上前，熟练地和学生们打着招呼，通过几首儿歌和绕口令，让课堂变得有模有样了。这时，我才回过神来，初识站好"三尺讲坛"的不易。

此后，学生们似乎也看出了我是个"菜鸟"老师。上语文课时，总有这么几个调皮捣蛋的孩子爱插嘴，又有几个孩子在底下悄悄做着小动作，批评他们两句就好一些，可过了一会儿又故态萌发。于是课堂上，此起彼伏的小声音、小矛盾就和雨后不断冒出的春笋一样。甚至在一节新晋教师的展示课上，孩子们也是活泼有余、规矩不足，多多少少影响了教学目标的达成。那段日子，每天上班对我来说似乎成了折磨，到底怎么管住这些孩子，到底怎么把课上好，到底怎么才能扭转自己控班能力差的形象……茫然无措、恐惧、挫败，甚至自卑、怀疑自己的能力，这些负面情绪一齐向我扑来，压得我喘不过气来。

那时有部电影特别火——李安的《少年派的奇幻漂流》。我被电影里传奇的故事、绚烂的画面所吸引，还特地去买了扬·马特尔的原著《Life of Pi》。书上的简介很简单："一艘孤单小船，一个落难少年，一只孟加拉虎，这是南太平洋上，最艰难的生存考验。"读第一遍时，我已被少年勇敢面对猛虎的勇气所折服。再细读第二遍，我开始对书中一段小插曲特别关注。因为恶作剧和一些莫名其妙的原因，主人公 Pi 的名字的含义从巴黎最美丽的游泳池变成了最肮脏龌龊的排泄之所，这对于 Pi 的伤害是巨大的。但他没有向世俗低头，而是不厌其烦地一遍遍自我介绍，并且将圆周率 π 默写了足足四大块黑板，从此之后，所有人都知道了他是 Pi，独一无二的 Pi。我们普通人估计不会有和猛虎在大海上漂流的经历，但或多或少，都有被人否定、遭遇偏见的时候。其实比起面对老虎的无畏，默写圆周率 π 这种为了目标而努力的行为才体现了真正的勇气。

就这样，我沉下了心，先不纠结于教学目标的达成度，当学生插嘴时，我停下来，告诉他们插嘴是不尊重老师和同学的行为，要改正；当学生坐姿不端正时，我默默走到他身边，扶正他弯曲的腰板，摆好他盘在椅子上的双腿；当学生在开小差玩铅笔橡皮时，我暂时轻轻拿走这些，用眼神示意他认真上课。其实学生才是课堂真正的主人，只有他们认真仔细听讲了，教学才有效果，而只顾着完成教师自己的教学进度，而忽视了学生的失范行为，完全是本末倒置。就这样一节课一节课地纠正，在尊重、关爱和说理中，慢慢地，孩子们的小动作少了，学会管住自己的嘴了，课堂教学渐渐变得流畅起来。

两个月后，当再次面对开课的任务，我仔细准备了教案、课件，对着家里的镜子一遍遍试讲，逐字逐句讲出了教案上的每句话，预设了学生们对每个问题的可能的回答……开完课，点评老师们都一致评价：进步很大，控班能力显著提高。

就像茨威格所说，“勇气是逆境当中绽放的光芒，它是一笔财富，拥有了勇气，就有了改变的机会”。我想，一时的挫折并不代表什么，只要拿出默写圆周率 π 的勇气和努力，一切都会改变。

天才 VS 疯子

想看到真正的世界，就要用天的眼睛去看天，用云的眼睛去看云，用风的眼睛去看风，用花草树木的眼睛去看花草树木，用石头的眼睛去看石头，用大海的眼睛去看大海，用动物的眼睛去看动物，用人的眼睛去看人。……如果有天你看到我疯了，其实就是你疯了。

——《天才在左，疯子在右》

“老师，我昨天实在是太气了，这个孩子发疯了，说他两句就开始歇斯底里发脾气。我直接拨了 110，让警察把他带走……”这天晚上我接到了一个学生家长的电话，听着这个疲惫无奈的母亲絮叨着自己孩子的种种问题。

她的儿子瑞瑞是个特别聪明的男孩子，父母对他寄予很高的期望。每天晚上除了完成学校布置的作业，他还要参加各项辅导班，完成课后的补充练习，和外教老师英语视频，时间排得满满当当。可就是这样，他在学校的成绩还是平平，甚至在日常的行为中常呈现出乖张不可控的状态。上课时，他的手上总是拿满了文具，铅笔当枪架在尺上，橡皮是发射炮，笔袋则是他的阵地，他瞄准着你，把你当作目标朝你不断射击。甚至有次自然课上刚播放了一段视频，他就开始旁若无人地背诵起语文课文，自然老师请他停下他也不听，引得全班同学都和他一起齐声诵读起来，把自然老师气得不轻，请他走出教室，他还不罢休，索性在走廊里大声地背着。

瑞瑞这孩子就像个一点就炸的爆竹，只要外界给了他一点刺激，他就开始失控地爆发。他的妈妈也拿他没办法，有时候晚上督促他做作业时，两个人还经常发生争吵，甚至他还会和妈妈打起来，大叫着："我恨你!"于是他白嫩的脸上偶尔会留下几道打架的痕迹。第二天，他还大张旗鼓地和同学们说这是妈妈打的，他妈妈骂他是"神经病"。慢慢地，同学们看他的眼神都带着点怪异，背地里叫他"疯子"。

这让我突然想起了自己看过的一本书——《天才在左，疯子在右》，这是一本精神病人的访谈手册。书以访谈录的形式记载了生活在另一角落的人群（精神病患者、心理障碍患者等边缘人），里面有两个孩子的案例。这两个孩子都是天才，只是天才的成分中夹杂着灵异：一个在物理方面有天赋的孩子自称能够感觉到四维虫子，所以不断地在物理学上探索，想证明这种超越三维的非物质性生物；另一个孩子拥有极高的智商，觉得自己能看到好运和厄运的颜色，并且经常做一些不被父母理解的举动，但经过作者努力跟她沟通之后发现，她的这些举动看似无理取闹，其实背后有着比成年人更深的思考。

瑞瑞当然不是一个精神病患者，但他这些看似歇斯底里不受控制的行为里，是不是也和书里的孩子一样，夹杂着我们所不懂的思维逻辑？我开始试着和他聊天谈心，寻求他这些行为背后的心理特征。在和他看似随意的交谈中，我了解到原来他觉得妈妈给他安排的课程和作业实在太多了，在家里总是被妈妈盯着做作业，于是就来学校里玩；同学们问起他脸上的伤痕，他觉得要诚实，于是就把妈妈打他和对他说的话都告诉了同学；在自然课上背诵课文，也是因为视频里提到了语文课上刚学过的知识。他的振振有词并非空穴来风，看似无理的一切的背后恰恰有着他自己的思考，但是该怎么扭转他的这些行为呢？

在一次和美术老师的交谈中，美术老师告诉我瑞瑞的想象力特别丰富，观察力也很敏锐，总能画出和别的孩子不一样的作品来。我看了几幅他的画作，还真是这样，笔触自然、用色大胆，想象力极其丰富。这不正是个突破口吗？我心里暗暗想。我找瑞瑞的母亲谈了谈，安抚她内心的焦躁与无奈，并告诉她孩子的学习不急在一时之功，重点是要培养良好的学习习惯，更要和孩子多交流，了解他的兴趣，不要一味地填鸭式补习、做题，要给他一些玩的时间。在学校里，我为瑞瑞准备了本子和一些画笔，当他情绪激动不受控制时，我就把这些给他，让他画一会儿，平复情绪。果不其然，瑞瑞安静了起来，最起码不再扰乱课堂秩序了，他的画也越画越好，艺术节中还代表班级获得了粘贴画比赛的二等奖。同学们下课了也都爱找他画画，请他为自己的本子画上些漂亮的图案，渐渐地，他获得了全班同学的喜爱，他的成长也进入了预期的轨道。

哲学家罗素说过："须知参差多态乃是幸福的本源。"如果真的每个学生都像一个模子里刻出来似的，按照着所谓"好学生"的模板去发展，我想这世界并不会进步得更快些。要用天的眼睛去看天，用云的眼睛去看云……用孩子的眼睛去看孩子，用心灵去感受他们的世界，你才能和他们交流，感同身受，最终发现他们的美和天才。真正的世界大同是参差多态的和谐发展。

保持"无知"

如果有人说他在说谎，那么他是不是一个说谎者？只给不为自己理发的人理发的理发师为什么不能给自己理发？"世上没有绝对的真理"是不是真理？……悖论，就是看似能自圆其说的逻辑推理，却暗含着两个对立的结论。

我曾看过一本哲学普及书——《非是非非》，里面有个很有意思的悖论：知道的越多越无知。这出自苏格拉底和他弟子的一段对话。苏格拉底说："我的知识好比一个圈，这个圈越大，我拥有的知识越多，就发现我无知的领域越宽广。所以说，有知识的人，要比无知的人，更知道自己的不知道在哪里。"这话语看似复杂矛盾，但剥开表面，其实内在蕴藏着深刻的哲理。

如果把一个人所拥有的知识量看作一个圆的面积，对世界的感知区域就是这个圆的周长，知识积累越多，圆的周长越大，接触到越多的未知区域，就会感受到自己未知的还有很多。所以我们常说年少轻狂，无知者无畏，而真正知识渊博的人却永远保持着谦逊之心，因为他深觉自己"无知"。

人在小时候总是满脑子"为什么"，对未知事物充满好奇和求知欲。一本《十万个为什么》，我可以心无杂念地一读几个小时。可长大了，觉得自己什么都懂了，却很难静下心来认认真真去读一本书，去学习，去做学问。尤其刚选择做小学语文老师这个职业时，我甚至有点狂妄地想：我堂堂一个文学系本科毕业生，教点拼音，教几个字，对付几个毛孩子，这不是易如反掌吗？但真正开始给学生们上课了，如何把我已经会的知识教给学生，让他们学思渐进，融会贯通，其实并不容易。一年级语文的头几篇课文里有一首短短的诗歌《下雨啦》，这课的主要任务之一就是学会写“雨”字。可我教了一遍后，学生们对这个生字的遗忘率却很高，不是少了点，就是漏了横。这该怎么办呢？我上网搜索了很多关于识字教学的论文，细细研读，又翻开了大学时学习的《古代汉语》，把其中“汉字的结构和发展”这一章节反复读了几遍，才发现这简单的一个字，其实考验着语文老师的文字功底和文学素养。就拿“雨”字来说，“雨”字对于低年级学生来说字形较难记忆，容易混淆，但其实这是个象形字，而象形是描画事物形状的造字方法。后来我结合看过的论文和书里的理论知识，给学生编了一首通俗易懂的儿歌：天上一片云，打了一道雷，落下四滴雨。这个方法果然让学生们对这个字印象深刻，错误率大大减少。经过这件事，我深深为自己原来的想法感到汗颜。我当时就像待在井底的青蛙，环顾四周只有那点地方，就以为自己全知全能了。等到翻阅了一些书籍，我才仿若走出了井底，发现井外世界的广大，幡然醒悟到自己的浅识。须与书为伴，常修读书、用书之功。

苹果创始人乔布斯也曾说过类似的话：“Stay hungry，stay foolish.”意思是说对待知识要保持饥饿和无知，才有动力和趣味。其实所谓“无知”，就是我们在具有一定的知识之后，仍能保持清醒的头脑，感到自己在许多方面仍很不足，继续求知若渴。

罗曼·罗兰对于读书说过一段很有意思的话：“从来没有人为了读书而读书，只有在书中读自己，在书中发现自己，或检查自己。”的确，有些书非读不可，因为它们是我们文化基因的一部分，读了它们，我们才能更加了解自己，我们的心灵密码才会被破解，我们才会明白自己为何如此，我们的生活才会从自在走向自觉。对我而言，读书，让我有面对困境的勇气，有志于探究的毅力，有体察他人的同理心，有对知识、对生活、对世界的好奇和渴求。我想这就是我在读书中发现自己、重建自己的过程和感悟。

遨游书海　成长彼此

◇倪丽梅

“半亩方塘一鉴开，天光云影共徘徊。”一本书籍打开一扇窗户，精神力量的阳光洒进心灵，给人慰藉；一册绘本点亮一盏明灯，启迪的光芒照亮前行的路途，给人希望；一套图书架起一座桥梁，古今中外的智慧给予大脑养分，给人动力。与书为伴，点滴智慧浸润心灵；分享阅读，辉映心得碰撞思维的火花。做老师的日子里，阅读始终伴随我和学生的成长。

一、阅读与实践并行，豁然开朗

阅读是立体的。阅读是教育教学的起点，教学实践是阅读的延伸和归宿。方寸之间，思维跟随灵动的文字穿梭于知识的海洋，点滴的灵感实践于课堂，而课堂实践又可用来检验真知。

还记得大学刚毕业那会儿，那时的我刚刚加入教师的队伍，面对变幻莫测的课堂状况，颇有些手足无措。幸而，得到教学师父的指点，开始阅读之路。我就像一颗种子，在书籍中获得养分，经历幼苗期、现蕾期、开花期和成熟期的成长过程。

幼苗期，我听到教师职业的召唤，破土而出，从学到教，接受浦东新区区级教师培训，带着希冀走上讲台。教学伊始，我从书店扛回不少教学书籍，在《班主任兵法》里学习与学生斗智斗勇，在爱弥儿的《爱的教育》中发现师爱的可贵，更有《第 56 号教室的奇迹》让我爱不释手，渴求在教育中收获学生的喜爱。阅读为我提供改进工作方法的途径，也为我呈现优秀榜样的案例。

有时候，一股脑儿的阅读也印证了那句“学而不思则罔，思而不学则殆”。在教学迷茫和懈怠时，我重新翻开《论语》，领悟中国教育之精华，感悟到“有教无类”“举一反三”等教育名言中闪烁的贯穿古今的智慧。后来我开始了“读万卷书，行万里路”的阅读征途。走出校门，前往夫子庙瞻仰孔老夫子，感受莘莘学子的成己成物之心，阅览中国历代的教育主张和革新，我深感作为教师的职责之重，非兢兢业业不能为师矣。

现蕾期，我加入学校“青蓝工程师徒结对”，师父鼓励我从书中学，在实践中反思。这个时期，我读思并行，蓄力生根，站稳讲台。在中国教育大家孔老夫子的启发下，我将阅读、思考与践行有机结合，在阅读、质疑中重温教育经典，在观课磨课中思索教学行为背后的教学原理。“纸上得来终觉浅，绝知此事要躬行。”随着对教育教学理解的深入，我尝试着将教学理论融入教学实践之中。2013 年我参加浦东新区教育发展研究院组织的英语教师培训，学习 ICELT 和 TKT 剑桥英语教师课程。在课程中，学员需要根据外教培训师的要求设计教学大纲、开展教学实践并书写教学反思，每篇教学设计和教学反思都得旁征博引，引经据典，说明设计的依据。回首那段日子，我常感自己理论水平的浅薄，便自觉地大量翻阅原版英语教学论著，将深奥难懂的地方反复咀嚼，用以指导我的培训学习。最终我的作业和课堂实践均被评为优等，并以“杰出学员”的称号为培训划上问心无愧的句号。阅读为我的教学带来开阔的视野、收获的快乐。

阅读中汲取的养分，为我赢来了教育教学的开花期，我在学校教学比赛中崭露头角，获得教学比赛一等奖的好成绩。我的五篇小论文也先后发表于国家和市区级教育刊物，其中一篇更是在职称论文评定时获得等级 A。感恩于教研团队的指引，感恩于师父的鼎力扶持，我进步着、探索着。2015 年在学校的推荐下，我的市级青年教师课题《探索基于课程标准的评价——小学低年级英语学科的实践与研究》被准予立项。诚惶诚恐中，阅读为我开启了一扇新的教师发展之门。对于教师专业水平发展的助推器——教育科研，从不会到入门，我在实践中摸索着研究的要素和步骤，践行着评价与教学相伴的路径，探索着评价量表的可操作、可检测性。深感于教育教学理论的匮乏，我报考了华东师范大学英语教育在职硕士，在暑假重返课堂，修炼自己的理论素养。在华东师大的阶梯教室中，小学、初中、高中的教师聚集一堂，紧跟着教授们的思维，领略教育理论的玄妙，或浏览或精读教学专业书籍，互动讨论，构想课堂情境中的新尝试。这个时期，我知行兼修，齐头并进，尝试以新的理念解读课堂实践。

对于职业规划中的成熟期，我翘首期盼。希望通过专业 + 人文阅读，能够厚积薄发，优化课堂，展现新秀力量，向着骨干教师的标杆敢于挑战，努力前行，期待能够像优秀教师一样绽放风采。

不管是握着手机或 Kindle，还是捧着墨香故纸，不管是文字阅读，还是喜马拉雅的听读，亦或是 TED 的视频演说，阅读的意义已经融入工作生活中，不同的阅读追求与方式使得从教的生活洋溢精彩的瞬间。当阅读成为自己日常的例行修为时，它滋养我的灵魂，陶冶我的性情，增长我的见识，书籍让我遇见更好的自己，成为一名向善向上的教师。

二、教师与学生共读，悄然成长

我的阅读成长只是“爱阅读、乐阅读”书香校园的一个小小缩影。正是学校浓郁的阅读氛围，促使我们青年教师在毕业后重新拾起书籍，加入阅读的队伍中。不仅老师爱读书，我们的学生也爱读书。迷你图书馆、两分钟微课程、经典诵读等活动已经成为学校阅读文化中不可或缺的元素。

迷你图书馆走进班级，师生晨读习惯正流行。我们学校是一所拥有近 3000 名学生的特大型小学，学校的图书馆虽然对学生开放，可是怎样才能更好地满足所有学生的阅读需求呢？我校特级校长赵国弟眼光独到：“化整为零，把图书馆搬进每一个班级。”于是，统一定制的图书专用柜被搬进了每一个班级，专柜专用。那么怎么挑图书呢？“让孩子自己挑！”每一位学生都可以向学校推荐值得阅读、希望阅读的、有趣的书籍，学校统一采购，分发到相关的年级。班级迷你图书馆建立了，这就大大激发了学生们的阅读热情。更重要的是，全校固定了“晨读时间”。关爱学生、时常在校园中巡查的赵校长发现，不少学生来得特别早，颇有些无所事事的样子，大把的美好时间就流逝了。何不翻开书来阅读呢？现在，早晨踏进校园，可以看到洒满着晨光的教室里，小朋友们放下书包后，就开始在班主任老师的带领下安安静静地阅读各自喜爱的书籍。孩子们的书桌上有儿童世界图册，有史前恐龙科普读物，有童话故事书，更有英语绘本故事……热心的家长看到此举，也积极为班级迷你图书馆补充有特色的图书。孩子们对图书爱不释手，不仅晨读，课间仍和好友共阅分享，甚至在春、秋游时，也都随身带一本自己喜爱的书籍，闲下来就翻翻、读读。阅读，已经成为孩子们童年生活的一桩快乐事儿。

课前的两分钟微课，智慧光芒闪现此间。我校学生的视野较为开阔，假期里会跟着父母天南地北地出游，于是，利用两分钟预备铃的时间，我们请学生担当主角，分享美文赏析，谈一谈阅读心得，说一说所见所闻。当意见相左时，学生们还会热议一番。两分钟的微课程既可以展示学生的知识积累，锻炼学生的语言表达能力，又可以分享各自的阅读心得，真是一举多得的创举。在学校主管处室的鼎力支持下，各年级各学科的教师都积极制定基于课程标准的、适合学生自主发展的微课程目标和计划，有条不紊地在每节课之前进行。比如，语文的两分钟微课程上，学生分享美文；数学的微课程里，学生分享数学家的小故事；英语的微课程中，学生朗读英语绘本；自然课前，学生说一说自己对野生动物的了解……以五年级某班的一次两分钟微课程为例，小小学生主持人开始以“情”字为飞花令，学生们像传接力棒一样脱口说出：“天若有情天亦老，人间正道是沧桑。”“日斜江上孤帆影，草绿湖南万里情。”“晴空一鹤排云上，便引诗情到碧霄。”……随后，当天的演讲者动情地述说了临近毕业季时，她对“友情”的看法。语文老师就着学生的话题，引出当日上课的主题——有关知己的“高山流水”的典故。五年级学生对于诗词的背诵和掌握，让观课的我颇有些刮目相看，想必这离不开学生平时对诗词的诵读和积累。微课程与语文课无缝衔接，显现了学生的主体地位和教师的引领作用的和谐统一。其实，两分钟微课程试行已两年多，连胆怯的孩子们也敢于当众朗诵喜爱的故事、讲述自己的阅读心得了，那份自信和激情令人感动。

经典诵读展演正当时。《尚书·尧典》中有云：“诗言志，歌咏言，声依咏，律和声。”我校的经典诵读活动，以“兴于诗、立于礼、成于乐”为理论依据，以诵读培养审美、涵养谦谦君子为教学目标，让学生亲近经典，走进经典。台上，演绎气势磅礴的《满江红》，孩子们怒发冲冠的神情仍在眼前；亲子诵读深入人心的《厚德载物》，父母与孩子共同诵读出中华文化中的“尊师重道”。台下，《三字经》《千字文》等通俗易懂的启蒙经典指导着孩子辨是非、明黑白，了解学习生活中的基本礼仪规范，感悟为人处世的基本准则。各种典籍是古圣先贤智慧的结晶，可以直探人性本原。诵读经典，我们宛如站在巨人的肩膀上，大开眼界，舒展胸襟。在抑扬顿挫的朗诵声中，大家无一不感受到中华民族深厚的文化积淀和人文精粹，感受到生命的厚重与永恒。“静如处子，动如脱兔”，在阅读的氛围中，学生的礼仪更规范，思想更活跃。

学生们积极读书，教师们也不例外。学校为教师们搭建了读书会平台，可以在读书会 APP 中自由下载感兴趣的书籍，以听读的方式，在上下班路上像听广播一样聆听自己喜爱的篇章。阅读生活，品味书香，有时就这么简单。

学生们也有自己的阅读群。以英语为例，家长们利用自己的资源，为孩子们设立了“进才打卡群”，孩子们每天跟着在美国读书的小哥哥 Dalton，大声朗读英语绘本故事，把朗读音频分享在打卡群里，大家都可以欣赏。Dalton 会挑选其中的部分音频进行点评，鼓励小伙伴们继续努力。孩子们在良性竞争中收获真知，赢得阅读勋章。阅读，因为分享而变得更有意义，更值得期待。阅读，也使学生、教师、家长拧成一股力量，为了孩子未来的卓越发展而努力。

遨游书海，成长你我。工作中有了阅读，宛如船有引航灯，破浪前行。生活中有了阅读，才能诗意地栖息。春有“两个黄鹂鸣翠柳，一行白鹭上青天”；夏有“小荷才露尖尖角，早有蜻蜓立上头”；秋有“晴空一鹤排云上，便引诗情到碧霄”；冬有“梅须逊雪三分白，雪却输梅一段香”。阅读，是一种注入我们精神中的成长动力，阅读与生命结伴，阅读与育人同行。

好读书　勤思考　实于行　促成长

◇张倩雯

“书中自有颜如玉，书中自有黄金屋。”这是古人对读书价值最直接的“表白”。用现代的眼光看，读书贵在丰富生活、丰润心灵，这颜如玉和黄金屋便是读书后的收获。这收获究竟怎样还要看读书人自己的造化。六一居士认为：“立身以立学为先，立学以读书为本。”朱文公认为：“为学之道，莫先于穷理；穷理之要，必先于读书。”王夫之老先生认为：“夫读书将以何为哉？辨其大义，以修己治人之体也，察其微言，以善精义入神之用也。”……这些先哲文人们将读书与“立身”“为学穷理”“修己治人”等人生问题相关联，可见读书与人的成长和价值体现密不可分。

作为一名教师，我们不仅要让自己茁壮成长，还应以自身的力量尽力影响孩子们的成长轨迹，如此“任重而道远”的责任，也便只能“士不可以不弘毅”起来。在日常的教育教学中，我们面对的是个性、能力、特长各不相同的孩子，要引导大相径庭的他们健康成长，需要我们涉及相当广博的领域，这时书本给予我们知识与力量。人小鬼大的05后总会提出一些古灵精怪的问题，这又需要我们多加思索、妥善解决，这时勤读书和勤思考为我们提供良方。在这些点滴日常的工作中，书本就像凯勒所说的：“书是随时在近旁的顾问，随时都可以供给你所需要的知识，而且可以按照你的心愿，重复这个顾问的次数。”将书中的养分、思索的收获落实到行动上时，我们便慢慢地茁壮成长，也许比参天大树还差得远，但至少能为身边的人提供一片树阴，这便是读书给予我们的成长意义。

好读书：获取良方之径

于人而言，好读书是个不错的生活习惯，于教师而言，这个习惯更是尤为重要，它能给予为人师的我们不少良方。记得2012年刚刚踏上教师岗位时，欣喜与不知所措常常交织在我的工作生活中。非教育师范类专业毕业的我，即使获得了文学硕士学位，即使喜爱和孩子交流，但在教育教学上完完全全是一张白纸。那是我第一次面对一年级的语文教学和班主任工作，刚开始的一个月让我慢慢产生了力不从心的感觉。班上除了一些调皮捣蛋的孩子，还有一名患有语言发育迟缓症的男孩子、一对不和外人交流的双胞胎女孩、一名非常容易情绪激动的男孩子，这样的情况要求还是"菜鸟"的我不仅要快速地提升语文教学的能力，还要尽快学习教育学和儿童心理学，于是书本成了我业余时间的导师……

原本熟悉传媒领域的我对于教育学、心理学只是略懂皮毛，书本的选择成了一大难题。现在市场上的书本有些光有着精美的外在、华丽的标题，内容却是泛泛而谈的"鸡汤"，这类书闲时看看可以，但对亟需帮助的我而言有些浪费时间。该怎么入手才能在最短的时间内小有所成呢？也许每个学科都有相通的地方，了解一个领域要从其源头和集大成者入手，这条多年学习中积累的经验给了我启示。

利用身边的信息资源理出了教育学发展的脉络后，我先选择了杜威的《民主与教育》、苏霍姆林斯基的《给教师的建议》、阿德勒的《儿童的人格教育》《自卑与超越》、奥林奇《塑造教师：教师如何避免易犯的25个错误》和陶行知的《教学做合一讨论集》进行阅读学习。

这些书中大多既有生动的案例描述，又有精彩的理论分析。作者通过真实的教育案例告诉我们要引导好孩子必先了解他们心中所想，这不仅要求我们在工作中仔细观察学生并多和他们交流，还要走近他们的家庭，从他们生长的土壤开始寻找贴近他们心灵的沟通渠道，最切实地拉近孩子与自己的距离……当获取了这张"良方"后，我的工作也慢慢进入正轨，那些有点偏差的孩子渐渐地"听话"了，调皮的孩子也开始变得懂事。

勤思考：改善良方之道

读书给予我们解决问题的良方，但那张良方未必适用于所有的问题。富兰克林就曾说："读书是易事，思索是难事，但两者缺一，便全无用处。"教育教学的案例不可复制，只有相近的事例，没有相同的事例，这就需要我们从教者勤于思考，将别人的经验或以前的经验改良以符合自己现在的需求。

前文中提到，当年我班级上有一名非常容易激动的男孩子明明。记得在开学的第一周，该生在学校的行为表现就有点夸张和难以自控。课上，进行学习小游戏时，他会无端离开座位，躺在地上放声大笑。课间，回答老师问题时，他会呈现出游离状态，或时不时一边跳一边回话。午饭时，看到不爱吃的饭菜他就一口都不吃，而且还会提要求："我想吃提拉米苏，还要奥尔良烤翅……"中午，老师离开教室去洗个手的时间里，他会不吃饭并撞门玩。对于课堂上须完成的作业，他也置若罔闻……

面对这个孩子，适用于大多数孩子的引导方法在他身上收效甚微，思来想去可能是心理上出问题了，我总觉得他需要更多的关注。我记得教育学和心理学有较强的交叉性，于是便试图从心理学入手研究。阿德勒在他的《儿童的人格教育》一书中提及，学校是家庭教育的一台显示器，也就是说孩子在学校中异常的表现往往反映其家庭教育出现了问题。阿德勒的另一部著作《自卑与超越》又提及，人格的建构是在自卑中实现超越的循环往复的过程。也就是说生来的不完美造就了自卑，而人的动力来自对完美的追求，正因为自卑，所以人在成长的道路上要不停超越现在的自我，可以说人生存的动力就是对超我的梦寐以求。显然早期的家庭教育使该生的人格建构产生了偏差。

有一天，明明在学校里依旧"亢奋"，虽然在我的督促下完成了作业，但是作业质量很差。我让他去修改作业时，他的一句"我肯定写不好！"引起了我的注意。

我问他："你为什么觉得写不好呢？还没试过你怎么知道？"

他像蔫儿了般回答我："我就是写不好，一直写不好。"

我告诉他，这样对自己没有信心，爱他的爸爸妈妈会伤心的。

他说："我爸爸都不回来，他不会知道的，也不会伤心的……"

和他交流结束后，我豁然开朗，也许他的行为偏差源自于他的自卑和长期缺乏父亲的陪伴，同时我发现他的抗压能力较差。事后我和明明的妈妈沟通了一下，把我和明明的对话复述给她听，希望她在家中多鼓励明明把作业写好，并最好让明明的爸爸更多地参与到他的生活中。同样，我在学校也尽量鼓励明明完成作业、上课积极举手发言，也告诉他学校像家，但不是家，告诉他："你需要遵守学校的纪律和规则。上小学就说明你长大了，不能想什么就要什么，一切要按规矩办事。”另外，我把一位性格稳重的女孩子安排在了他旁边作同桌，用同伴效应潜移默化改变他的行为。起初，他还是有点不太适应，后来，他渐渐地适应了小学学习生活的节奏，在挫折和鼓励中逐步上了轨道。

到一年级下半学期，明明虽然有时候还是不能控制好自己，但是他成了班上最爱举手发言的孩子和最爱在学校完成作业的孩子。他每天都渴望着语文课上能学到“生字宝宝”，放学回家前把作业在学校做完……

在这个学生的变化的例子中，我常在思考如果他母亲不配合又会怎样？如果我一上来就“讨伐”式地与其母沟通，结果又会怎样？幸好阿德勒在书中告诉我们要让家长明白他在教育中的得失，不应该数落家长的不善言教，而是要肯定他们的付出，委婉、机智地启迪家长。

初入职的几年中，我总在思索应该怎么去鼓励孩子？这些大师的理念让我茅塞顿开，鼓励不是大多数人认为的称赞孩子，这只是在敷衍孩子，这也是我不喜市面上那些教育“假鸡汤”的原因。我们的鼓励需要帮助他们认清现实、克服困难，帮助他们在是非辨析中塑造良好的人格。读书之后我们需要勤加思考，思考过后得到的“良方”才能用来对症下药。

实于行：落实良方之妙

无论是获取“良方”还是改善“良方”，我们最终的目的是让这些“方子”造福于人，归根结底就是要落实于行动中。教育是一门科学，更是一门行为艺术，讲求的是实践。好读书、勤思考只是教师自我成长的第一步，实于行则是对读书与思考的升华，能让我们获取进一步成长的养分。

“实于行”给予我经验，在 5 年的执教工作中，实践让我体会到落实“良方”之妙。在带这一届学生时，我再次体会到读书与实践相结合的妙处，实践对于我教师专业水平成长的影响是厚重的。在这届学生一年级刚开学之际，我发现班中有位孩子的言行有明显的偏差，根据以往的经验，我预判小茗这孩子的家庭教育使他在人格的建构上有些许的障碍，他表现出来的攻击性、“唯我独尊”、排他性引起了我极大的关注。于是，我再次学习大师的智慧，寻找改善这孩子言行的“方子”。首先，我跟他的父母沟通，了解他的情况，并在沟通中观察其双亲的相处模式和对孩子教育的态度。我发现小茗属于隔代抚养的孩子，其父母虽参与教育但有时过分宠溺，有时又在孩子犯错时有较严重的打骂行为，使孩子在两种极端情绪中畸形成长，这便让我理解了他的种种偏差行为。随后，我询问了具有二级心理咨询师资质的同事，怎么能处理好他的问题。热心的同事为我讲解了一些简单实用的心理学方法，还推荐我去阅读有关个体心理学和实证心理学的书籍，她告诉我书中有不少成功的案例可以借鉴。在以前的阅读基础上，我还发现卡内基《人性的弱点》中的一些实用方法可以帮助小茗和其父母。因此，我在平时的班级管理中，慢慢地将小茗言行的缘由用简单易懂的语言告诉班上每一个孩子，特别是他的痛苦。在与其父母的沟通中，除了安抚其不良情绪，用平实的语言描述小茗的言行外，还一起商量对策，并把我思索出来的方法逐步渗透到他的家庭教育中。在小茗有冲动暴躁情绪时，我会先用阻断的方法舒缓其情绪，单独交流时引导他分析这些情绪的来源……根据学习和讨教的经验，如此反复操作、纠正，班中的孩子对小茗渐渐不再有偏见，小茗也在友善的环境中不再有攻击性。

反思小茗的实例，我总会想起第一年工作时的“手忙脚乱”，如果不是那些大师名家的书籍，如果不是先有明明的例子，也许当我处理更为复杂的小茗案例时不会如此顺利，这些知识与实践的积淀让我在这几年中快速成长。好读书让我站在巨人的肩膀上，就像培根说的，“读史使人明智，读诗使人聪慧，数学使人精密，科学使人深刻，伦理学使人庄重，逻辑修辞使人善辩”。书是浓缩了各领域智慧的集大成者，提升我的自信、丰富我的内涵，帮我从教育的新手转化为一名合格的教师。勤思考使我走近这些教育的“巨人”，体会到他们文字背后的道理。实于行则将前两者的收获转为现实的真切，也让我的成长见于行、现于形。

读书的妙趣与成长的乐趣相呼应，就像车胤聚萤作囊，匡衡凿壁偷光，正因人会身处窘境，才需读书丰润心灵，这样方能走过荆棘，有所成就。

在唐诗宋词中传承千年书香

◇孙沛莹

中华文化源远流长，博大精深，有着几千年的积淀。古代诗歌作为一份特殊的文学样本，是我们民族文化的瑰宝，也是世界文化艺术宝库中的一颗璀璨的明珠。唐诗、宋词、元曲……古诗词是文化的精髓，在悠悠历史长河中，多少人为它倾倒。因此，古诗词也担负着培养学生语文素养和传播优秀传统文化的重要使命。

记得孩提时候，我还读不懂那些诗，只知道跟着老师、循着课本，摇头晃脑地背诵着李白的《静夜思》："床前明月光，疑是地上霜。举头望明月，低头思故乡。"这首脍炙人口的古诗是我对诗歌最初的记忆。虽然我不懂诗歌里的人和事，但我喜欢这种充满韵味而有节奏的语言，我喜欢看到长辈们听我背诗时欣喜的表情。

当我慢慢长大，到了豆蔻年华。我渐渐读懂了李白，读懂了《静夜思》中游子的思乡情怀，也读懂了一个个诗人词人的内心。他们是风流倜傥的儒生，是遗世独立的仙人，是手执利剑的侠客，是脉脉含情的名士。是唐诗宋词抚慰了我年轻悸动的心灵，也是在那时，懵懂的我看到了诗词的国度。我沉浸在诗词之中，我爱上了一阙一联的世界。透过唐诗宋词，我看到了唱着大江东去的苏东坡，直到年迈依然有老夫聊发少年狂的豪气；我看到了二十四桥边等待的人幽幽奏着的箫管，烟雨满楼却遍布疮痍的大地；我看到了把酒临风，情醉月光下吟唱着"唯愿当歌对酒时，月光长照金樽里"的李白……那时的我捧着线装的书册，透过古香古色的书页，沉醉于字里行间那遥远而又亲切的人和事，以流传了千年的清流滋润心田。想来，中文的种子便是在那时播种下的。

时光流转，待到我读大学时，我义无反顾地选择了中文系。我再一次地读起了唐诗宋词，这时诗词带给我的感受又是不一样的了，透过诗词，我明白了人为什么要学习诗歌，对诗词朦胧的美的体验在那时上升到了理论的高度。孔子说：“诗可以兴，可以观，可以群，可以怨。”这高度概括了诗歌的作用，也是从这里开始，我读懂了唐诗宋词背后的深意。“兴”对于诗词来说，就如同审美体验的作用。诗人从大自然中选取物象，如花鸟鱼虫、山川河流等等，感物而兴，引发无限的联想，启发人思想。诗词歌赋是诗人的一种审美的表达，其实体现了文学的审美作用。我们阅读唐诗宋词，这些文字通过美的艺术形象，反映社会生活的各个方面，揭示自我人性的丰富本质，因而具有一种为读者提供认识社会生活、认识人类自身本质的价值属性。诗词中表现的真实其实是艺术的真实，其中也蕴含了对社会生活的认识与感悟。诗歌中渗透了诗人词人的思想和情感体验，诗词最终借助读者的视角，展现其丰富的审美内涵。古诗词无处不漫溢着人之情、人之味，凝聚着人对生命意义的思考和感悟，寄托着人对精神家园的追寻与守望。

而如今，我成为了一名语文老师，我再一次读起了孩提时候喜爱的古诗词。此时的我不得不感叹生命就像一场轮回。小时候老师教我读诗，如今我又教孩子们读诗。在教学中，我对诗歌又有了不一样的感情，由感悟诗歌慢慢转向了诗歌的传承。在教授诗歌的过程中，我似乎明白了唐诗宋词的使命。

和孩子们一起再次读诗和词，犹如在祖国的自然山水里畅游。描写自然山水的诗词大致可分为两大类，一类是描写自然景物，如李白《望庐山瀑布》、苏轼《饮湖上初晴后雨》、刘禹锡《望洞庭》等；另一类是描写生活情景，如陆游《游山西村》、孟浩然《过故人庄》、辛弃疾《清平乐·村居》等。这些诗词无不渗透着人与自然的和谐之美。在《忆江南》中，白居易选取了“日出江花红胜火，春来江水绿如蓝”两个典型景色，借助比喻，渲染了江南春天的绚丽景色，最后一个反问句“能不忆江南?”真切有力地表达了对江南的思念和眷恋之情。短短的几句词就让江南的风景如画一样展现于学生眼前。孩子们也能在教学中感受到江南水乡风光的秀美和江南语言的软糯，从而激起对江南的喜爱之情。孟浩然的《过故人庄》描写了在淳朴自然的田园风光之中和友人举杯饮酒、闲话家常的场景，抒发了诗人对朋友真挚的友情，让学生在平淡如水的诗句中，细细品味出一幅山水田园画的意境。山水田园风光的恬淡，大自然的宁静致远，让人的思想超然物外，逐渐变得洒脱。这些诗词无论是对自然景物的描摹，还是生活情景的再现，都包含着诗人词人的人文情怀，凝结着他们的审美情趣。诵读诗词也让学生感受到诗人情感中的至情至性，学会为人处世。其中，励志向上的诗词蕴含着丰富的人生哲理，是孩子们最好的人生教材。如郑燮的《竹石》，诗中运用“咬定”“立根”等动词把“岩”“竹”拟人化，凸显了“竹”所处的环境的恶劣，展现出了“竹”的坚定，传达出了它不屈不挠顽强拼搏的精神。作者托“竹”言志，借助石竹来表达自己不畏磨难，坚韧不拔的乐观人生态度。写“竹”之美，其实是写人之美，再加上语言之美，学生在这种审美活动中提高了人文素质。

另外，古诗词也是情感的话语，是人间真情的蕴藉，正所谓“诗三百，思无邪”。唐诗宋词中有故园乡情，有羁旅愁思，有赠别怀人，有情爱相思，等等，这些都是人类最无邪的情感的表达。如纳兰性德的《长相思》中“山一程，水一程”的身漂异乡、梦回家园的思绪，缠绵而不颓丧，柔情之中流露出男儿镇守边塞的慷慨报国之志。一句“夜深千帐灯”，千古壮观，更显思乡之深。还有张籍的《秋思》：“洛阳城里见秋风，欲作家书意万重。复恐匆匆说不尽，行人临发又开封。”诗人借助日常生活中的一个细节———寄家书时的思想活动和细微举动，真切细腻地表达了作客他乡的人对家乡亲人的深切思念。“欲作家书意万重”，诗人铺纸运笔之际，心里涌起千愁万绪，欲说还休、欲吐难尽，一时不知从何处说起，也不知如何表达，“临发又开封”更显诗人心理活动之复杂，思乡之切。王维的《送元二使安西》是王维送朋友去西北边疆时所作，表达了送别友人的依依不舍之情。还有李白的《黄鹤楼送孟浩然之广陵》等都是赠别怀人的佳作，极具张力地描写了诗人和友人之间的友情。这些诗词对孩子们的影响是很大的，孩子的天性善良，可以从诗词诵读的点滴中培养人文素质，使他们感悟诗词背后深厚的人文情怀，学会关爱自己身边的人与物，让人间美好质朴的情感充盈于他们幼小的心灵。

唐诗宋词中，有“雄姿英发”“羽扇纶巾”的周瑜和诸葛亮，有“安能摧眉折腰事权贵，使我不得开心颜”的狂傲的李白，有“万里悲秋常作客，百年多病独登台”的忧愁的杜甫，有“多情应笑我，早生华发”却同时“回首向来萧瑟处，也无风雨也无晴”的豁达开朗的苏轼，还有感叹生命“恰似一江春水向东流”的绝望的李煜，也有“寻寻觅觅，冷冷清清，凄凄惨惨戚戚”的不知所措的李清照。唐诗宋词中塑造的形象远不止这些，这些形象所体现的美也远不止我所能描述的这样，这些美在我们诵读诗词的过程中代代相传。我们此时所传承的不仅仅是个人的喜怒哀乐，更是一种形象，这些形象构成了中华文化之美的灵魂。尽管有些诗词描绘的并不是积极阳光的方面，可正是通过对生活中假恶丑的揭露、讽刺与批判，才让我们明白什么是真正的美，才使审美价值得以体现。我欣慰地看着孩子们正如小时候的我那样摇头晃脑地背诵着古诗词，体会其中的情境。或许他们在当下并不明白这些文人名流的豪情万丈，但是随着时间的推移，他们终将和现在的我一样，从中感知古老文字的隽永丰富，感悟中华文化的温度与诗意。

唐诗宋词虽然历史悠久，但它们不是放在祭坛上的供品，而是流动的生命。唐诗宋词口口相传至今仍具有强大的生命力，它们根植于我们的文化原野中，启迪着后人，为我们民族精神的传承和发展注入活力，使中国几千年历史文化有了认同感和归属感。我们从唐诗宋词中走来，穿过千年历史的尘烟，最终也成为了这一缕书香的守护者。

最是书香能致远

◇刘璐璐

孩提时代的我一读到“最是书香能致远，腹有诗书气自华”，就总羡慕那些看上去特别有书生气质的学者。在人山人海之中，我似乎也能感受到读书人的那种特别的精神气质，乍一看，他们就与众不同。读书的火种在悄无声息地播撒。

我也曾多次读到过“书山有路勤为径，学海无涯苦作舟”，甚至我在大学宿舍的墙上还贴了“书山有路寝为静，学海无涯乐作舟”的标语，提醒、激励自己。在读本科时，我和一位初中时的女同学在网上聊天，当她得知我还有读研的想法时，她便打出这样一串文字：“你还在读书啊？我高中毕业就不想学习了，读书都读恶心了。”“恶心”一词让我有些吃惊。读书是一种发自内心的积极向上的行为，而“恶心”则是一种疾之如仇的心绪，这二者之间无论如何也不能扯上关系。从少年到成人，我的一路成长，便是在读书的旅途中一路寻觅，在恬静中寻求对人生的感悟。

一、少年时的读书——一行白鹭上青天

小学三年级时，语文老师说过一句话：“会背50首古诗的人和不会背50首古诗的人相比，他们的文化内涵是不一样的，气质更是不一样。”听到这句话，我心头猛地一震，如同李清照“误入藕花深处”，突然“惊起一滩鸥鹭”一般，年少迷茫的我从“沉醉”中惊醒，找到了方向。伴着“腹有诗书气自华”的美好憧憬，我放学回到家就和妈妈说了语文老师的话，并坚定地告诉她：“从今天开始，我要背古诗，每天背一首！”从此，我每天拿着一本小学生版的《唐诗宋词》念背不息。到现在，我还记得翻到辛弃疾的《菩萨蛮·书江西造口壁》时的情景。

郁孤台下清江水，中间多少行人泪？西北望长安，可怜无数山。
青山遮不住，毕竟东流去。江晚正愁余，山深闻鹧鸪。

由于我当时一心抱着背诵的目的，初看文字，顿觉太长，心想：为什么辛弃疾的词总是那么长？太难背了！读了第一遍，我没读懂，甚至一个字都没记住。再读第二遍，我还是没读懂。后来，我阅读注释，只觉得这个宋朝的词家太过悲伤。“郁孤台下清江水”原本是多么清澈的一道风景，辛弃疾怎么就把这水看成了那么多人的泪水呢？“可怜”、“愁余”、鹧鸪的叫声，我还没去细细揣摩这些词的意思，就埋怨作者写得太凄凉了，让人读起来心情太过愁闷。我当时没再想更多，只是一味地读、背。过了一个多月，书里面的诗词被我背得差不多了，我心中只有“高兴”二字，却没有把书回翻再看。

这种如浮光掠影般的背诵古诗词方法着实让人觉得可笑，但终究是一种积累。自从肚子里有了那几十首古诗的影子之后，我在写作文时似乎有了“肥料”，时不时会加上一句古诗。妈妈也给我买了几本小学生作文选，可我翻了没几页，就把它们丢在了一边。半年之后，我不知道哪里来的力量，竟然滋生要把这几本作文选从头到尾看一遍的念想。于是，我只要在家稍有空，就拿着作文选看。等到几本作文选被我一篇不落地看了一遍之后，我又从中选了一本重新看，这次是从尾看到头。至此，凡是遇到老师布置的作文，只要有和我读过的作文题目相近的，我总会模仿着去写。不知何时，我再也不会在作文上犯难，有好几次的习作还被老师当成了范文朗读。

当然，我幼时的作为还不能算是“读书”，只能算作“看书”。“读”是眼睛、嘴巴和心共同作用的过程，带有感情色彩；“读”是带着自己的情感与作者的内心交流。那时的我拿起一本书，看到的除了文字还是文字，甚至连作者我也没去在意，只是要求自己尽快把这本书从头到尾看完，等眼睛扫过了最后一个字，我的任务也就完成了，然后欣喜地告诉别人：“我又看完了一本书！”至于书中讲了什么内容，我却一知半解，就如“一行白鹭上青天”，情景很美好，但白鹭飞过之后，青天还是青天。现在想来，这种“看书”确实幼稚可笑，但毕竟是蒙昧少儿的一种追索。

中学时代恍若秋季，是一个忙碌的季节，我一心只为收获奋战题海之后的分数与排名。至于读书，已成奢望。妈妈倒是给我办过图书馆的借书卡，让我多读点书，但我也确确实实没有那么多的闲暇时间去看课外书。我真正与书有亲密接触还是从大学开始的。

二、大学时的读书——为有源头活水来

我的七年大学时光可谓是“论文时代”。我读本科时，学校的活动比较多，但等我参加了各种比赛和活动之后，我并没有多少成就感，感觉收获了了。在迷茫与缺失的第一年里，我到处追寻大学的痕迹——学生会、志愿者、社会实践、兼职……这些，我都去尝试过，但每每都让我若有所失，找不到自己的位置。终于，在老师和学姐的建议下，我选择了以图书馆和自习教室为据点——求学时代，读书比什么都重要！

如果说孩提时代的看书是为了写作文，那么我大学时代的读书则是为了写论文。每当我要写一篇论文时，我都先在网上搜索很多篇相关文献，在图书馆里找寻与之有关联的书籍，有时一个人沉醉于教育学的专业书中，有时也会和同学一起探讨，交流彼此的观点。这时的读书已不再是儿时那般浮光掠影的“看”，而是有了真正的读书的节律。拿到一本书，我会先在我觉得精彩或有用的地方做个标记，等全部读完了，再将这些标记的内容摘抄到笔记本中，随即写下自己的想法，最后标明书的名称、作者、页码，以及读的时间和地点。当时的我怀抱着期望，不管读了有没有用，我先把它们记下来，勤于积累，加以思考，肯定会有用的。现如今，我在写论文时，总会翻阅当时做的笔记，依旧能找到值得借鉴的观点或事例。

读本科时的我在写作上并不怎么顺利，观点少，论据更少，但当我将这种读书的习惯坚持到读研究生时，我居然有了“下笔如有神”的感觉。说到我写作的拐点，不得不提起在本科时读《战争与和平》的经历。这是一部巨作，分上下两册，每一册都有500多页，我决心将它从头到尾一个字一个字地读完。下定决心后，我每天都会很早起床，先读一会儿书再去上课。如果哪一天没课，我就一整天坐在图书馆或自习室里抱着这本书看，并在精彩的地方做上标记。最后，一千多页的《战争与和平》被我在半个月的时间里看完了。不仅看，我还将书中优美的句子全部摘抄到了笔记本里，自己画了一个人物关系图，给每一个章节写了一段总结，最后写了一篇读后感。这样的读书状态对我来说是一种洗礼，从

那以后，我开始迷上了西方文学，常在找教育专业书的同时，找来几本西方文学书丰富我的大学阅读生活。

坚持了四年之后，当别人让我写文章时，我不再战战兢兢地无观点可言，而是胸有成竹，自信满满。读书，恰似一股活水，让我在写作时有理可据，有章可循，有料可用。

三、工作时的读书——一波三折寻书影

工作第一年，整天忙碌于备课、教学和生活，大学读书时的节奏全然打乱了，也丢失了读书的意境和感觉。妈妈在电话中偶尔会问我在干什么，一听到我说在看电影或逛街，就会随口问一句："这段时间就没看看书?"听到她的这句话，我显得有些不耐烦，没好气地回她一句："我都这么大人了，以前在学校读书是为了学习，现在都工作了，你就不能让我悠闲地生活吗?"其实我知道，我这是在为不读书找借口，心里也会泛起隐隐约约的失落与懊悔。当两天周末的闲暇时光都被我用于看电视剧、电影或出去逛街时，我也会问自己为什么没有抓住时间的脚步，静下心来看看书，懊悔没能在工作之余平静下来进入曾经的读书境界。有一天下班后，我终于下决心拿起了一本教育类的书来读，但没翻几页，就因劳累、心绪之烦，又转头沉迷于电视剧或者闲逛。

结婚后，看到老公不管在哪儿都拿着一本书，我多少有些惭愧——求学时的那股读书劲儿都去哪儿了呢？教学上的琐事好似一块块碎小的石头，砸在我原本平静的心湖上，泛起阵阵波痕，扰乱了心智，让我不能静下心去读读书。我如梦初醒，一口气买了好几本教育教学相关的书，把其中几本放在学校的办公室里，另有两三本放在家里的床头柜上，在休息的时候读几页，在陪着学生写作业的时候读几页，在睡觉之前的一个多小时里读几页，力求找回那颗平静的读书心。这样坚持了大半年，虽然我每天读得不怎么多，但那颗平静的心终于回归了。寻找一颗"读书心"，真可谓是一波三折。

我深知，知识是需要积累的，优秀教师的功夫既在课堂，又在课外，是课内外的修炼的和谐统一。人要活到老，学到老，读书不仅是学生时代的使命，更是贯穿我一生的修行。读书可以成就写论文时的有力论述，更可以作为促进德教发展的进步阶梯。作为一名教师，本职所需的知识固然重要，但其他知识也不能有

所忽视。所以，我选择的语文教学领域的图书占60%，其他领域的占40%。关于语文教学方面的专业书，如钱理群和孙绍振的《解读语文》、詹丹的《语文教学与文本解读》、王国维的《人间词话》等，需要细细品味，我会买纸质书，视之为良师益友。关于文学方面的书，如国内外现当代的文学作品，我会在手机读书软件中下载电子书，在休闲时浏览，在轻松的心境中怡情、育美、增知。

巧的是，最近我读叶圣陶和夏丏尊先生的《文心》，再一次看到了辛弃疾的《菩萨蛮·书江西造口壁》。自从儿时读到这首词，一句“郁孤台下清江水，中间多少行人泪”，不知在我心中流淌过多少回。在中学时代，我虽然了解了辛弃疾所处的历史时代，但对于他作这首词时的心境，我还不甚知晓。这次读《文心》，书中讲到读古人的诗词，便以辛弃疾的这首词为中心，告诉我们读古诗词时先要了解诗人当时的心境和所处的社会环境。读到这里，我似乎有种豁然开朗的感觉。时隔十几年，再次读辛弃疾的这首词，我眼中的“郁孤台下清江水”已不再是一道清澈的风景，那“可怜无数山”、诗人“江晚正愁余”、听到的鹧鸪叫声，真真切切打动了我的内心。这真是一份彻头彻尾的恍然与醒悟啊！

一首词，十几年前的“看”，十几年后的“读”，随着我的成长，全然呈现了不同的心境。由此看来，读书，还真是用心“读”出来的，而不是随心“看”出来的。在我读书的旅途中，家人、老师、同学等身边的人给予了我方向和力量。正如高尔基所说，“书是人类进步的阶梯”，这是一份切切实实的感受——读书让我不再焦躁，而是平心面对教学上的困难，耐心对待学生犯的错误，宽心处理生活中的琐事。对我而言，读书，不再是只求提升人文气质，亦不再是追寻写作之源，而是一种对生活品质的追求。我不热衷于外部的喧嚣，功利的追逐，只求在平静的内心世界里耐心品味生活，在平常的教育工作中以真功育人。

教育故事

敲出星星之火

◇张　李

“发礼物啦！发礼物啦！大家快来领！”随着班长小唐的一声呐喊，班级里顿时沸腾起来。“是什么礼物啊？”孩子们一边喊着一边涌到我身边，准备领取礼物。“小萱，这是你的！祝你新年快乐！”“谢谢张老师，也祝您新年快乐！”“小宇，这是你的礼物！”“张老师新年快乐！”……

同学们纷纷领到了自己的新年礼物。“咦，上面怎么有我的名字？”“看，也有我的名字呢！”“还有张老师的名字和她写的话呢！”大家议论起来。“你们不想看看里面是什么吗？”我提议道。教室里顷刻间安静了下来，孩子们都聚精会神地翻看了起来，原来这份礼物是我送给这个班的第一本作文集，是一份属于41个孩子的他们自己的礼物。

教室里静得出奇，孩子们在书中凝神，我的思绪不禁飘到了开学那会儿。在班级第一次家委会会议上，我这样说：“这个学期，我准备让学生开始练习写话了，这是一个比较‘痛苦’的开始，但我希望学生们能在快乐中接受她，爱上她，让她在

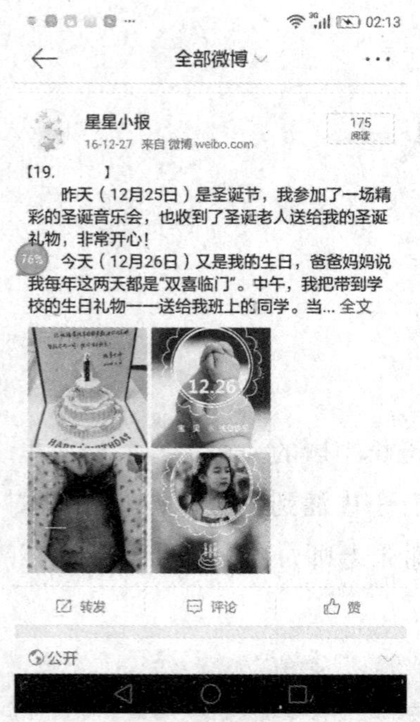

生活中如影随形。”于是，我提出一个设想：希望通过一个学期的写话训练，到期末的时候给孩子们出一本集子。家委会一致认可了这一设想，觉得这样不仅能提高孩子的写话积极性，还能留下他们成长的印记。“张老师，您放心，收集文字、出本集子这些事情就交给我们来办！您只要交代就行！”有了家委会的支持，我更是信心十足。

说干就干，趁热打铁。我先在网上建了一个微博，取名“星星之火”，再把微博登录名以及密码在微信群中告知所有家长，然后利用每次写话的机会，由爸爸妈妈把孩子们自己写的通过我修改的文章发到微博中。家长们密切配合，有的家长非常有心，还给文字配上了插图，图文并茂更显生动。

从此，学生们的写话热情一发不可收。有的学生双休日跟着爸爸妈妈去短途游也会发一篇游记，有的平时看了一本书或者一部电影后也发一篇读后感与大家分享，还有的参加学校、班级的外出实践活动或校园活动后，也在微博里发一些图片，留下几句话……就这样日积月累，一个学期下来，微博上已经有 200 多篇文章了。

期间，我们组织了多次优作分享会。我请学生们利用双休日在微博上读其他伙伴的作文至少 10 篇，其中 5 篇要发留言，再取其中 2 篇在读书会上交流分享：这篇作文吸引你的地方是什么？不足的地方有哪些？每次至少有 20 个学生参与了交流，有的孩子说着说着会不由自主地发笑，原来是被某个故事情节吸引；有的孩子还会评价别人作文里的好词好句，甚至把写得好的段落都背了下来。二年级的孩子还说不出多么深刻的道理，但是通过鉴赏别人的作文可以提高自己的写话能力。最重要的是孩子们不怕写了，也愿意花时间去写，积极地催着爸爸妈妈去微博上发表，让同学们去阅读和评论。

临近期末，我又组织了一次颁奖大会。先请家委会帮忙统计每个学生发了多少篇小作文，得到多少点赞，收到多少评论。每发一篇小作文积 5 分，得到一个点赞得 2 分，收到同学的评论得 3 分，得到老师的评论得 4 分。根据最终结果，我们评选出特等奖 1 名，奖金 5 元；一等奖 4 名，奖金 3 元；二等奖 5 名，奖金 3 元；三等奖 5 名，奖金 2 元；优秀奖 10 名，奖金 1 元。所有获奖作文都被收录在作文集中，并且还让每个孩子都有至少 2 篇写话被收录于这本作文集中。

就这样，我们的第一本作文集在家长的帮助下，于 2017 年 1 月 18 日诞生了，当孩子们拿着这份沉甸甸的礼物回到家的时候，班级微信群里炸开了锅，家长们一个个激动地表达着感激之情，都称赞这是孩子收到的最好的新年礼物，值得永久收藏！

也许过程是艰辛的，需要毅力和耐心，但收获是满满的，充溢自信和快乐。一次不经意的教学革新，引出数百篇的成果，收获了孩子们的写作热情，家长们的“泪流满面”，自己的小小成就感。星星之火，精彩纷呈，何乐而不为呢？

学而课识　更是“谋心”

◇徐彦妍

我，一名再平凡不过的美术教师，8 年的教育教学中，我越来越“贪婪”地想要获取更多，从一开始想要提升自己的教学能力，到如今更想要得到学生的“真心”。虽然很难培育出艺术大师，但至少我不能让我的学生变得麻木平庸，变成高智商、善考试的机器，抑或是仅仅为了学而学的木偶。我希望我的学生在学习中掌握知识，从学习中了解自己，并真心地喜欢画画，发现自我，热爱生活。

接下来结合美术教学，讲讲我的教学故事。

不要问我“像不像”

美术学科，低年级和高年级孩子的差异较明显，低年级的孩子好奇心强，乐于思考，敢于创新。然而，我发现随着年龄的增长，孩子的好奇心、创造能力却越来越弱，既有学习考试的压力的原因，亦有教师教学方法不当的责任。

给五年级的孩子上美术课时，由于是第一次接触这些孩子，为了了解孩子的绘画能力，我只定下主题：《快乐的校园》，没有进行示范或提供作品欣赏，让学生自由发挥。当他们画了一会后，我巡视了一圈，发现孩子们的绘画技能都不错，校园建筑画得很像，但是让我诧异的是，竟然有一大半学生画的几乎一样。原来孩子们是照着语文作业本上的校园封面画的。于是，我让他们把这个图片收起来，要求他们自己创作一幅表现“快乐的校园”主题的作品。结果令我很失望，孩子们抓耳挠腮，大眼瞪小眼，转笔玩橡皮，半天无从下笔。

之后的几节课上，我慢慢发现，孩子们的模仿能力很强，我示范之后，临摹得惟妙惟肖，有些孩子还会很自豪地问我：“老师，我画得像不像?”此景此情，让我很是触动。如果我们用照相机拍个照，仿真度定然不小但那还要画画作什么呢？我想，“像不像”并不是美术课作品的唯一评价标准，绘画需要用“心”去创作，而不是简单地从眼睛到画布的机械照搬。眼睛里有画，心中更要有画。眼睛里看到的只是别人的画，而心里的画才是真正的自己的画。如同莫言的文字，是用他自己的“心”写的，画亦如此。只有心中的画，才会让看的人产生共鸣，才会有耐看的艺术魅力。

我在课堂上鼓励孩子们用心作画，画出个性和创意，孩子们学会用画画来表达自我，自然就更乐意画画，从任务驱使上升到自我表达，让孩子们真心地喜欢上画画。在作品评讲时，我给予那些绘画技能虽嫌粗放，但很有自己创意的作品以充分肯定。之后，没有孩子再问我“像不像”，而是问我：“老师，我画得好不好?”可见，绘画不是简单的复制，而是会意与创造。

我想要画树

教师上课总会设立教学目标，并根据所设教学目标评判教学过程和孩子们的作品。那是一堂公开课，从写教案到试教，我极为重视，当然也希望孩子们能很好地融入课堂，与我配合默契，在教学相长中达成良好的课堂教学效果。

课程引入，新授知识，创作绘画，那天的教学进行得很顺利，终于到了展示、评价孩子作品的时候了。我让每个孩子都把自己的作品展示在黑板上，并请他们依次介绍自己的作品，一个孩子的手举得特高，于是我请他先上台来介绍，他上台后我才发现这个孩子没有按照我提出的要求作画，我有些失望。本堂课的主题是画叶子，教学重点是表现不同形状的树叶造型，可是这个孩子却画了一棵树。面对台下的教研员和来自不同学校的老师们，我脑子里一片空白，不知道接下来该如何点评。然而，看着孩子自豪地介绍着自己的作品，我还是表扬了他。因为他虽然没有按照我的作业要求来画，但却创作了一张很有创意的作品。

课后，我为自己在巡视中的疏忽而懊恼不已。我本以为教研员会责怪我，没想到他却认为这是不完美中的完美，是机智处理教学过程的亮点。之后，我找来那个孩子，问他为什么画树而没有画叶子，他只是简单地回答：“我想要画树。”我会心地笑了。是的，教学目标很重要，但学生学习的兴趣更重要，不能用条条框框的要求束缚住孩子的思维，扼杀学生的创意。绘画没有对或错，没有美或不美，绘画是自我的表达。每个孩子具有不同的内心世界和个性特点，我们要做的就是尊重和鼓励、发现和扶持。

“为什么”和“是什么”

新生里有个特别的小孩叫小文，下课的时候他总是一个人坐在地上，不和任何人说话，也不和班里的同学玩耍。课上，小文的表现就像在梦游，眼神游离，心思飘忽，好似身边的一切都不存在。而且小文课上从不画我要求的东西，每次我都会问他：“小文，你为什么画这个呀?”他总是安然地望着我，不出声。

我和小文的父母沟通之后，了解到小文有自闭症，他虽然不说话，但能够听懂别人说的话。所以，我经常主动与他聊天。

我努力让我的课变得更有趣，为了吸引孩子们的注意力，更为了小文也能像别的孩子一样认真听课。一次，我看到小文的画，因看不懂他画的是什么，于是我问他：“你画的是什么呀?”“地铁。”奇迹发生了，小文竟然对我说话了，还给我介绍他画的是地铁6号线和9号线……我感到欣喜，自然也赞赏了他。

小文越来越喜欢画画，每一次的作品都特别有意思。我便趁势助推，在课上让小文把他绘画的想法讲给班里的其他孩子听，渐渐地，其他孩子也没有那么排斥小文了，有的孩子也开始在课后主动和小文一起玩了。

现在想来，“为什么”的责问让小文持有消极和抵触的情绪，以为我是要批评他，而“是什么”的询问则是鼓励小文表达自己的想法，营造了心理上的安全感。教学中不能出现被遗忘的学生，因为，没有两个一模一样的学生，如同世上无两片相同的叶子，面对来自不同家庭背景，有着不同个性心理的学生时，更应该关注他们的个体差异，注重心与心的交流，用心去体察孩子的内心世界。对于像小文一样的孩子，我们要给予更多的耐心和鼓励，增强他们的自尊和自信。倘能持之以恒，精心栽培，你会发现也许正是这些特殊的孩子拥有着非同凡响的创造力。

艺术的生命在于创造，在于表达，在于“用心”。“轰轰烈烈唱素质教育，扎扎实实抓应试教育”的教育怪象似乎难以给出关于教育真谛的答案，学而为何？谋生？谋识？抑或“谋心”……

我在美国当老师

◇陆　瑛

2016年10月，我有幸前往美国加利福尼亚州进行了为期28天的研修活动。期间，我走进了Amelia Earhart Elementary School进行跟岗学习。第1周是课堂观摩，第2周开始，学校安排我进班授课。当拿到课程安排表时，我有些疑惑，是不是看错了？怎么有那么多课呢？我数了数，共有14节Chinese Art。我想是不是因为这里的小学没有美术课的缘故呢？其实，我是准备了2节美术课的，只是没有想到要上这么多节。

没想到几天课上下来，我从课堂的旁观者变成了课堂的参与者，上课使我有了与美国学生交流中国传统艺术文化的机会。在教学过程中，我对这里的教师和学生有了更深刻的了解和感受。

一、这里的学生会动脑

“团花”需要先把方形的纸变成圆，然后变成一朵“花”。对这里的学生来说折纸有点难，简单的一个对折，他们也不很明白，一开始我很担心。为了让他们能明白我的意思，我努力讲着我的Chinese English，加上我的Body Language，同行的孙波红老师也一起帮我解释。终于，把方形变成圆“怎么折”的问题解决了。

原本我以为的教学难点会是纹样的设计，考虑到之前的种种困难，我就演示了比较简单的花纹，希望每个孩子都能够成功。没想到他们给了我莫大的惊喜，他们很会举一反三，除了我列举的之外，他们还剪了他们喜欢的蝙蝠、女巫帽，绝对不依样画葫芦。万圣节就要到了，这样的“团花”是不是很应景，是不是很特别？有“中国红”，又有“南瓜派”（如图1）。

图1 “中国红”与“南瓜派”

二、这里的老师重细节

每次进出学校，都能看见这里的老师热情打招呼，说着“谢谢”“不客气”……我收获着微笑和问候。

Salinero 是个风趣幽默的男老师，很喜欢中国的文化。每次相遇，他总是微笑着，并大声用中文跟我说“你好”。

走进他的教室，孩子们站得笔直，在他的指挥下弯腰鞠躬，大声说着“老师好”。顺着他的目光，我看到白板上端端正正写着三个大大的汉字“老师好”。中国式的一声问候，瞬间勾起了我对学生的思念。但这只是个开始！

当学生动手制作时，我的耳边又响起了“找找找，找朋友，找到一个好朋友……”“我有一只小毛驴，我从来也不骑……”“门前大桥下，游过一群鸭……”这一个个的中国儿童歌曲大串烧，仿佛又把我带回了自己的课堂。

教学任务完成后，他还播放了他收集的上海特色图片和视频给学生看。这让我很是激动，马上给他和孩子们看了我们学校的样貌和学生活动照片。当我载着满满的幸福走出教室门的时候，他又指挥学生用中文跟我们说“谢谢”和“再见”。这真是一位重细节又用心的老师！

三、这里也玩东南西北

没想到美国的学生也会玩“东南西北”，只是玩法不一样。我们的是“东三下？北五下？你要几下……”里面的8个三角形上可以写8种不同的称谓，小时候玩时经常写动画片中的角色，比如孙悟空、猪八戒、白骨精等，一般来说好坏、美丑各占一半。选到好的就乐呵呵的，倘若选到诸如八戒之类的丑角，就要被小伙伴嘲笑一番。

而这里“东南西北”不叫East south west north，它的名字是Paper fortune teller，就是一种类似占卜的游戏，用4种颜色代替了东南西北4个方向，在内部写上数字1~8（如图2）。每个数字都有对应的内容，比拼的是谁写的更具创意，更搞笑。这真的很有意思，一样的东西竟会有不同的叫法和玩法。

孩子们的“东南西北”大变样作品也相当有意思，他们很喜欢中国的龙，就用我教的“拉花”做了龙的身体，连老师也做了一条。快放学时，老师急急忙忙来找我，手里拿着一堆孩子们的作业（如图3）。哇！孩子们已经把这节课记录了下来，还配上了插图。有心的老师，用心的孩子，我真的好喜欢你们。

图2 Paper fortune teller

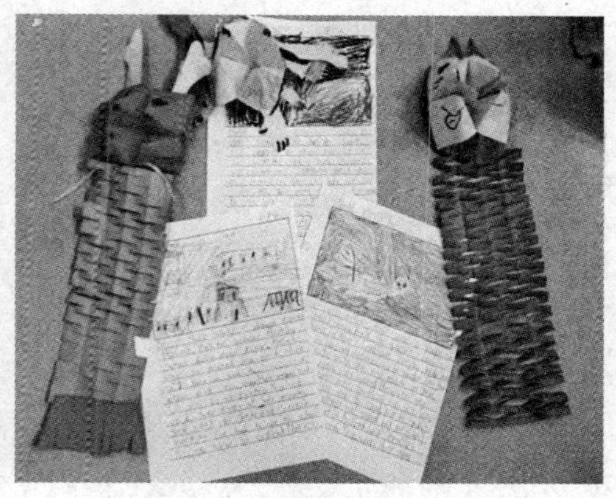

图3 学生的课后作业

四、这里刮起了中国风

我将剪剩的彩纸随手折成了小兔、小船和小青蛙，当作礼物送给了孩子们，没想到由此竟引发了“折纸浪潮”。East老师说她班里的小朋友都要“邦妮”（兔子的昵称），可是她实在不会，所以她要我教她怎么做，还要教会为止。看着她的认真样，我很感慨！原本在Christopoulos老师班上只需要讲讲中国的节日文化，可结果不仅交流了传统节日文化，介绍了学校，当场演示了剪窗花，最后还在老师的请求下，教孩子们折了纸飞机。当红红的纸飞机在操场上迎风而飞时，也迎来了其他孩子的羡慕眼神（如图4）。

图4 红红的纸飞机

我听一个专门负责护导的老师说，她看到好多班级的孩子都在折兔子、做东南西北和剪团花，孩子们都爱上了中国文化。是的，现在不管我走到哪里，孩子们都热情地和我打招呼，希望我去教他们本领。还有老师要求我为他的班级加课，看着她为了学生的殷切目光，我只能说："No problem!"谁让这里因为我刮起了这么大的中国风呢！

特殊的孩子

◇艾　奕

几天前，我接到一个电话，一位家长告诉我，他的孩子的诊断结果出来了，和我料想的一样，他的孩子患有注意缺陷多动障碍（ADHD）。开学以来，班里已有三个孩子确诊患有此症，他们都是刚入学几个月的一年级小男生，这不由使我想起曾经教过的一个特殊的男孩子。

五年前的一天下午，放学铃声响了，我把学生送走后刚回到教室，就看到惊人的一幕：Y 同学用手捂着脑袋，鲜血从他的指缝间流淌下来。我赶紧送他去校医务室，简单处理了一下伤口，随即带着他往附近的地段医院飞奔而去。看着医生把消毒水涂在 Y 同学的伤口处，我腿都软了，禁不住问："疼吗？"想不到，Y 同学竟大吼一声："爽！"难道这孩子没有痛觉？这绝对不正常！

在回去的路上，我向他了解了一下情况，后经核实，他说的是实话。事情经过是这样的：放学前，我分别收到 Y 同学和小潘潘同学妈妈发来的短信，说她们来不及接孩子，要晚到一会儿，让孩子在教室里等候。趁我送其他同学下楼的时间，小潘潘拿起扫帚，主动打扫教室。这时，Y 同学闲着无聊，开始撕纸片往地上扔。小潘潘见了，忙过去把纸片扫掉。Y 同学觉得很好玩，再扔，小潘潘耐着性子再扫。再扔，再扫，再扔，再扫……终于，小潘潘忍无可忍，举起扫帚柄，往 Y 同学头上砸去。于是，出现了我刚才看到的那一幕。

妥善处理好突发情况后，我建议 Y 同学的父母带他去医院做相关检查。通过一系列测试、检查，Y 同学被确诊患有 ADHD。这种症状是遗传性的，孩子的父亲告诉我，儿子的症状和他小时候差不多。

我在网上查阅了相关资料，了解了 ADHD 的起因、临床表现和治疗方法等，这种症状在我国被称为多动症，6～8 岁为多发期，患病率为 3%～7%，通常表现为注意力难以集中、活动过多、行为冲动、学习困难等。

Y 同学的症状比较严重。上课时，老师和同学的活动似乎跟他毫无关系，他仿佛听不到大家的声音，全然活在自己的世界里。课桌、墙壁，甚至自己的牙齿，无一不是他的画布；餐巾纸、铅笔、颜料等，没有一样不是他的玩具。玩累了，他就偷偷吃点东西，再舒舒服服地趴着睡一觉。下课后，他最喜欢在厕所里游荡，因为那里女老师不能进去，厕所是他自由的天堂。有一段时间，Y 同学迷上了拔水管，而当厕所水漫金山，清洁工阿姨一边拖地一边骂骂咧咧的时候，他感到从未有过的成就感。于是，一拔再拔，其乐无穷。当同学告诉我这缺德事是他干的后，我把一块抹布塞在他的手里："麻烦你去擦干净！"可能觉得擦地太累，Y 同学放弃了这项娱乐，转而玩起别的东西……他想象力丰富，玩得很有创意，气坏了清洁工阿姨，把他告到了学生处。学生处老师与他谈话，晓之以理，动之以情。而 Y 同学虚心接受，屡教不改，从学生处回到教室，第一件事情就是冲进厕所，再次玩起了拔水管的游戏。他以胜利者的姿态宣告他受到了重视，并期待着下一次接见。清洁工阿姨很气愤，老师则很无奈，只好一边道歉，一边递给 Y 同学一块抹布，让他自己承担做错事情的后果。

经过老师和 Y 同学的家长多次沟通后，他们决定遵医嘱，让他每天吃药。服药后的 Y 同学果然安静了许多，厕所不再遭殃，但新的问题又接踵而至。有的同学笔丢了，有的同学书不见了，甚至有人丢了书包和鞋子！老师在授课之余又当起了侦探，经过观察、推理和询问，目标锁定在了 Y 同学身上。

"最近很乖哦！老师觉得你进步很大！吃完饭后到我办公室来，给你一份礼物！"

Y 同学开心地笑了，笑容很灿烂。他如约前来，坐在我面前，啃着苹果，享受着幸福的时刻。

"能帮老师一个忙吗？"

"什么忙？"

"最近同学们丢失了好多东西，笔啊，橡皮啊，书包之类的，你愿意帮大家找找吗？找到有奖！"

"嗯，好的！"

回到教室，他用手指了指教室后面的储物柜："到后面看看！"于是我指挥几个力气大的男生搬开储物柜，地上果然散落着铅笔、笔袋等一堆文具。

"你真聪明！书包可能会在哪儿呢？"他指了指书柜，我又指挥大家用力挪动书柜，从书柜背后的地上找到了书包。

“鞋子呢?”

“不知道!”

好吧，能找到这些已经不错了。他领到了奖品，同学们拿回了失物。至于鞋子，我来买一双吧，就当奉献爱心了。那位丢失鞋子的“赤脚大仙”从此再也没有当众脱过鞋，大家也就不用忍受他的脚臭了。

Y 同学的故事还有很多，尽管他已毕业半年有余，但我常常会惦念他，不知他现在过得好不好。在陪伴他的五年里，我如履薄冰，每天都祈祷他不要惹事，不要闯祸，成绩可以差点，纪律可以不好，但安全第一，千万不能出事。他犯错时，我会生气，但更多的是同情，希望他在群体中不受到歧视，也不影响别人，平平安安度过一生。

有 ADHD 症状的孩子比我想象的多，希望医学技术更加发达，能够早日帮助他们解除痛苦，也希望社会能够更加宽容，学校的评价机制更加完善，让他们能够轻松地学习，快乐地生活。

对不起，我爱你

◇朱君可

甜甜，自然是一个甜美可爱的小女生名字。但事实上，她是一个不太快乐的一年级小学生。一双盛满了不安的大眼睛，镶嵌在小小的巴掌脸上，显得尤为突兀；微簇的眉头配着因为防备而抿紧的小嘴，让人误以为她的心里躲着一只惊恐的小鹿。

甜甜长得比较瘦小，我把她安排在第二排的中心位置，这样，就算我坐下弹琴的时候，微微侧着脸也能看见她。

唱歌课上，小朋友们饶有兴致地用上海方言唱着《摇啊摇》，站立的身体随着音乐旋律轻轻摇摆，如同春日的柳堤下缓缓摇来的乌篷船……忽地，“船身”猛烈摇晃了一下，我不禁望去，只见甜甜满脸通红、怒目圆睁，平时微簇的两个眉头仿佛已经拧到一处去了。我不动声色，一边继续弹伴奏，一边用眼睛的余光关注着她的方向。过了几秒钟，只见她猛然伸出右手，抓住右边同学的衣袖，狠狠地一拉，拉得那女生打了个踉跄。我的琴声戛然而止，孩子们的歌声硬生生停在“桥”上，原本延长六拍的“桥”，一下子被我愤怒的琴声砸成了断桥。我再也无法假装看不见了，没想到平时这么胆小、内向的一个小女生，竟然在课上以暴力公然侵犯他人。我如同一个行侠仗义的好汉窜出绿林，冲着甜甜怒斥“你在干什么?”甜甜的动作顿时定格，惊讶、恼羞、愤怒的表情一下子涌上了小脸，那张小脸似乎一时容不下这么多复杂的情绪，静默几秒钟后，她“哇”的一声哭开了。这始料未及的一招，让我不由得怒从中来：“你去拉扯别人，你还委屈了？你为什么扯她？你有什么权力去攻击别的小朋友呢？老师在问你话，你回答呀!”我的责问如同连珠炮一个又一个投向这个战争发起者，没想到她毫不理睬我的攻击，只是以更猛烈的哭声筑起一道声音壁垒，让我的连珠炮完全无法靠近她的核心阵地。透过她婆娑的泪眼，我看到了她的大眼睛此刻在泪水的冲刷下已经变得通红，显得那样绝望和无助。她不停地哭，失控地哭，止不住的眼泪和哭声仿佛是要与全世界对抗。就这样，我们的对抗僵持了三分钟，却仿佛一个世纪之久，最后我做出了艰难的决定——退一步。我转过来对孩子们说："甜甜现在太过激动，无法和大家一起上课，老师要带她暂时离开教室，小朋友们能跟着小老师玩摇小船的游戏吗？"孩子们都懂事地点点头。我牵起甜甜的小手，离开教室，又轻轻掩上门。整个过程中，她很顺服，只是哭声依旧。

在走廊里，我轻声跟她说道理："每个小朋友都是妈妈心头的宝贝，我们没有任何权利去伤害其他小朋友。她刚才有侵犯你吗？并没有，人家是跟你友好相处的，你为什么要攻击别人呢？你是觉得她唱得太好吗？或者是你自己没有唱好吗？"我苦口婆心地说了很多道理，做了很多假设，无奈她既不作答，也不停止哭声，只是叉着两腿，张着两手，仰天哭泣。我听着自己一个人的独白，看着她后仰得几乎要倒下的身体，止住了喋喋不休，静默了几秒钟后感到一阵心酸，于是我轻轻地用双臂拥抱她，将她揽在自己怀里，艰难地说出熟悉的几个字："对不起，我爱你！"

这几个字仿佛有魔力，壁垒消失了，她渐渐安静下来，我拍着她的肩膀继续说："老师爱你，老师爱你！"那一刻，我说得那么自然，那么真诚，如同平时常常跟儿子表达爱意一样。

我相信，爱是有力量的，当我牵起甜甜的小手回到座位上的时候，她已经止住了哭泣。

我对孩子们说："今天，我看到了每个小朋友对同学、对老师的爱。当同学需要帮助的时候，你们都愿意等待她、包容她；当老师需要帮助的时候，你们愿意帮助我，承担小老师的责任，自己管好自己。也许今天是一个误会，但是我想，现在不是解决这个误会的最佳时机，我相信我们会有合适的时间来消除这个误会。此刻，让我们以温暖的歌声来传递我们的爱，好吗？"

孩子们高兴地唱起了《摇啊摇》，唱得比平时更柔美，更温暖！

现在的甜甜，是一个快乐的三年级女生。每次见面时，她都会冲着我甜甜地微笑，偶尔还会调皮地眨眨眼睛。

其实，在我们教师平常、淡泊却又繁琐、艰辛的从教生涯中，不缺爱的真挚、严的笃求，我们寒来暑往、无怨无悔地呵护养育着片片幼苗，期待苗儿茁壮成长。只是当些许幼苗因为家庭的溺爱娇惯养成不良习气，又在"传道授业解惑”的学堂雅室引起突发事故时，我们很容易在“制事故、顾全局”“扬正气、做规矩”“恨铁不成钢”的师道尊严驱动下，依循惯性思维和临场机智，利索地来个三下五除二。殊不知，对于性格各异、自尊心强的苗儿，我们惯用的“灵丹妙药”难免事倍功半，乃至事与愿违。此时，我们不妨把事情想得更简单，放下一切的方法和道理，抛开一切读人析事的念头，只关注人最根本的需求——爱。当事态峰回路转，又何愁无处寻觅“柳暗花明又一村”的盛景呢？

五个小小的"一"

◇华　莉

作为一位班主任，我每天平凡地工作着，忙碌着，对于我来说，每天一早在教室迎接孩子们的到来，傍晚把他们安全地交到家长的手中，就是班主任一天工作的起点和终点。每天就这样简单地重复着，付出着，我甚至觉得自己是一个勤于做而惰于思的人，我该写些什么与各位同行们交流呢？借此交流的机会，我将本学期的工作作了细细的整理和回味，现将五个小小的片段与各位分享。

一片自主的天地

教室是孩子们温馨的家，自主墙更是他们彰显个性、展示才华的天地。在教室的墙面上我创设了以下几个版面。在教室后墙的左侧，有一颗心愿树，墙上贴满了五颜六色的心形图案，上面写满了孩子们的心愿，有的孩子写着："我要努力学习英语，争取明年做一名小志愿者。"有的孩子写着："愿祖国妈妈越来越美丽。"还有的孩子写着："愿所有的老师和小伙伴每一天都健康快乐。"从孩子们的一张张心愿卡中，我们感受到了一颗颗真诚的童心，更感受到了他们对校园的热爱、对生活的憧憬和对明天的期许。在教室的后墙右侧是小小艺术家板块，里面张贴了孩子们的优秀绘画作品。他们用童真、童趣，用手中五彩的画笔描绘出一幅幅充满想象、惟妙惟肖的作品。有作品被贴在这一栏的同学倍感荣耀，更增加了他们的创作热情。在黑板报的中间专门开辟了"小荷才露尖尖角"专栏，上面张贴着许多孩子自己创作的生动有趣的儿歌，这些作品有的是课堂上的说话练习，有的是小朋友自己动脑改编、创作的儿歌，作品不定期更新，鼓励孩子们创作出更多好作品来，这次我们班媛媛和小彦创作的儿歌《稀奇歌》和《下雨啦》被刊登在校刊《朝花》上，而他们的作品就是从"小荷才露尖尖角"走出去的，这是一块属于孩子们的创意园。就是这样几块小小的版面，串连成了一片属于孩子们的自主天地，在这片自主天地里他们留下了童年成长的足迹，展现了才华，更彰显了个性。

一张小小的奖券

要想让学生形成好的习惯，只靠老师的提醒、教育是不够的，为了让每个孩子都参与竞争，感受成功的喜悦，最终在班级中形成赶、比、追的良性竞争氛围，我采用了多元梯度奖励制，让每位学生学有方向，赶有目标。我做了一个有Kitty猫图案加“你真棒”字样的印章，并用这个印章印制了小奖券。孩子们对于那小小的奖券可在乎啦，为了得到一张奖券，作业一笔一画地认真写，不小心写歪了，也要擦了重来。我规定满20张奖券就能换奖品，满50张奖券就能获得大奖，每周获得奖券最多的孩子就能进“争星榜”，有了这些“刺激”，孩子们比开学时懂事多了。尤其是班中的男同学，调皮捣蛋的少了，因为他们生怕好不容易赢得的奖券又“跑”了。通过此举，每个孩子找到了属于自己的坐标，找回了自信。我常会听到学生说：“华老师，我有10张奖券了！”“华老师，我还缺3张奖券就能换奖品了。”看着他们充满自信、幸福的微笑，我不禁暗暗思量：一张奖券也能有这么大的魅力，原来竞争也可以这么快乐！

一束芬芳的百合

爱是什么？

诗人说，爱好似春雨滋润着干涸的大地。

哲人说，爱是理解和尊重。

孩子说，爱就像我妈妈。

作为教师的我说，爱就是像爱自己孩子一样爱学生。人们常说爱自己的孩子是本能，而爱别人的孩子就是神圣。我努力将这份神圣转化为平常和本能。每天我都早早地来到教室迎接小朋友的到来，能在清晨看到孩子们笑盈盈地背着书包进教室是我一天中最幸福的事情。下课了，我会和孩子们一起玩耍、嬉戏，会提醒孩子们喝水、上厕所。学校里的热水龙头因为顾及到可能烫伤孩子，所以设了开锁键，天冷时孩子们喝热水不太方便，于是我从家里拿来了暖水瓶，每天一早打好开水，课间给孩子们倒水喝。最近一段时间，生病的孩子比较多，我每天都会给生病在家的孩子打一个电话，问候他们的身体情况。班中的小忻刚经历了小手术在家休养，我买了一大束百合花去看望他。想到生病在家的孩子需要的不仅仅是老师的问候，更需要同学间的关爱，我灵机一动，让每一个孩子对小忻说一句祝福的话并制成录音，我和陈老师带着芬芳的百合和孩子们温馨的祝福来到小忻家。有同学说："你开刀不要怕疼哟！"有同学说："小忻，你快点好吧，我们在学校等你哟！"还有同学说："你快快恢复健康吧，我们想你！"当小忻听到同学们对他说的一句句发自肺腑的祝福时，泪珠在眼眶打转。晚上，小忻的妈妈发来一条信息，上面写着："花很香，情很浓，真心谢谢老师和同学们，小忻觉得生活在这个班级很幸福。"短短的一条信息也道出了我的目标和期许，我要为孩子们创造一个温馨的、充满关爱的幸福之家。我们的家弥漫着芬芳的花香，更充满浓浓的情义。

一个深深的拥抱

孩子们都知道，上我的语文课，得到的最高奖励是一个深深的拥抱。每一次当孩子回答到精彩处时，我都会激动地走上前去，对他说："你说得真棒呀，让老师来抱抱你。"孩子也会满怀自豪和幸福地张开双臂迎接我的拥抱。此时，深深的一个拥抱传递了我对孩子的赞许、鼓励和褒奖，我和孩子之间的心又一次贴近了。他们知道老师的拥抱是表扬，是爱他们的独特的表达方式。他们用自己的努力来获取这样的奖励，我用这样的方式表达着对孩子的爱。有时爱可以传承，也可以效仿，孩子们也用这样的方式来表达他们对我的爱。无独有偶，在刚开学没几天的一次放班的时候，孩子们一一和我道别以后回家了，只有小宣一个人站在那里久久不愿离去。"小宣，你找华老师有事吗？你怎么不回家呀？""我……我……我想抱抱华老师再回家。"这是一个平日里腼腆、害羞的小男孩。"当然好呀！"我立即张开双臂深深地抱了他一下，他满足得满脸微笑地与我挥手道别。也就是从那一天开始，我与小宣每天都用这样的方式道别。有好几次，因为放学时有些家长有事找我，我被家长们簇拥着，小宣就在旁边静静地等着我，有一次，他的外婆催促他："你看，华老师这么忙，我们先回去吧！"可他嘟囔着：

“我今天还没跟华老师抱过呢！”我本来在和家长们谈话，听到了他们的对话后，马上走过去，对他说：“对不起，老师忘记做一件最重要的事情了。”当我张开双臂拥抱他时，他满足地笑了。一个小小的、深深的拥抱诠释了我和孩子之间浓浓的情意，爱与被爱有时就这样简单。

一个没有被踩破的红气球

在我办公室的一个小角落里，有一只不起眼的、有些瘪了气的红气球，它记载了我的一段幸福回忆。这是发生在今年迎新会上的一个小故事。那时班级里正在热闹地进行踩气球游戏，到最后一轮了，我突发奇想说：“我们把最激烈的留在最后吧！欢迎我们的家长朋友们也上场！”在孩子和家长的鼓动声中我也上场了。在教室的中央，孩子们、家长们和我一起激烈地蹦跳着，躲避着别人的袭击，而教室里出现了异口同声的呐喊声：“华老师加油！华老师加油！”突然，我的身边出现了一个小小的身影，但当他发现是我时，又把伸出的脚收了回去，我的气球没有被踩破。那一刻，我倍感激动，因为在与孩子们的爸爸妈妈处于同一天平上时，孩子们竟然把爱的天平倾向我。那一刻，我更倍感幸福，因为世界上最纯真的童心围绕在我身边，人间最可贵的爱心就在我眼前。就是这样一个小小的、没有踩破的红气球，让我感受到了为人师的最大快乐。

每个人都有自己的故事，每个人都走着自己的路，而老师的故事、老师的路有些特别，因为他们的故事与班级密不可分，他们所走的路与学生息息相关。今天我将发生在我和孩子们身上的几个小故事与大家分享，我觉得我行走的路上充满阳光，因为我每天被充满纯真的笑脸包围；我觉得我的故事充满快乐，因为我每天都收获着童真、童趣，每天都收获着孩子进步的消息。我愿一如既往地当好这个忙碌并快乐的孩子王，继续写我的故事，走好我的路。

特别的学生，特别的爱

◇张　煦

俄罗斯有句谚语这样说道："漂亮的孩子人人喜爱，而爱难看的孩子才是真正的爱。"确实，几乎每个班里都有一两个"特别的孩子"，但我相信只要用心、用爱与他们真诚地交流，给予他们尊重，挖掘他们的"闪光点"，他们也会感到学习是快乐的，教室里是充满阳光的，因为那里有爱他们的老师在。

第一天接手这个班级时，我就见到了几位特殊的孩子，有容貌特殊的，有行为特殊的。其中有一个学生叫阿为，他给我留下的印象尤为深刻。在上课的35分钟里，他半躺在椅子上，几乎不看老师和大屏幕，不是拉拉前座的衣服，就是随意大呼小叫，如果有同学与他"搭上线"，他就更"来劲"了，如果无人理睬，他就沉入自己的世界。对于作业，他高兴就做点，不乐意就往桌肚里一塞，完事！

一天，我和往常一样上完新课后让学生完成一些练习，从讲台望下去，教室里每个学生都在认真写着，而我的眼神忽然定格在了那张座位上，阿为也在认真地写些什么，我的好奇心上来了：他在写什么？这么认真，表情好专注啊！我悄悄地走过去，看到的情景使我有些惊讶，阿为在画一幅画，有大桥，有东方明珠，有许多宏伟的建筑物，画得还不错，而且已经在小心地上色了，他是在用什么涂色？原来是几段非常短小的粉笔头。我不由自主地蹲下去，说道："阿为，不错啊，你画得好漂亮啊！"这时候，我看到了这个年龄段的孩子特有的单纯可爱的笑容，这是我在阿为脸上第一次见到这样的笑容。

我开始每节课都留意观察这个学生，我发现阿为在创设情境的导入环节里会有短暂的听课时间，过后他又开始"动手操作"了，哪怕是一块很小的橡皮在他看来也是一件非常好玩的物品，他可以玩到下课，乐在其中。接下来，我的脑海里跳出了疑问，阿为可以对画画这么专注，可以对一支笔或一块橡皮研究这么长时间，但在课上却不能坚持听课十分钟呢？

我找来了阿为的家长，了解阿为家里的一些情况。阿为是个早产儿，他的爸爸忙于工作，所以他的学习与生活都由妈妈全权负责。早产导致他幼时体质较差，其母非常溺爱，从不约束他的言行，崇尚自由发展，阿为又生性调皮，所以自由散漫惯了，进了学校便成了让老师头痛的孩子。

了解了这些情况后，我觉得阿为就是个被宠坏的孩子，没有人去管他，没有人去了解他，他就偏离了轨道，而且越来越远。我想，特别的孩子就要用特别的“爱”来唤回。

第一步，调整座位，置于掌心。

首先要做的就是撤了那个特殊的座位，让阿为坐到符合他身高的第二排座位，一个正常的位置，而且就在老师的眼皮底下。每当阿为刚坚持几分钟就开始坐不住时，我就会一边讲课一边走过去，摸摸阿为的小脑袋，指指屏幕，让他知道老师时时刻刻在关注着他，几天之后，我发现阿为注意力集中的时间有所延长，即便知道他是在我的强压政策下才坐着不动的，但我相信这是一个好的开始。

第二步，巧设问答，激将鞭策。

在阿为走神之时，我已设计好提问的计策。我会故意向阿为提出一个他肯定回答不出而其他认真听讲的学生都能回答的简单问题，当我点名请他回答时，他明显吃了一惊，我知道他肯定在想：“老师怎么会抽我起来回答问题呢？我没有认真听讲啊！”结果当然是他站了老半天也说不出一个字来，那个表情真是尴尬啊，然后我问：“谁能帮助阿为啊？”周围的小手争先恐后地举起，我又故意选了一个成绩算是中下的学生来回答，而他轻而易举地回答出来了。这时可以明显看到阿为脸上无所谓的表情有所变化了，我发现他的目光自然地朝大屏幕移去了，我的计策有效果了。紧接着，我又提出了一个再简单不过的问题，并立马抽到阿为回答，这时候的阿为好像有准备了，顺利回答了出来，我就摸了阿为的脑袋一下，轻描淡写地来了一句：“恩，还不错！”但这时的阿为没有表现出被老师表扬后很开心的样子，而是一副赌气的、倔强的眼神。

第三步，适当鼓励，重树信心。

阿为自觉地集中注意力，开始认真听讲了，其实他也怕老师时不时来一个提问，难住他后就晾着他，然后让其他同学来帮忙。原来他也是个“爱面子”的学生，一直憋着一股劲儿，就等着我去考他。这正是我期待的适当鼓励，帮其找回信心的机会。一次，在课上我提了一个有点难度的问题，随后我问谁可以来挑战一下，这时候大概有三分之一的学生举手，我惊奇地发现阿为也举了手，我毫不犹豫地点他回答，而他竟然回答正确了。我便趁机让整个班级都来拍手表扬他："阿为，你真棒!"我看到阿为害羞地笑了笑。之后的课上，阿为别提有多认真了，每天都在进步。

几天过后要进行单元测验，我把阿为叫到办公室里，帮他把一些重要的内容复习了一下，一些难点和他的薄弱部分强攻了一下。当测验的成绩出来时，阿为的成绩从本来徘徊在 40 分左右，一下子上升到了 72 分，试卷发下去时，我看阿为也有点傻眼了。我走过去，拍拍他的肩，说："看吧，你这么聪明的孩子，只要稍微认真点，成绩马上就能上去，只要再用心点，成绩还会更好呢！咱们期中考试争取考得再好点。"我看到阿为微微点了点头，马上拿笔认真订正起了试卷。

不出所料，阿为对待学习变得更加认真，也会努力完成布置的练习，遇到不会做的就先空着，第二天到学校后再找我问个明白。期中考试时，阿为居然考到了 87 分的好成绩，其实这也在我的意料之中，因为这是他通过自己的努力所换来的成绩啊!

第四步，持续关注，养成习惯。

期中考试过后，我发现阿为有点骄傲，每天沾沾自喜，上课又开始"自由"起来，小手动来动去，眼睛也东张西望，课上练习做得一塌糊涂，我把他叫到办公室里，不留情面地一通批评，我对阿为说："你什么时候认识到自己有错了，什么时候来告诉我，没有错的话就回教室好了。"我自顾自地批着作业，也不理他，阿为走近我，还没开口就哭了，哭得好伤心，我还从没看到阿为哭过。他边哭边说："老师，我最近上课不认真，不听你讲课了，所以练习做不来，错了好多题目。我下节课开始一定认真听讲。"我听得出来，阿为的话是真诚的，是发自内心的。"阿为，那张老师就和你一起努力，认真学习好吗?"我牵着阿为的小手回到了教室。

现在的阿为虽然还不是班里成绩最优秀的学生，但他已经开始迈出步子挺胸前进了……

对后进生的教育是一项复杂的心理工程，但只要对他们施以满腔的爱，在实践中不断剖析他们的心理特点，采取恰当的方法，定会有所收获。而利用学生自有的闪光点作为切入口不失为一种聪明的办法。为此，教师要敏锐地发现后进生身上的闪光点，哪怕是点滴之处也要加倍呵护和扶植，这样可让学生产生对老师的认同感，逐步拉近师生距离，同时可以巧妙利用激将和鼓励，激发学生对学习的兴趣，逐步引导他们辨别是非，积极向上，让昔日的丑小鸭变成美丽的白天鹅。

牵着“小乌龟”慢慢走

◇沈诗慧

“教育以学生为本。”在大学学习的时候，这句话常挂在我的老师的嘴边，而我真正体会到这句话的含义，是在正式踏上教育岗位之后。曾经看过一篇文章，题目是《孩子是只流泪的蜗牛》，是说教育孩子就像牵着一只蜗牛在散步，需要父母细心的呵护和理解。我认为这个观念同样适用于学校教育，对老师来说，我们面对的是几十个各方面发展存在差异的“小蜗牛”。我今天要说的故事就发生在一对双胞胎兄弟身上，比起“小蜗牛”，他们更像是一对“小乌龟”，有着比蜗牛更坚硬的外壳，紧紧地保护着自己。

这是一对双胞胎兄弟，当我刚知道我们班级有一对双胞胎时，我满怀新鲜感、期待感，也是抱着这样的心情，我在开学前对他们进行了家访。当我们第一次见面时，我便发现兄弟俩与别的孩子不同，他们没有对我的到来表示欢迎，甚至没有一声问候，他们瞥了我几眼，却不与我说话，只是两人在一起玩着地上的玩具。刚开始，我以为这只是因为他们个性比较内向，第一次看到老师有些害羞之故。但在我与他们的父母交谈的时间里，他们始终没有再看过老师一眼。而在交谈中，我了解到他们刚来上海不久，对这里的一切还不熟悉，也没有什么亲朋好友。当时，我以为我可以理解兄弟俩对我的冷漠，他们也和父母一样，也许还并没有适应这里的一切。而他们在之后的日子里所表现出的问题，却远远超乎我的想象。

新学期很快开始了，小朋友们兴高采烈地来上学了。开学第一天，孩子们一点点地学习着如何在集体里生活和学习，许多孩子在经历了开学前的两天准备期后适应得很快，马上就能和别的同学攀谈、玩耍，成为了好朋友。而这兄弟俩却明显落后，尤其是弟弟。中午，当我走进教室时，我看见班主任正蹲在他身边，而他已经哭成了个小花猫。我上前询问缘由，原来是他不愿意吃午饭，怎么劝说都没有用。我再看看哥哥，他倒是吃得很香，已经差不多吃完了，面对弟弟的哭泣，他虽有些不放心但似乎也已经习惯了。下课时，我仔细观察着他们俩，他们从不和别人一起玩，总是两个人在一起，不管什么时候，弟弟总是下意识地要去找哥哥帮忙，他们俩也只有在下课玩耍时才露出一点笑容。

在我的课堂上，他们也与别的孩子不同，也许是因为怕生，他们从不愿意发言，更别说主动举手回答问题了。这点在弟弟身上表现得尤为明显，他不愿意说话，也不知道怎样整理桌面，怎么准备好上课要用的书本，我也很少能在讲课过程中与他眼神相遇。孩子们很喜欢玩开火车的游戏，但每当轮到弟弟的时候，他的表情就变得很痛苦，低着头像是快要落泪了。有时，我并没有请他回答问题却还是听到了他的哭声，也许只是因为一块橡皮找不到了，也许只是因为他没有找到自己的书本，也许……这些在老师和别的同学眼中芝麻一样小的事却能让他掉下豆大的眼泪。雪上加霜的是，弟弟的表达能力也存在问题，好不容易愿意开口也只能说出几个词语，让我很难理解他的意思。

我很迷茫，我从未遇到过这样特殊的孩子，不知道该怎样和他们相处。我也很着急，不愿意表达对于语文学习是非常严重的问题，我担心他们以后与人沟通有障碍，担心他们是不是能融入这个集体。但我心里也清楚，不能让他们成为别的孩子眼里的“另类”。在与班主任沟通后，我明白他们还处于新环境和幼升小的双重压力之下，虽然要引导他们快点适应但不能操之过急。于是，在他们发生状况时，我并不批评指责。上课不回答问题，我请同桌或其他同学来帮助他们，不给他们施加压力。课后，我找他们聊天，鼓励他们开口发言，让老师和同学们听到他们精彩的表达，我希望能给予他们一些自信。渐渐地，我发现兄弟俩都有了不同程度的进步。哥哥在开“小火车”时，能主动起立回答问题，于是我鼓励他声音再响亮一些，并在全班同学面前进行表扬。后来，我欣喜地看到他主动举起了手，我也激动地奖励了他小奖章。哥哥的拼音和字都写得很端正，我就常把他的作业展示给同学们看，并且在班级里的书写比赛上，他也写得特别认真，得到了我的奖品和表扬信。慢慢地，我看到了哥哥更大的进步，他爱看书，而且特别专心，不但如此，在收发作业时，他常会来问我弟弟是不是交了作业，可见他对弟弟有着强烈的责任心，生怕弟弟漏了什么作业没交。现在，我对哥哥的学习和生活已经可以放心，他已经是一个独立自主的小学生了。而弟弟虽进步没有那么明显，但也比一开始改善了许多。他虽然会把米饭掉在桌上，但可以独立吃饭了，虽然上课不愿意举手，但轮到他时已经有勇气站起来回答问题，虽然写字并不端正，但他能完成所有的作业并及时上交……让我最高兴的是，弟弟看到我会露出笑容，而不是一开始那种恐惧的眼神，他还会主动告诉我发生了什么，当我走到他身边时，他甚至会主动问我一些问题，兄弟俩在班里也渐渐有了他们自己的好伙伴。这些点滴的进步都让我由衷地欣慰和高兴，我这才体会到，当一名教师最快乐的事就是看到自己的学生在进步，在成长，而“教育以学生为本”也因此而得到了真切的诠释。

乌龟胆子小，所以它们用坚硬的外壳保护自己。当有人接近或触碰他们时，他们会用与平时缓慢的行为截然相反的速度缩进自己的壳里。只有当你每天照顾它、善待它，当它对你感到熟悉、亲和的时候，它才会放下一些防备，以至放松、自然。我的这两只“小乌龟”虽然进步慢，但我非常清楚我要做的是鼓励和引导他们成长，而不是心急地去催促他们长大。要让他们解除内心的防备并接受我们，需要时间和耐心。现在，我们班的孩子们也在老师的影响下特别关心兄弟俩，特别是弟弟偶尔又闹脾气时，他身边的同学会告诉老师到底发生了什么事。我的内心无比希望弟弟能赶上哥哥的脚步，但我知道这急不得，我也将用自己的爱心和耐心去引导他、鼓励他，让他早日能成为一名独立、坚强的小小男子汉。

我越来越为我的职业感到骄傲，因为我正改变着许多孩子，引导他们崇德向善，知难而进，这是其他的工作所感受不到的幸福。但愿我也能和孩子们一起努力前行，成为习总书记提出的“四有教师”，真正实现教师的价值。

靠　近

◇张丽君

“老师，今天，天真蓝！”这是我班小石同学在今天的午自习时对我说的一句话，听罢，我的心竟为之一动……

小石长得眉清目秀，乍一看，还真是个漂亮又可爱的女生。但只要稍加留意，便能看出她是个内向、害羞而沉默的姑娘。她经常会低着头双手撕扯衣角，会羞怯地回避和人对视。可她又是个非常聪颖的孩子，数学经常考满分，难题和附加题都不在话下。唯独语文是她的弱项，她也因此变得在我面前更不自信了。

是不喜欢语文？是基础薄弱？又或者是，不喜欢我？

看着这么一个特别的学生，我心里很难过，小小年纪的她不善于与同学有效沟通、互动，恐怕她内向的个性会让她渐渐疏远人群的。得帮帮她，让她在还没有筑起恐惧、寂寞的壁垒之前感受到人们的友善，渐渐地走近大家，找到自信。

那天语文课的内容是复习基础知识点，我提议让所有的同学“开火车”来复习一下本册教材中的各式词汇和句式，大家都跃跃欲试，只有沉默的小石依然垂着头，游离于课堂氛围之外。同学们开起了火车，一个个熟练且准确地练习着。当火车开到小石处，她唯唯诺诺地站了起来，慌乱的眼神不住地张望着周围每个人，最后瞥我的那一眼，我一看便知是在看我的反应，她期待着我能给她一点帮助，能制止周围无休无止的催促声。我看懂了她的眼神，读懂了她的心思，可一个意念瞬间闪现：如果我就这么让她坐下，继续忽视她的存在，那么她以后该怎么办呢？于是，我让同学们安静地听小石的回答：“其实小石早就说对了，只是你们太吵了，没有听见，我们麻烦她再说一次吧。”我走到小石面前，鼓励她尝试说出答案，她先是小声地应了一下，似乎在内心酝酿了许久，终于紧张地大声回答道：“模——模糊。”多么完整、规范的回答啊！我看着她坐下，深呼吸着，敏感、脆弱的她只是不敢尝试，但只要给她一点勇气，给她一点信心，给她一个机会，她就能做到。

那节课下课后，我意识到这是我和小石的一个非常好的沟通机会，我绝对不能错过。于是，我把她请到了办公室，给她搬了凳子，招呼她来到我身边坐下。我明显能感觉到她的紧张与不安。

“老师，你也做数学题啊？”无意间，小石看到了我桌上放着的一张数学试卷，上面有一道空题。这其实是其他班的同学借用我的桌子在写的一张试卷，但却忘了把它带走。我顺势回答道：“啊？是呀！但是，没做出来，数学老师还笑话我呢！你帮我看看？”

果然，小石接过数学题，拿出笔列式算了起来。不一会儿，“搞定。老师，你看，这道题目只要先算出……”小石主动把凳子向我靠拢了，给我讲起题来。虽然，语言依旧磕磕绊绊，但是，她的眼睛里却闪着一种让我感到陌生的光芒。

题讲完了，小石看了看我，又看了看自己，她已经半卧在我的办公桌上了，她不好意思地将手脚又都收了回去。

“小石，你可真行，等数学老师回来，我就告诉她，我会做了！你能不能替我保密，别告诉她你是我的军师？”我神秘地用胳膊搂住小石。孩子腼腆地笑了笑，点了点头。这微笑，是陌生又熟悉的。曾经在无数孩子的脸上，我见过这样的微笑，唯独很难得在她的脸上看到。

我知道，这次的谈话虽然没有涉及到任何跟语文学习有关的内容，但是，我似乎离孩子近了，孩子也离我近了！从那天起，每天的语文课上，我都会请小石回答问题，会在她有点滴进步的时候，给她最大声的表扬，最热烈的掌声。语文课上，小石越来越多地露出喜悦的神色，虽然其中略带羞涩，但是分明也蕴含着成功的喜悦。

“是的，孩子，今天，天很蓝。”我摸着小石的头，也把视线投向午后的天空。万里无云，一片湛蓝……

每个孩子都如蓝天般纯净，这也就是为什么我们这个职业如此崇高的缘由。我想靠近他们一点，再靠近他们一点，做他们的知心人，不是因为我们有多崇高，而是因为他们让我看到了生命的纯真。用心呵护孩子的纯真，让我们的天空永远湛蓝。

体验快乐的一串故事

◇姚　蔚

一

我们的队员并不缺少快乐，而是缺少发现，缺少体验，缺少表达展示的平台。而一个人如果缺少快乐，那么他的人生将是缺憾的人生。因此，中队辅导员有责任，更有义务帮助队员们真正地快乐起来。为了帮助和指导队员们创造机会体验快乐，并能把这些快乐作为“珍珠”一颗颗串连珍藏，我首先为每位队员建立了“快乐体验日记”，要求队员们走进家庭，走进学校，走进社区，走进公共场所，去体验自理、助人、学习、劳动、创造、诚信、守序、礼让、付出等，并以日记的形式写出快乐之体验，收藏到“快乐体验日记”中。我们在学期结束前进行评比，看谁收藏的快乐又多又精彩。

二

在我们中队里，学生与家长、学生与老师通过主题队会互换心语卡片，让队员理解在家庭、在学校、在社区、在公共场所应该怎样做，承担起应尽的社会责任；不应该怎样做，多换位思考，从而懂得怎样做才是真正的快乐。主题队会上，队员们还展示了自己签了名的“快乐千纸鹤”，把活动推向了高潮，也把队员们参与体验活动的积极性充分调动了起来。

三

我请队员们根据自己的具体情况，以每月的特殊节日、纪念日为引子，开展各种活动，让队员在活动中体验真正的快乐。

例如，结合3月5日“向雷锋同志学习”题词纪念日，开展“讲雷锋的故事、读雷锋的日记、做雷锋式的少年”活动，让队员在家庭、学校、社区、公共场所中充分体验助人、学习、帮困、扶弱的快乐。有个队员写了快乐体验日记“我当小雷锋”：“今天是学雷锋纪念日，我学当了一回小雷锋。哟，我家的楼道里真脏！我一回到家，就拿起扫帚、簸箕从上往下扫。终于搞定了！一看，哇，真不知道自己是怎么干完的。不过，幸好没有人跑上跑下的，不然，本人的学雷锋计划就全泡汤了。得赶快让这一堆垃圾跟楼梯说‘拜拜’啦！回到家，一照镜子，哇，我的口罩都成灰的了，脸上也是灰蒙蒙的，简直成了‘灰人’啊！我终于尝到了当雷锋的滋味，虽然我灰头土脸的，可是我心里依然非常非常快乐。因为我做了一件使许多人高兴的事情！”

又如，结合母亲节，中队里开展了“只要妈妈露笑脸”的活动，让队员充分体验自立、孝敬、付出的快乐。有个队员在快乐体验日记中写道：“星期五下午，我和几个小朋友到老师办公室去劳动，有位老师奖励给我们一人一小块巧克力。我舍不得吃，因为妈妈也很爱吃巧克力。放学回到家后，我说：‘妈妈，你坐下，闭上眼睛张开嘴。’妈妈这样做了。我剥开糖纸，把巧克力放进妈妈的嘴里。妈妈睁开了眼睛，笑眯眯地对我说：‘你真是个懂事的乖孩子！’我听了心里美滋滋的。”

有了快乐的心理体验，队员们会很乐意再做第二次、第三次，并形成良好的道德习惯，而这正是我们开展活动、浸润德育的初衷。另外，中队还结合植树节，向队员宣传“植树绿化，美化环境”的重要意义，号召队员“种一盆花、爱一棵树、护一片绿”，体验环保之乐。

四

在教室的队角里，我们开辟了“种植快乐，分享快乐”的专栏，及时发表队员们的快乐体验日记、辅导员的建议及队员之间相互的点评等，努力营造快乐体验的氛围，促使队员变被动为主动，从而潜移默化地在他们心中撒播上高尚品德的种子。

五

队员们为了写好快乐体验日记，无论是在家里、在学校，还是在社区或公共场所，都尽力去创造机会，充分体验自理自律、学习探索、团结协作、文明助人、帮贫助残和劳动创造的快乐。同时，队员们在抒写这些快乐体验日记时，一次次地梳理整个过程，也一次次地温习快乐体验，从而使道德习惯一次次地在心中生根发芽。因此，我们有理由相信，这种以快乐体验为主线的德育措施，一定会传播功在当代、利在千秋的道德正能量。

斯特娜夫人说过："孩子的心灵是一块神奇的土地，播上思想的种子，就能获得行为的收获；播上行为的种子，就能获得习惯的收获；播上习惯的种子，就能获得品德的收获；播上品德的种子，就能获得命运的收获。"我们辅导员在指导和帮助队员们体验真正的快乐的同时，也在他们的心灵中播撒着思想的、行为的、习惯的、品德的种子，相信未来每位队员都会具有高尚的情操，也会与快乐常伴。

尊重　信任　倾听

——教师与家长取得有效沟通的三个故事

◇唐咏梅

教师与家长的沟通是一门艺术，更是一种超越知识的智慧。记得苏联教育家苏霍姆林斯基说过这样一段话："儿童只有在这样的条件下才能实现和谐的全面的发展，就是两个'教育者'——学校和家庭，不仅要一致行动，要向儿童提出同样的要求，而且要志同道合，抱着一致的信念，始终从同样的原则出发，无论在教育的目的上，过程还是手段上，都不要发生分歧。"在这里我们不难看出他向我们强调了家庭和学校形成同步教育的重要性。是的，我们教师唯有经常与家长进行沟通交流，以达到教育观念上的一致，才能让家长及时了解孩子在校的诸多情况，同时也让老师及时掌握孩子在家的思想动态、行为表现，以便更好地进行教学活动。

我作为低年级学生的老师尤其有这样的感受。在小学的起始年级，往往是家长最重视孩子的时期之一，大部分家长都有这种思想：从一年级开始，孩子正式读书了，要看出孩子的真实水平了。由于现在社会竞争激烈，家长们都对孩子寄予厚望，希望他们将来有出息。因此孩子刚上一年级，家长们便对老师进行审视观望，非常焦急地希望得到老师的帮助，也希望能和老师多交流、多沟通。那么作为教师该如何和学生家长进行有效的沟通呢？且让我谈一些切身感受吧！

故事一："尊重"是教师与学生家长取得有效沟通的前提

尽管在教师与家长的关系中，教师起主导作用，但两者在人格上是完全平等的，因此，教师必须尊重学生家长的人格，特别要尊重所谓"后进生""问题生"和"学困生"的家长的人格。对教育过程中出现的问题，首先要从自己身上找原因，还要客观地分析问题的症结所在，公正地评价学生的表现和家长的家庭教育，与家长共同研究解决问题的方法。

教师要尊重家长，不要动辄就向家长“告状”，不要当众责备他们的子女，更不能训斥、指责家长，否则会造成教师与家长之间的隔阂甚至对立，还可能引起学生或家长对教师的不满，损害教师的形象，降低教育成效。尊重别人是自尊的表现，也是得到别人尊重的前提，古人说：“敬人者，人恒敬之。”

其实，在很多“学困生”家长的内心，已有一种因为子女读书成绩差而感到自卑且焦虑的情绪。我们经常可以看见，刚开始有些家长还积极地来问孩子的学习情况，但过了一段时间后，如果他的孩子成绩明显比较差，或者学习习惯、行为习惯差，那么他渐渐地就会不愿意和学校老师做沟通，甚至有部分家长会因此而觉得老师对他们也有偏见。对待这样的家长，老师一定要注意多主动去表扬他们的孩子，切忌见面就告状。有时候老师要主动一些，打个电话或者发封邮件，告知家长孩子在校的一些情况，特别是要找一些优点出来告诉他，让家长知道老师是关心孩子的，是重视孩子的。久而久之，家长也会因你的真心相待而心存感激之情。其实每个人都需要别人的关注和肯定，我们自己何尝不是如此呢？

我们班就有这样一个孩子，他很聪明，但又很懒惰。他记家庭作业会用简单得不能更简单的方式，经常用一两个字代替；作业经常会少做甚至不做；上课永远提不起精神，无精打采的。哪怕老师再有激情，同学们发言再热烈，他始终是一副与世无争、泰然处之的模样，甚至连星星榜上的星星、老师的奖励他都不感兴趣。我曾主动与其家长沟通，去反映这些问题，但收效甚微。几次与他的家长接触下来，我感觉孩子的问题与家长的态度，与家长的教育观念有很大的关系。怎么办呢？我想，如果要使这个孩子有所改变，首先我就要和他家长保持良好的沟通，取得家长的信任，使我们在教育思想、教育方法上取得一致的意见，这样对孩子才会有真正的帮助。可这个孩子的妈妈又是一个特别自我的人，她总觉得他们夫妻两人智商高、学历高，当初在学校怎么怎么厉害，他爸爸当初还是上海市数学高考满分的学生之一呢！他们认为孩子的学习问题应该是他自己的事情，家长不能包办。我时不时地寻找机会想和他妈妈说上几句，终于机会来了，在从学生那得知他的妈妈又生一小弟弟之后，我马上就发了一条祝贺的短信，并告知她，她儿子最近很乖，老惦记着妈妈，是个孝顺、有爱心的孩子。她妈妈看了也很高兴，马上回复了我，并让我多多费心，对她的儿子多加教育。有了这次良好的开头，后面我们之间的沟通就显得通畅了很多，不再是只有上文没有下文的了。后来他妈妈也十分愿意把她的一些困惑与我交流。Email 成了我和这位妈妈之间交流的常用方式。她在邮件里向我诉说对孩子教育问题的一些困惑，并向我寻求帮助。而且她从孩子口中也了解到学校老师给予孩子的种种关怀，也向我表达了感激。可以看到家长已经对老师提出的问题引起了重视，不再一味地强调读书是孩子的事情，是他个人所需要承担的责任了，而是也在寻找产生问题的原因，并努力在帮助孩子改变现状。这让我看到了这段时间沟通所取得的效果。

对于家长的 Email，我是非常重视的，不是看过就如烟云散去，或者是敷衍几句。我每封必回，而且是花上一定的心思去想该怎么回，措辞也必经过一番斟酌。其实我的目的只有一个，那就是把与家长的沟通做得更好，更有效。

故事二："信任"是教师与学生家长取得有效沟通的保障

这里的信任，我觉得是彼此的，不仅仅是老师要用真诚的心去搏得家长对自己的信任，还应该包括老师对家长的信任。有时候，家长来找老师反映一些事情，千万不能认为这个家长是不是对老师有什么想法，是不是要故意来找茬，会不会去校长那告状，等等。只有在双方都不存在戒备心的前提之下，我们和家长之间的交流沟通才会是愉快的、有效的。另一方面，尽管老师在面对家长沟通时不需要有那么多的心眼或者防备，但是，我觉得一定的准备很有必要的。比如说，对孩子的方方面面了解了多少？这个孩子身上有哪些优点、长处，但同时又存在着哪些有待改进的地方？老师要在脑海中把这些事一一罗列，这样在跟家长沟通时会有话好说，有事例好讲，而且也会使家长觉得老师是能够关注到他的孩子的，对他的孩子是重视的，是有所了解的，他才会对老师产生信任感。当然我们老师在与家长谈话时态度一定要真诚、热情，特别是对那些难以亲近的家长，说话时眼睛要望着家长，表达一种尊重和诚意，让家长感到自己是受老师尊重和被老师接受的。

我班有个孩子，无论是在行为还是在心理上都有一些问题。当我第一次上门去家访时，我就发现这个孩子有些异样。我在和家长谈话的时候，他总是瞪着一双大眼睛躲在一边偷偷地看着，眼睛里透出的是惊恐、不安。而我在向家长了解孩子的情况时，他爸爸总是闪烁其词，不正面反映孩子身上的问题。对此，我就非常真诚地告诉家长："孩子进了小学之后可能会有一段适应期，这时候，作为老师，我会尽自己最大的努力，尽自己的责任帮助孩子尽快去适应小学生活。你们的孩子看起来心智年龄比较小，胆子也比较小，所以你们有什么需要我帮助的尽管告诉我，我一定会多多关注他的。”听我这么一说，他妈妈就说：“是的，我们孩子可能在与同学交往方面比较差，不善于跟别人交流，有点不大合群。但他绝不笨的，读书应该是没有问题的。”其实每个家长都有保护意识，在不了解老师的情况下是不会轻易地承认自己孩子有某些方面的问题的。作为教师我们应该理解家长的这种心情，只要我们坦诚相待，一定能取得家长对我们的理解、信任和支持。

故事三：“倾听”是教师与学生家长取得有效沟通的技巧

任何一位教师，无论具有多么丰富的实践经验和深厚的理论修养，都不可能把复杂的教育工作做得十全十美、不出差错。随着整个民族素质的提高，家长的水平也在不断提高，他们的许多见解是值得老师学习和借鉴的。加之“旁观者清”，有时家长比教师更容易发现教育过程中的问题。因此，教师有时也得放下架子，经常和家委会联系、沟通，从他们那儿听取一些家长的意见和想法，及时了解家长、学生的思想动态，以便更好地改进自己的工作。老师要时刻把处理问题的主动权牢牢地掌握在自己的手中，千万不能等有了事情以后再去想办法解决，那样就会很被动。只有主动沟通、了解，才会使家长觉得老师是可亲可信的，从而诚心诚意地支持和配合老师的工作，维护老师的威信。

每个学生来自不同的家庭，每个家长的文化水平、素质和修养都不同，因此，要根据实际情况巧妙地运用语言艺术与不同类型的家长进行沟通，倾听他们的想法。对于素质比较高的家长，我就坦率地将孩子在校的表现如实地向家长反映，并主动地请他提出教育孩子的措施，认真倾听他的意见，并适时提出自己的看法，共同做好学生的教育工作。对于那些比较溺爱孩子的家长，我就首先肯定其孩子的长处，给予真挚的赞赏和肯定，然后再用婉转的方法指出其不足之处，诚恳而耐心地说服家长采取更好的方式方法教育孩子。对于那些对孩子放任不管，把责任推给学校和老师的家长，我就多报忧，少报喜，从而吸引他们主动参与到教育孩子的活动中来，使他们开始主动关心孩子，主动与子女沟通，与学校沟通，为学生创造一个良好的家庭环境。而对于后进生家长，或是认为自己对孩子已经管不了的家长，我尽量挖掘其孩子的闪光点和特长，让家长看到孩子的长处和进步，至于孩子的缺点，适时地每次说一点，语气委婉，并提出改正孩子缺点的措施，重新燃起家长对孩子的希望和信心，只有这样，家长才会主动地与我交流孩子的情况，配合我共同教育好孩子。至于对个别不太讲理的家长，或是不理解学校的一些工作安排的家长，就要沉住气，先让家长说完，发完脾气和牢骚，并对家长的这种心情表示理解，然后再耐心地以平静的语气向家长解释，分析事情的利弊和对错，以理服人并体现出自己的宽容大度，赢得家长的好感，从而得到家长对学校教育工作的理解和支持。

这里特别指出最后一类家长，和这类家长打交道，千万不要硬碰硬，有的时候解了一时之气，可到头来吃亏的还是我们老师，因为我们是职业教育者。

此外，在沟通的过程中，老师要善倾听，巧引导。老师要善于倾听家长的叙述，不要随便打断、反对家长的讲话。当家长说完后，老师可进行不同方式的引导。如我班有个家长向我反映自己的孩子一紧张就会出现“口吃”，问我该怎么办。我就对家长提出如下建议：一是丰富孩子的词汇量，丰富的词汇是孩子流利表达的基础；二是不要勉强孩子，以免孩子产生心理压力；三是不要要求太高，要根据孩子的发展规律和特点学说话；四是让孩子讲话时放慢速度。家长对老师提出的这些建议也感到十分认可。只有建立在这种认可的基础上的沟通才会使教育发挥更大的能动性。

在我二十多年的班主任生涯中，我深深感到，教师与家长沟通的方式多种多样，涉及的内容更是方方面面，但一定要注意向家长“多报喜，巧报忧”，更要把教师自己对学生的那份浓浓的爱心、耐心和责任心充分地流露给家长，让家长深切地感受到教师是真心实意地关心爱护他的孩子的，老师所做的一切都是为了让孩子能够成为一个优秀的学生，那么我们的工作一定能够得到家长的理解、支持和配合，也一定能够获得让人满意的效果。

最后，我想将这样一段话和大家分享：教育是“心”的事业，只有充满爱心，才能赢得学生的真心；只有将心比心，才能赢得家长的放心；只有事事用心，才能赢得自己的舒心。

“心”的事业是最广阔、最能创造快乐的事业，作为老师，要用博大的胸怀与学生共同去发现和创造学习中的快乐。学生的快乐就是老师的快乐！学生的收获就是老师的收获！

相信存在，留住信仰

◇沈　捷

这是一个有关信仰的故事，也是一个发生在我班里的真实故事。

小Z是一个上学期一直被我批评的孩子，他很聪明，却总是集中不了注意力。在和他的父母多次沟通和共同努力下，小Z这个学期有了很大的进步。我把握每一个机会去表扬这个看起来已经是个大孩子，却还单纯得很的男孩子。这种表扬如同我和小Z之间心照不宣的默契，慢慢地帮助着小Z的成长。我就从一个故事说起吧！

这个故事发生在圣诞节那天。在我的英语课上，我给孩子们唱了 Merry Christmas 的歌曲。孩子们也学得很高兴，似乎真的相信有圣诞老人的存在。伴随 flash 动画的播放完毕，孩子们欢快雀跃地要求我再放一次。我告诉他们，如果他们上课表现好，圣诞老人就会在下课时再带我们唱一次。就这样，整堂课上，孩子们都认真听讲，积极回答问题，没有一个孩子开小差做小动作。我想着，圣诞老人的威力还真不小呢！

离下课还有5分钟的时候，我问孩子们，“还有什么问题吗?”小Z举起手来，拿出一张很漂亮的圣诞卡片，说道：“沈老师，这是我今天早上在桌子底下收到的圣诞老人给我的卡片，但是里面都是英语，你能给我翻译一下吗?”我接过卡片，看了看，答应了他的要求，并当着全班给孩子们翻译了。贺卡上的内容是这样的：

Dear Kevin,

Merry Christmas. I'm Santa Claus. You're a clever boy. You're very kind. I'm proud of you. Please work hard and learn English well. Maybe I will come to Shanghai next year. And we can communicate with each other in English.

简单的贺卡，字里行间却充满了鼓励。翻译完后，班级里像是炸开了锅，孩子们开始纷纷议论起来。“圣诞老人不是住在南极的吗？怎么能给你送信来？”“圣诞老人怎么会让你好好学英语呢？一定是沈老师自己写的！”还真不是沈老师写的呢！我朝孩子们微微一笑，告诉孩子们：“圣诞老人应该是觉得小Z同学这个学期进步不少，特地从南极寄来贺卡，要鼓励他继续好好学英语呢！”我想，如果小Z可以继续保持自己的学习态度，那么在不久的将来，一定能够用流利的英语进行交流了。

收到圣诞老人贺卡后的很长一段时间里，小Z越发认真地上每一节英语课，无论问题简单还是复杂，他总是第一个举手。我想，这样的进步，应该不仅仅是老师和爸爸妈妈的努力的成果，还有一股更重要的力量在小Z的心里不断地升腾、壮大，鞭策他知难而进，这种力量叫做信仰。

其实圣诞节当天回到家，小Z的妈妈便给我发来了短信，谢谢我在课堂上给小Z翻译了她写的信，并感谢我没有揭穿写信人的真实身份，而让孩子继续相信圣诞老人的存在。

小Z的信仰，来自圣诞老人的嘱咐与期盼。这种信仰，不是老师的千叮万嘱，不是爸爸妈妈的日夜唠叨，而是一种来自遥远南极，却近在咫尺的沁人心扉的力量，它成了小Z努力和付出的源动力。因为小Z相信圣诞老人的存在，相信圣诞老人的大爱，所以他会因为圣诞老人的一封信、一句话而爱上英语，爱上学习。

曾经看到过这样一个故事，1897年，八岁的美国小女孩Virginia写信给纽约的《太阳报》，问这个世界上有没有圣诞老人，出乎意料的是，《太阳报》后来专门发表了一篇社论来回答这个问题：“Yes，Virginia. There is a Santa Claus.”是的，孩子，这个世界上是有圣诞老人的，并且他会一直活着，就像这个世界一直充满了爱、同情心和诚实一样。

这篇社论是该报社的资深编辑Francis Church写的。这篇社论后来成了历史上被重印、转发最多的报纸社论之一，并被翻译成几十种语言出现在图书、报刊、电影、海报里。

圣诞节不是中国人的节日，却已成为了中国人很喜欢的一个节日，特别是充满童真幻想的孩子们总是在圣诞夜里期待第二天醒来会看到圣诞老人半夜里偷偷从烟囱里塞进来的圣诞礼物，大人们则早早地开始布置起家里的大大小小的圣诞树。其实圣诞老人是不是存在已经并不重要，但怀有感恩、快乐之心并崇德向善是人性美好的光华。正如《太阳报》的资深编辑想要告诉孩子的一样，世界上有许多东西是眼睛看不见的，是狭小的心眼想象不到的，但它们会把我们的生活带到更美丽更快乐的境界。

小 Z 相信圣诞老人的存在，所以他会铭记圣诞老人激励的话语而努力学习，所以他会和圣诞老人一样善良地爱着身边的每一个人，所以他会从心底升腾起上进的能量，这种源动力远比我们的训导、谈教管用得多。

直到现在，我都告诉孩子们圣诞老人就在我们身边，请你们圣诞夜时好好睡觉，做个好梦，圣诞老人一定不会忘了你的那份礼物。但前提是，你要做个像圣诞老人一样善良、诚实、有爱心的人。

是的，再去探究圣诞老人存在与否已经毫无意义。我们宁愿孩子们相信圣诞老人的存在，相信他的爱，相信他的慷慨，相信他的忠诚，相信他的宽容。因为，只要我们相信了，圣诞老人便会实实在在地走进我们的心中。而这种存在，便是一种信仰。相信存在，留住信仰。这个信仰，会成为人生路上的明灯，一路点亮我们前行的路程。

小何才露尖尖角

◇钱文杰

回首我从教的光阴，青春就这样慢慢流逝在飘飞的粉笔屑里，而收获的，除了平凡，还是平凡。近三十年的教师生涯，让我有了桃李满天下的荣耀，学生有考进清华北大的，也有考进斯坦福的。但是，我内心很清楚，这些都不是我的功劳。但我也着实影响过一些曾经的学生，让他或她的人生有一定改变的，而这是我作为一个教师感到骄傲的地方。

有这样一个男孩，他时常在我的脑海中出现，他是个独特的孩子，他的每一次成长都凝聚着我对这份教育事业的认真和执着，渗透着我对教育本质及教育规律的探究，见证了我对正确教育思想及先进教育观念的追求。他叫小何，是我为数不多的班主任生涯中遇见的一个孩子。在接手这个班级前，我对他已略有耳闻了，在周围人的评价中，他是一名很棘手的学生。

当时，因为原来的班主任家里突生变故，我临危受命，成了这个班的班主任。接班不久就不断有老师反映，我们班有些孩子调皮捣蛋得厉害，严重影响课堂秩序。经过深入调查，故事的主人公渐渐浮出了水面，班上这么多影响课堂纪律的事件居然大多数是他挑唆出来的，而且他自己总能置身事外，冷观窃喜。于是，小何同学成了我的重点关注对象。经过进一步了解，我发现小何同学的父母老来得子，对他宠爱有加。小何同学相貌清秀，聪明活泼，成绩中上，因为打得一手好游戏，所以在同班同学尤其是男同学中颇有威信。但是，因为上课捣乱、平时脏话连篇等原因，任课老师普遍对他观感不佳，原班主任为此没有少跟他家长联系，但因孩子家校表现反差大，跟家长说多了，家长反而认为老师对他的孩子有成见，并不予以配合。小何自知不受待见，便不光自己在课上捣乱，还在暗地里鼓动同学与老师对着干。

对于这么一个学生，我并没有用常规的方法去对待他，也没有立马找家长。

我利用刚接班的契机，找他好好谈了一次。我说我刚接班，将会对班干部队伍进行调整，我发现他其实是一个很有能力的人，准备要重用他，但他现在身上还有不少坏习惯，所有我要考察他一段时间。一句“我要重用你!”解开了孩子及家长的心结。当晚，家长特意通过微信向我表达了他们的感谢。在此后的家校联系中，他们也非常配合我的工作。从此，小何同学好似脱胎换骨一般，任课老师对他的改变都表示很惊讶，我也抓住时机，经常予以表扬。过了一段时间，我又找小何同学好好谈了一次，首先，我肯定了他的进步，然后我话锋一转，说他既然作为我要重用的人，一定是一个很有能力的人，我现在要看看他的能力。我说班上有一些男生在其他课上影响老师上课，影响其他同学听课，我要看看他有没有能力促使他们跟他一样进步。果然，小何同学利用他的影响力成功地促使一些同学发生了可喜的变化。但有一件事情，让我也很头痛，那就是小何同学满口脏话。于是，我又找机会跟他好好谈了一次，我对他的变化和能力进行了充分肯定，而作为奖励，我送给他一瓶口香糖。同时，我告诉他，虽然钱老师已经认可他的能力，但他满口脏话严重影响了老师、同学对他的看法，能不能改变这一点是对他最后的考验。我告诉他，口香糖是用来保持口气清新的，满口脏话让他的嘴变得奇臭无比，所以我要求他每天上学路上嚼一颗口香糖，带着干净的嘴巴来上学（其实这是一种心理暗示），在学校每说一次脏话就要嚼一颗口香糖净化口腔。为了促使他尽快改掉坏毛病，我还特意在班上找了四位同学作为监督员。果然，小何同学不负众望，在大家的关心督促下，脏话越来越少，和同学相处越来越融洽。最终小何同学通过他自己的努力，经过了重重考验，如愿以偿地当上了班干部。临近小学毕业之际，小何同学作为毕业典礼上我班节目的编导和主要演员，着实让我们班露了一把脸，我也由衷地为他的变化感到高兴。如今，小何同学已经小学毕业，成了一名小留学生，正在瑞典求学。我想，小何才露尖尖角，他的前途将是一片光明。

问题学生，就像一块未被开垦的荒地，野态显露，杂草丛生，而我们老师就是园丁，要精心地除草、耕耘、播种、浇水、施肥，才能让曾经荒芜的土地变得郁郁葱葱。小何才露尖尖角，这是我的教育故事，更是我们教师共同的教育故事。

“嘀嘀嘀”，上线了

◇陆倩倩

放学了，孩子们在走廊里排队准备离校，在等待我带他们下楼的时候，有个声音引起了我的注意：“那里面的游戏可好玩了！你今天上来，我们可以一起玩！”“好，几点？”“差不多8点左右！”……我顿生疑惑，8点？孩子们应该在家，他们会去哪里？何况，这么晚，家长也不会允许。“你要先加我的，我的号是……！”微信？QQ？网瘾？顿时，在我脑中浮现的是这些词，引起了我的警觉。从教十多年来，我听到的由于孩子上网引发的教育失败案例太多了，眼下这些孩子是我从一年级带上来，一点一滴看着成长起来的，在感叹他们在这信息化时代的成长之迅速外，我更多的是感到担心！那么，我该做些什么？

第二天，我请一位比较信任的小干部将我拉进了孩子们自己创建的班级QQ群。之后，每天从学校下班回家，我做的第一件事就是上QQ，那熟悉的登录铃声，已经成为了我的生活之音。瞧，“嘀嘀嘀”，我上线了！

“他算什么老爸？对我从来不闻不问，只会一味地要求我！”“我特别喜欢我们的班主任！”“我今天终于举手发言了，谢谢你的鼓励！”“我这次考砸了，哎……”“你说得对，心存侥幸是不对的！”“嗨，最近我觉得很烦恼！”“我和小路和好了。原来真的像你说的那样，宽容是最好的办法！”……孩子们向我吐露着他们的心声。

生活的信息化已经告诉我们这一代孩子和家长，网络在他们的生活中已是不可躲避的新生事物。网络到底是孩子们的天使，还是魔鬼，关键在于孩子们如何把握自己，如何认识和利用好它！我在网络上努力帮助孩子们把握好心灵诉求的方向。

一、充当家长

亲子之间的沟通不当往往是孩子留恋网络的最主要原因，家长忽略孩子的情感需求，相处时间少，而网络恰好为孩子提供了感情寄托的虚拟空间。同时，父母对孩子的期望过高，孩子学习压力越来越大，在心理上无法承受，便选择网络作为逃避压力的最佳方式。网络上大量的信息对年纪尚幼的小学生来说，确实充满诱惑和趣味，一旦接触，很容易沉迷，如果父母无暇顾及，那就更给了孩子们沉迷网络的充分时间。首先，我通过与孩子们聊天了解他们对父母的看法，并将聊天记录打印给他们的父母看，让他们做好孩子的榜样，要像要求孩子一样要求自己。建议父母和孩子约法三章，规定好上网时间，并尽力保证他们自己在孩子面前上网时的内容健康有益，绝不迷恋网络。我建议家长要鼓励孩子参与现实活动，多与同龄孩子互动交流，多参与各种有益身心健康的兴趣班，这样既可满足孩子喜欢玩乐的天性，释放来自生活和学习的各种压力，又可帮助他们远离网络诱惑，减少沉迷网络的机会。当然，在聊天的过程中，我努力帮助孩子树立正确的价值观，告诉他们网络就像本百科全书，可以便捷地查找相关知识，并手把手地教会他们一些基本的查阅、搜集和筛选网络信息的技巧。我也适当地鼓励他们娱乐，体会劳逸结合的重要性，保持良好的心态。

二、充当良师

随着年龄的增长，孩子们与老师交流得越来越少了，对做了他们多年班主任的我来说，虽然对他们的行为习惯已经非常了解，但对他们内心深处的真实想法还是不太了解。我从他们身上获得的信息越来越少，这对于班主任工作的开展带来了很多的不便因素，工作效率偏低，特别是当孩子的心理问题演变到外在表现时，劝导、说教根本没有效果，孩子们有的是虚心接受，屡教不改，有的是狡辩成性，逃避责任，更多的是沉默再沉默。

在北京、上海等 8 个省市曾做过这样一项调查：172 名学生在回答“为什么不敢或不愿意主动与老师交流”时，只有 32% 的孩子觉得“和老师没有什么好说的”，而其余 68% 的学生是因为其他原因没与老师主动交流。这些原因包括“怕自己说的话使老师不高兴”“老师太严肃”“我觉得老师不喜欢我”“怕同学们说我拍马屁”，等等。

如今，QQ、微信这些现代人必备的交际工具竟无意中开辟了我与他们沟通的全新渠道。我们聊到学习，又说到班级，他们向我诉说了心底的小秘密，有些话不便当面说出来，但在网络交流平台上，他们就可以畅所欲言。我感觉到，这是我与他们最深入、最坦诚的交谈。因为了解了他们真实的想法，能站在他们的角度体会他们的感受，不仅缩短了我与他们的距离，增进了之间的感情，还有助于我帮助他们尽快地排除或稀释心中的困惑，解决或缓冲学习和生活中存在的难题，引导他们树立良好的价值观、人生观、世界观，体会健康交流的重要性和成功感。更重要的是，因为了解他们，我在班级管理的工作上更得心应手，每次打的都是有准备的仗。他们也感觉到我这个网络朋友既是益友，更是良师。

是网络交流平台让我走进了孩子们的心灵世界，让我们都来打开这一贴近心灵的通道吧，你、我、他如果都能进入这条通道，人与人之间就会少些阻力，多些豁达，我们的教育过程就会充满快乐，焕发人性色彩。

心灵的碰撞　情理的交融

◇郑蓓莉

当今的小学生对母亲怀有怎样的情感呢？带着这个问题，我让学生写篇关于母亲的周记。我听到了孩子们的窃窃私语："妈妈有什么好写呢?"学生们的种种表现，强烈冲击着我这颗已为人母的心。为了促进相互间的交流，唤起人间美好的感情，我决定创设一种特定的氛围，以特别的方式来表达母亲与孩子间双向的爱。

"三八"妇女节那天，正好是我们的班会日，我邀请全班同学的母亲来学校参加一次主题班会。二十几位妈妈和孩子一样感到新奇和兴奋，甚至有些紧张。班级环境布置得整洁而温馨。一段深情歌颂母爱的诗朗诵拉开了班会的序幕，也把母亲和孩子的心连在了一起。

班会的第一个节目是"考孩子"，要求上场的每个同学当场报出自己妈妈的出生年月、鞋子尺码和爱吃的菜，然后由主持人根据各位妈妈当场作出的书面答案加以计分。当听到有的孩子对答如流而且完全正确时，妈妈欣慰地笑了。可有的孩子在台上吞吞吐吐犹豫不决，急得他妈妈在台下直给他打手势，引来满堂大笑，窘得孩子满脸通红，台下的妈妈也另有一番滋味涌上心头。

妈妈为女儿打毛衣，这是生活中再自然不过的事了，可小韩同学的描述却是那样的细致入微，意味深长："妈妈常常在操劳了一天之后，晚上边看电视边编织毛衣。有时节目真精彩，可她却打起了瞌睡。妈妈又强睁着惺忪的眼睛，不停地打呀打，为的是赶在春暖花开之前能让女儿穿上。"最后她深情地说："妈妈不就是这样一年三百六十五天，一针一线地为我们编织着幸福的生活吗？谢谢您，妈妈!"

"在孩子成长的过程中，您最担心的是什么?"主持人向妈妈提出了问题。这位母亲不假思索地回答："儿生病，揪母心。"她向大家谈起了深更半夜，顶着狂风暴雨，把急病的孩子送往医院的情景。她说："此时女性平时惯有的柔弱已不复存在，分不清脸上淌下的是雨水、汗水、还是泪水……"真实朴素的生活写照，淋漓尽致的母爱表现，使在场的每个人受到了心灵的震撼，就连我这个"旁观者"也禁不住几次热泪盈眶。

班会既有浓浓的感情交融，也有甜甜的天伦之乐。你看，即兴提问开始了。

问："有一天，如果你因贪玩忘了时间，匆匆回到家时发现妈妈正焦急地在路灯下盼望，此时，你是怎样的心情？"

答："等着挨骂呗！"（笑声响起）

问："当妈妈为你买了一件你并不称心的衣服，怎么办？"

答："妈妈买的衣服，没一件我不满意的！"（先是愕然，后是热烈的掌声）

两个实在而真切的问题，正遇上两个调皮透顶的小家伙，而他们就这么轻轻巧巧地作出了令人捧腹的回答。

接下来的节目轮到妈妈了——"认孩子"。6位男生按号走到麦克风前，轻轻地叫一声"您好，妈妈！"游戏要求背对孩子坐着的妈妈根据声音迅速辨别，写上自己孩子的相应号码。不知是因为麦克风传声的失真，还是妈妈心情的过度紧张，结果有两位妈妈同认了一个儿子，另一位同学却成了"没妈"的孩子，孤零零地留在台前。另有两对阴差阳错，正好颠倒，两个妈妈拉着"新儿子"的手，望着亲儿子的脸。此情此景，令妈妈笑出了泪，也令孩子拍疼了手。天涯何处寻此乐？

欢声之中，小朱妈妈讲起孩子童年时的不少"男子汉"的趣事，小罗的妈妈回忆了当年给孩子取名的寓意，小峰的妈妈讲起孩子不慎伤害了别人，她怎样带着他去登门道歉……点点滴滴的往事，又一次激起了心中爱海的阵阵波澜，把母亲和孩子推向情感的顶峰。

在全班合唱的《鲁冰花》歌声中，所有的妈妈含泪走上台来，举起十年里不知为孩子付出多少辛劳的双手，欣慰地接受孩子呈送的礼物——洁白的真丝手帕。那精美的包装盒上工整地印着一行诗句：

谁言寸草心，报得三春晖。

妈妈们手捧珍贵的礼物，分明感受到孩子们纯真的心。当她们凝望着这句古诗时，眼睛再一次模糊了。泪，滴在脸上，热热的；流到心头，甜甜的……

班会结束了，许多妈妈久久不愿离开，她们紧紧地握着我的手，感激之情溢于言表。

中华民族的优秀传统美德，如忠、孝、义、信等，是我们中华民族最根本的精神基因和无价的精神财富。因此必须结合学生的实际，使中华民族的传统美德在新的历史时期继续发扬光大。

这次班会，因有的放矢、形式新颖，最终收效很好，起到了“心与心碰撞、情与情交融”的作用，因而在班集体和家庭教育中引起了强烈的反响，这是非常可喜的。值得回味的是，这次主题班会并没有采用讲解、灌输的形式，而是让学生、家长现身说法，以真感人，以情动人，可谓“春风潜入夜，润物细无声”。我们的教育应尽力追求这种融入情中的无痕境界。

撑一支长篙，向青草更青处漫溯

◇张　烨

徐志摩在康河边漫步，撑一支长篙，在康河里寻梦，寻到了一个星辉斑斓、柔柳轻拂、青荇招摇、流云漫卷、如诗如画的境界。我在教育教学之路上漫步，时而大步前行，时而驻足回望，心头总会泛起点点涟漪……

一场舞的改变

一次课间，小张同学跑过来拉起我的手说："张老师，你会跳舞吗？"这是一个性格活泼，由于时常管不住自己而在美术课上没少被我批评的孩子。从她兴奋的眼神中我猜出她肯定拿手，于是我说："我不会，你可以教我吗？"话音刚落，她就拉起我的手连续转了几个360度，她开心地笑着，旁边的小观众们献上了热情的掌声，我却差点让她给转晕了。站稳后，我对她说："真看不出，原来你是个可爱的舞蹈精灵啊！"她告诉我她学舞蹈已有多年，还参加过不少表演，我笑着说："艺术是相通的，你的舞跳得那么好，我猜只要你能静下心来画画，你的作品也一定会很棒，等会儿课上愿意试试吗？"她使劲地点着头。那次课上她真的做到了认真作画，我也对于她的进步毫不吝啬地给予了表扬。之后，她被批评的次数越来越少，受表扬的次数越来越多，现在她已成为了进步最大、绘画作品张贴于墙上最多的学生中的一个。

瞧，一场舞改变了一个孩子。学生的心灵都是纯真的，尽管他们个体差异明显，有的听话，有的调皮，有的智力超群，有的平凡无奇……但他们都希望老师能对他们一视同仁，希望老师能像爱自己的孩子一样爱他们，保护他们的自尊心，增强他们的自信心。

一句话的力量

新学期开学已有一个多月了，小王同学还是没按要求带着他的美术工具来上课。他是上课认真，绘画有想法，并能较出色地完成画面的学生。一次课后，我问他："为什么今天还是没有准备好美术工具?"他告诉我说，他已经多次跟爸爸妈妈提过了，但他们说学好语数外就可以了，不必买这些东西。虽然我早已猜出他的家长对于美术学科的不重视，但当这些话从一个天真可爱的孩子嘴里说出来时，还是令我心头一颤。我问小王："你有没有把你的课堂作业给爸爸妈妈看过?"他摇摇头，我继续说："那今天就把这张得了'笑脸'的作品给他们欣赏一下，好吗?张老师还有几句话想和你爸爸妈妈说。"于是我快速在他的作业背后写上了这样一句："美术课堂作业是一面镜子，真实地记录着孩子在校的学习状态；美术课堂作业又是一个窗口，透过它，你可以发现孩子更加真实、更加绚烂的童心世界!"虽然，我没有向家长提及购买美术工具的要求，但在那次之后的一节美术课前，小王兴奋地举着他崭新的水彩笔和蜡笔来告诉我，他有美术工具了。

之后的美术课上，总有些孩子会忘带工具，但我发现小王一次都没忘过。我想这不仅是因为他养成了好习惯，还离不开家长的提醒与支持！小王家长的变化，是作业上的那一句话产生的作用，更是那一份爱散发的力量！

一幅画的温度

"调皮鬼"小陆同学画了一幅水粉静物画塞到我手里，我看他一脸羞涩似乎有话要说，却又不好意思开口，于是问他："画得很好，是双休日画的吧？想说什么就说吧！老师很想知道！"这时小陆才轻声说道："老师，送给你！谢谢你！"说完便连蹦带跳地回到了座位上。

这简单的话语温暖了我，我没想到平时调皮捣蛋的孩子会对我说"谢谢"，我想这就是爱的回报。我们用爱心培育孩子，用言行感染着孩子，他们才会用纯真童心散发的热量慰藉我们的师爱。

漫步于教育教学之路，乐亦无穷。让我们撑一支长篙，向青草更青处漫溯，欣赏那淡月星辉下离离青草间美丽的风景。

爱的力量

◇徐蔚华

陶行知先生曾说：“爱是一种伟大的力量，没有爱就没有教育。”教育的最有效手段就是“爱的教育”。

作为一名平凡的教育工作者，我深深懂得，教育是爱的事业。这种爱是“一切为了学生，为了一切的学生，为了学生的一切”的博大无私的爱，它包含了崇高的使命感和责任感。“爱心最是有情物，化作春风更催人。”爱是一种信任，爱是一种尊重，爱是一种鞭策，爱是一种激情，爱更是一种触及灵魂、动人心魄的教育过程。教师应当有爱的情感、爱的行为，更要有爱的艺术。

“学会快乐”

我毕业后曾在外高桥保税区实验小学任教，当时小学还设有六年级。我教的这个班级里有几个比较调皮的男生，他们上课不太认真，作业马虎。当时我不是一个很善于控制情绪的人，由于刚踏上工作岗位，没有什么教育教学经验，有的只是自己做学生时的学习体验。而孩子们正处于似懂非懂的阶段，有的学生认真自觉，有的就不太重视学习。

有一次课上，我针对回家作业中出现的问题狠狠地批评了学生们。大概是板着脸训人的我实在不太常见，那节课下课以后，有一位女生塞给我一封信。我当时觉得有点奇怪，又不是教师节，送什么贺卡呢？回家后打开信一看，方才知道这位女生的用意。她希望老师不要为了个别孩子而生气，一来对身体不好，二来也影响到大部分学生的上课情绪。这封信给我的触动很大，我没想到我的学生这么在乎老师的健康与情绪，当我以我的方式在教育他们时，学生以他们特有的视角关注着教师。我深深地感到惭愧。是啊，连小学生都希望快乐地上课，况乎我这个比他们大好多的师长呢？个别问题个别对待，不能一棍子打翻一船人，要学会换位思考。现在我已是有二十几年教龄的老师了，可这件事还是让我记忆犹新。

爱的启迪

苏霍姆林斯基曾说过："一个好教师意味着什么？首先意味着他是这样的人，他热爱孩子，感到跟孩子交往是一种乐趣。"我想，我们应不失时机的去激励、引导孩子。心理学研究表明，人在被赞赏、激励的条件下，其自身潜力的发挥是平时的2～3倍。"教育艺术的本质不在于传授本领，而在于唤醒、激励和鼓舞。"我们要让孩子从赏识、夸奖中体验成功的快乐，激励孩子挖掘自身的潜力，做出更好的表现，争取更大的成功。赞赏在教育实践中起着激励作用，正如林肯所说，"每个人都希望得到赞美"。的确，获得他人的肯定与赞美，是人精神上的高级需求，这种需求贯穿于人的整个生命过程。对学生的成功，应给予肯定、表扬、赞赏，并适当提出更高的要求。

小周是我班上的一名女生，可她总是板着一张脸，遇到和同学有矛盾时，她常常会大哭；上课时总是趴在桌子上，好像若有所思；课间和放学后，又身单影只、独来独往。但从她的眼神中，我好像看到了一丝渴望。经多方了解我才得知，她的父母关系比较紧张，从小处在充满争执和吵闹的环境中，让她承受着较大的身心压力，母亲对她的严格要求让她很不自信，有强烈的不安全感。有一天上课时，我发现她在看一本小说。经过一番思考，我决定选择另一种方式去"揭穿"她。我点名让她回答一道阅读练习题，我原本以为这道题对她来说是有些难度的，没想到她回答得很精彩。顿时，全班响起了一阵热烈的掌声。我看到她脸上露出了一丝难得的微笑，我也抓住时机，在全班同学面前表扬了她。

我想，她能在那么短的时间内，将语言组织得那么精彩，说明她思维还是比较敏捷的；她如此认真地读那么厚的小说，表明她很喜欢阅读，只是缺少一个人去正确引导。恰逢良机，我决定充当这个引路人。

我找了一个合适的机会将她叫到我的办公室，告诉她："我特别想看你的那本小说，你看我的这些书，我都已经看了好几遍了，我们能不能交换着看？"她拿起我放在桌子上的几本书，翻阅起来。"当然可以"，她说。"但是我的书不许在学校里看，只能星期天在家里看，更重要的是不能影响学习。”“没问题!”她爽快地答应了。就这样，在这一借一还中，我发现她渐渐变了，变得上课积极发言，与同学和睦相处，成绩也提高了，特别是作文水平的提高尤为突出。

这是个平常的故事，这样的故事或多或少发生在我和同事们的教育生涯中。析事明理，启迪良多。我认为要做好教师这份工作，首先必须发自内心地去热爱学生，将跟他们在一块视作一种快乐，一种享受；其次，须从生活点滴中去关心他们，让他们感受到你的关爱与呵护，明白你的严格是出于爱；再次，“世上没有两片相同的叶子”，必须因人而异，随机应变地实施正确有效的引导教育。

让我们的爱流淌于教育之中，让教育之爱闪耀智慧的光芒，迸发强盛的力量。

教学相长　与天使为伴

◇倪丽梅

我此生最有幸的一件事情，是选择了做一名老师，一名小学英语老师。我的学生带给我的快乐和感悟数不尽，有时候我会感觉到是那一群萌孩子教会了成年的我很多，让我重新拾检起遗落的童心，带着好奇心，重新出发。每一个孩子都是童真可爱的天使，我和一群天使为伍，在成长的路上，教学相长，携手进取。

母亲与小男孩——受启迪

很久之前听说过一个母亲与小男孩的故事。一个小男孩在上小学的时候很努力地学习，可他总是不能考第一，而他的同学经常考第一，他回家问他的妈妈为什么会这样，他的妈妈不知如何回答他。上了中学以后，小男孩依然很努力地学习，可他还是很少考第一，总是只能排在前十名，他又问他的母亲，母亲还是不知怎样回答他。在中考结束后的暑假，母亲带他到海边旅游，两人坐在海滩边欣赏海的壮观，母亲找到了答案，对孩子说："宝贝，你看，当海浪打来的时候，灰雀能一飞冲天，海鸥达不到灰雀那样的速度，但能飞越大海的却是海鸥！"孩子好像也领悟到了什么，欣然一笑。如今，男孩不会再问这个问题了，因为他已是理科高考状元，被清华大学录取。

多年过去，这个故事烙印在我的心里。每一位孩子都是有着隐形翅膀的天使，他们都可以飞向属于自己的未来。我想成为这位母亲般的老师，在孩子失落时鼓舞孩子，在孩子彷徨时相信孩子，在孩子迷惘时用故事打动孩子。于是，在日常的课上，我往往喜欢将语言知识融入在一个个新奇有趣的童话故事中。孩子们总是会被一波三折的故事情节所吸引，每每上课时总是迫不及待地想要聆听到上节课的故事的结局，因此也十分乐意参与故事内容的互动，在故事情景中不知不觉地操练原本可能会有些枯燥的语言技能。

天使与我——边教书边感悟

成为老师后，一位年长的老师曾告诉我：“你可以学习的地方很多，向书本学习，向你的同事学习，甚至可以向你的学生学习。”听到这句话，我茅塞顿开。孩子不仅纯真美好，他们身上的积极品质也感动着我。回顾过往，在与孩子的点滴相处中，孩子的勤奋好学会鞭策我，孩子的乐观开朗能影响我，孩子的坦诚勇敢能让我刮目相看。

刚入职那会儿，我有一位乖巧懂事的学生小依，她平时不声不响，总是安安静静地做好自己的功课。因为工作调动，一年以后我接手了新的班级，我和他们都有了各自的轨迹，唯独小依，此后的每年教师节，她都会来我办公室坐一坐，聊一聊，告诉我她每一学年的进步和成长。彼时彼刻，我体会到做老师的幸福：学生把你当成朋友惦记，想让你见证她的每一步成长。这是一位心怀师恩的天使，她的到来，让我羞愧地发现，饮水当思源，我也赶快行动了起来，去感谢一路教导我的师长，和长者的每一次倾诉和交流，又让我领悟到不一样的道理。

自入职以来，我最大的心愿是从一年级开始，有始有终地和学生相伴到毕业的时刻。我遇到一位叫做小爱的学生，她是一位厚积薄发的天使。仍然记得一年级时，小爱上课回答问题哆哆嗦嗦地，胆怯得都不敢说话。和小爱妈妈沟通下来，我发现她其实是一个很自律的女孩，于是我就尝试着放大她的优点，鼓励她，帮她树立自信。古人云：“亲其师，信其道。”心理距离的接近有助于教导孩子学习。第二学期，我就给小爱安排了一项收作业本的任务，从不会到会，从会到做好，我从小事中发现她的优点和长处，鼓励她和同学们多交流。课堂上也一样，随着小爱办事能力的提高，我发现她在英语口语课上更敢于表达自己的想法了。五年级时，她已然成为班级中英语学习的佼佼者。更让我欣慰的是，小爱毕业后每学期都会托她妈妈微信汇报她在初中英语课上的优秀表现。天使的日益进步，让我深感做老师的喜悦、见证成长的欣慰。

工作中，我总是会碰到一群快乐的天使，活泼热情的小杜就是其中的一位。他机智聪颖，课堂上的回答总是有趣、新鲜，有自己独立的思考；阅读课时，认真看书的劲儿，让你也忍不住去借来看一下那本有趣的世界美食地图册。当看到他闪烁着灵动的双眸时，你会突然发现，对事物充满好奇心是多么美妙的一件事情！原来，自己苦闷无助，是因为离热情有点遥远。一名教师，如果在课堂上点燃一丝热情的火花，上课的氛围便会迥然不同。智慧的火花在这里碰撞，异想天开的创意也会得到赞赏，我们彼此给予掌声，分享学习的快乐！

我与天使——用耐心静候花开

天使中，有喜乐型的，也有让人担忧的。他们就像那些含苞待放的花骨朵，虽然春的讯息已经来临，但是花期迟迟延后，让人好不为之着急。但越是这样，越是要淡定。因为每一个花骨朵都有它自己的花期，有些是百花争艳式的，有些是悄然绽放型的，而有些是需要耐心守候才能看到的。

小虎是一个集千般宠爱在一身的男孩，他为人善良诚实，颇有人缘，班级里的小伙伴们都爱和他一起玩。他冰球玩得特别好，对自己感兴趣的事物也颇有研究，可是唯独动作慢得不得了。别人 10 钟完成的事，他需要 20 分钟；别人 20 分钟做完的，他需要 40 分钟。所以在英语学习上显得有些吃力，这让大家都担心得不得了。我当然也担心，但是更多的是一种信念，我相信，他是一匹黑马，终有一天会闯出属于自己的精彩世界。因为他从来不会因为自己的慢动作而放弃完成，事实上，他是一个完美主义者，英文字写得大气端正，只要速度快点就更好啦！遇见小虎，我看到的是一个永不放弃的天使，不因为他人的评价放低自己的标准。他就像那个故事里的男孩，只是起飞得比较慢而已。

小格，如果按照学业考核的要求，他是一个行走在合格线边缘的男生。从一年级到五年级稳坐班级第一，倒着数的那种。他是一个有阅读障碍并对药物过敏的孩子，小写字母 b 总是写反成 d，英文字母也无法准确写在四线三格的规范位置。我对他的担忧抵得上对一个班级的担心。当她母亲谈到他的情况时，也会潸然泪下。可这不是他的错。上苍为他关上一扇门时，会打开一扇窗。他有着很灵敏的耳朵，他会很执着地重复听到的内容。终于，他顺利地通过了小学五年的英语学习。

安安，是一个患有自闭症的二年级男孩，他带着一副厚厚的眼镜，每个礼拜一下午还要去做康复治疗。每次英语课下课，小家伙总会跑到我身边，问："老师，我这节课乖不乖？好不好？"而我也习惯在他的英语抄写本上写好当天要写的样本。他可爱的模样，真的让人心疼。最难忘的是，学期末的时候，他跑过来给了我一个温暖的拥抱。那一刻，我的心都萌化了。一个简单的拥抱，有时就能够表达语言无法述说的感激。于是，我尝试在课堂上给孩子们更多的掌声和鼓励，后来，连平时羞涩的安安都勇敢地举起小手用英语开始交流了。我也很感激能够陪伴这位落入人间的天使的一段成长之路。

工作在天使群里，人也简单通透。不变的是，在与天使为伴的日子里，我和天使们每天都在努力用功。正如龙应台写给安德烈的那段话，读书用功，不是因为要跟别人比成绩，而是将来会拥有更多选择的权利，选择有意义、有时间的工作，拥有成就感、尊严和快乐。我的工作为我带来了成就感、尊严和快乐！

给予他们真正需要的支持

◇孙　俊

人与人之间的误会，很多时候源于我们内心的“想当然”。家人之间如此，师生、家长与老师之间亦是如此。

进入进才实验小学后，初次面对一群“高学历、高智商、高收入”的家长，我固有的“想当然”让我陷入了新的困惑：为何似乎家长们的高素质并没有让这些孩子的学习比普通孩子更轻松，有时甚至更吃力了呢？

作为一名语文老师兼班主任，我在孩子们入学前一个月对他们进行了第一次家访。虽然，家访了40位陌生的学生，当时的不少印象、细节已然淡去，但我对小S同学依然印象深刻，7岁的男孩固然天性好动，但在我家访的40个孩子中，自始至终没有陪老师坐下来交谈的孩子只此一人。在家访的整个过程中，小S同学不是在沙发上打滚、翻跟头，就是在父母的身上扭来扭去，甚至还在客厅里打起了羽毛球。那份无法控制的活力令我心生担忧。

一年下来，我发现小S在班中并不是最好动的。相反，我发现不在父母身边时他胆子很小，并不敢做太出格的事。但他的学习还是不出意料地落在了班级最后面，语数英三门功课都学得很吃力。他在学习中表现出的记忆力、理解力都弱于其他同学，由于平时的练习、默写中，小S情况一直不太好，我和他妈妈便沟通得比较多，甚至给他妈妈一些额外的建议和要求，以期他能尽快赶上大家。

到了二年级，小S无论是拼音的认读还是汉字的书写都有了显著的进步，但和其他同学相比，差距还是很大，甚至由于有些同学在字词、阅读方面提升得很快，他和大家的差距反而显得更大了。孩子是聪明而敏感的，尽管我和家长一直肯定他的进步，但他还是清楚地感觉到自己不如别人，所以上课时他很少举手，学习动力也难持续，这样便造成恶性循环。进入二年级后，他在字词学习、课文朗读、阅读理解方面和大多数同学之间的差距更大了，由于读题能力差，甚至已经严重制约了他数学、英语的提高了。他妈妈非常焦虑，我也有些困惑：按照他家长认真配合的程度，似乎不应该是这样的结果。难道是方法问题？也许他妈妈也产生了和我一样的疑问，有一天，她提出请我放学后辅导小S的语文学习一周的请求，帮他找找症结。我爽快地答应了。

第一天，我先让小S把课堂上没有完成的词语抄写补完。在观察了他的写字速度后，我告诉他妈妈，他应该是来得及在课堂上完成的，如果他以后能在学校里完成课堂作业可适当进行奖励。然后，我给他默写当天学习并抄写过的词语，结果十个词语中他错了五六个。于是，我陪他一起把这五六个词语进行口头字形分析和笔画书空。接着，我让他自己根据拼音读课文，三遍之后，他还是读得很困难。于是我抽了其中一个小节，一句一句地指导他读，遇到难的句子甚至一个词组一个词组地读，三五遍后再两句、三句地连起来读。终于他能很连贯地有一定速度地把这一小节读下来了。约摸半个小时后，我又帮他把刚才错的五六个词语默了一遍，他错了两个。我表扬他有进步。然后嘱咐他妈妈，这两个词晚上睡前再默一次，明天早上再让他默写一遍。就这样，我辅导了小S一个小时，妈妈陪在边上静静地看了一个小时。由于他当初是零基础入学，所以我建议妈妈今后加强他每课生字的预习，降低他新课学习的困难，并且在默写完当天新学的词语后，对默错的词语用口头分析和书空的方法巩固。对于他的课文朗读，建议妈妈不要贪多，但要有质量并坚持。

第二天，我除了辅导小S学习当天的新字词，还辅导他预习了第二天将学习的新词。在把前一天学的词语默完后，我嘱咐他妈妈，这几个又默错的词语接下来要默5~7遍（时间跨度为两周比较好），要注意留心，他默多少次、隔多久默时会真正记住，这就是属于小S的记忆阈限。

第三天，当我辅导完小S，他的妈妈一脸释然，笑眯眯地对我说："不用辅导一星期了，我知道怎么做了！"

我不知道以往小S的妈妈是怎么辅导他温习语文的，但我相信三天的示范辅导一定让她发现了自己以往对孩子的大脑如何工作有误解，发现帮助孩子掌握正确的学习方法比任何"威逼利诱"的手段都更有效，发现有趣的、适合孩子特性的学习形式会让孩子更乐于完成学习任务。

一个多月后，在语文词语默写比赛中，小S取得了满分的好成绩。母子俩知道成绩后都激动得不敢相信。之后，小S的学习积极性有了很大提升，学习成绩也在波动中进步了。

每个家长都有自己的成长经历，每个孩子都有不同的教养环境，每个学生都有属于自己的成长特性和喜欢的学习方式。作为老师，我们无法深入了解每一位学生和家长，我们无法回避教育中出现的差异反应和结果，但如果我们以接受的心态迎接差异，直面问题，我们就会不断发现学生和家长的需要，给予他们真正需要的支持。

让我给你一双发现美的眼睛

◇宛　静

看到一沓作文本放在我的办公桌上，我便迫不及待地翻出小俞的本子，细细读起她的作文——《姐姐给我的爱》，心思细腻的她还在下面写了个小标题——“来自远方的爱”。呵！好题目！我禁不住脱口赞叹起来，不得不为小俞绝妙的构思暗暗叫好。

很多家长都会向我诉苦，说自己的孩子其他作业不怕，就怕作文，什么作业都完成了，就是作文放在一边，最后才做。作为一名语文教师，我深感惭愧，惭愧自己没有让学生真正感受到母语的魅力，更谈不上去自如地驾驭语言文字。其实，很多语文教师也怕上作文课，不知道如何指导，面对那厚厚的一沓作文本，真是五味杂陈。

然而那一堂作文课，却让我的心中涌起阵阵暖流，欣喜感动，禁不住想起一句名言：“世界上并不缺少美，而是缺少发现美的眼睛。”

这堂作文课的主题是“××给我的爱”，对于这样一个选材宽泛的题目，我最担心的就是学生又去写一些老题材：“生病时妈妈照顾我”“老师给我补课”……因为之前已经写过“爸爸妈妈的爱”，所以，我在写作指导时特别注意引导学生在自己的记忆库中搜索那些特别的、感人的、记忆犹新的场面。

教师里静静的，大家都似乎沉浸在回忆中，可是很多孩子都皱起了眉头，似乎除了我所说的那些普通例子之外，就再没有什么特别的事例了。

终于，小张举起了手。他的父母在外地工作，平日里把他交给了外公外婆来照顾，每个周末他的父母都会往返于两地之间，为了来看他。果然，小张深情地讲述了父母为了自己疲于奔波的事情。我知道，平日里任性的他，此时此刻却是真心地感受到了父母的真情。我点头微笑，肯定了他的选材真实、有感情，能写成一篇好文章，同时又趁机启发学生：其实，每个人都有不同的家庭、不同的生活背景、不同的遭遇体验，故而我们每个人所感受到的爱肯定是有所不同的。

一石激起千层浪，许多同学都纷纷联系自己的实际生活，想到了工作繁忙的爸爸的爱，想到了早已过世的奶奶的爱，想到了要求严格的老师的爱……当我正在为自己的启发产生了这么好的效果而沾沾自喜的时候，班级公认的小作家小俞高高举起了手。

她可是我最欣赏的学生之一，特别是作文方面灵气十足，每次的作文都会别出心裁，观察细致、描写生动，让许多同学佩服得五体投地，经常获得区级、市级乃至国家级的奖项。她这次会有什么独特的见解呢？

我连忙示意她来交流，小俞微微一笑，侃侃而谈："我要写的是'德国姐姐对我的爱'。那是我第一次离开爸爸妈妈去国外，homestay 在一位德国人家里，那里有个比我大 3 岁的德国姐姐，幸亏有这位温柔美丽的姐姐细心地照顾我……"果然，小俞的题材又是与众不同的，当我们大家都在回忆着亲人给我们的爱时，她却想到了那位萍水相逢的异国姐姐对她的爱，而且当时的一情一景还记得那么清楚。

我正要赞扬她选材的独特，脑中忽然又灵感萌动，便对大家说："是呀，生活中有爸爸妈妈给我们的爱，有爷爷奶奶给我们的爱，有老师同学给我们的爱，还有许多陌生人也在给我们爱，其实，生活中处处——"

还没等我说完，全班同学早就心领神会："都有爱！"

是啊，教育教学原本就没有清晰的界限，生活即教育，把生活引入课堂，把作文融入生活，是作文教育的生命所在。如果能做到这样，我们的作文教学就会如我们的生活般丰富多彩、鲜艳多姿，学生的作文就不再是苦思冥想的编造，而是他们生活的真实写照，是他们心泉的自然流淌。而我要做的只是给他们一双发现美的眼睛。

家校沟通：构架教育的支点

◇曹淳淳

案例背景

随着经济社会的快速发展，对知识、文化的重视程度日益提高，教育受到的重视程度也日渐凸显。相应地，家长对孩子综合素质的期望值也普遍提高。很多家长对孩子的要求已不仅仅是在学习上，他们希望自己的孩子能全面发展，将来踏上社会面对激烈的竞争时，具有更雄厚的实力。

无可厚非，望子成龙是每个家长的美好愿望，但当他们为了实现这个愿望而对孩子“恨铁不成钢”时，可能会采取比较粗暴或者极端的做法，从而大大挫伤孩子学习的自觉性，甚至扭曲了孩子健康个性的形成和发展。

教师，作为一名专业的教育工作者，有必要和家长进行及时的沟通，因为，让每个孩子健康、快乐地成长，不仅是教师的工作，更是一种神圣的、不可推卸的责任。

案例描述

第一次踏进这个教室时，一个虎头虎脑的名叫威威的男孩子就引起了我的注意。当我在讲话的时候，他总是聚精会神地看着我，我的第一印象就是他是一个好学的孩子。通过了解，我知道了他比较“全能”：书法写得不错，英语也很棒，作文还得过奖。我的第一感觉是：这几乎是一个“完美”的学生了！

但是，遗憾的是这种“美景”并没有维持多久，过了几个星期，他的美中不足就渐渐地暴露出来了：做作业的速度是很快，字也写得不错，可这仅仅局限于那些抄抄写写的不用动脑筋的作业，一碰到阅读分析之类的需要动脑筋的作业，质量就差强人意；上课时老是转来转去和小朋友说话，没人理睬他时，他就一个人做小动作；午餐管理工作表现出明显的无责任心，很多时候根本就不到岗，小朋友提醒他后，他甚至还会强词夺理。

一件事的发生，使我对他的状况更是忧虑：小朋友告诉我说威威在家附近的小商店里买了一部价值百元的游戏机，还寄存在小店里。他父母知道这件事吗？他买游戏机的钱又是哪来的呢？一个个疑团盘旋在我的脑中。这时，他的一次测验成绩又令我瞠目。到底是什么原因让一个看上去很优秀的孩子出现如此大的反差呢？一个周五的傍晚，我决定去家访。

他爸爸妈妈都在家，当我和他的父母谈话时，我看到他很规矩、很端正地坐在一张小板凳上，我注意观察他的眼神，里面流露出的是一种迷茫，更多的是躲避。或许他根本不知道老师今天的登门家访是为了什么。

在听了我介绍的情况后，他的爸爸就开始了对他的“逼供”：“你说！老爸哪里亏了你了！你就是想‘吃生活’！跟你说好了，期中考只要考到前五名，就给你买游戏机，你倒好，自己去买好了！你说，买游戏机的钱哪来的？说！”令我惊讶的是，面对爸爸如此的震怒，威威却表现得很平静，在我看来，那甚至是有点无动于衷的表情。我顿然醒悟，这样的场面，对他来说是家常便饭，所以才形成了现在这种“兵来将挡，水来土掩”的消极抵抗的局面。而他妈妈的表现正好相反，一听到儿子这样，眼泪就一个劲地往下掉：“老师，你不知道，为了他，我几乎没有了自我，星期六上午我要陪他去练三个半小时的书法，下午送他去学英语，星期天上午送他去学作文，下午要完成学校布置的作业。平时每天放学回家，我要管他作业，看他练书法，睡觉前还要给他念半小时的作文选。我把所有的时间和精力都花在他身上了，他却这么不争气！”

听到这里，感到震惊的人是我！一个才10岁的孩子，却要承受如此多的压力！显然，他在学校所表现出的种种迹象也有源可循了。问题其实就出在他父母身上。

我把威威打发到楼上，满怀着对威威的同情开始和他的父母沟通。首先我肯定了他们在培养孩子方面作出的努力，然后很委婉地提出了我的建议：每个家长都希望自己的孩子尽可能地优秀，但是也要考虑到孩子的兴趣和需要，设身处地地想，就是成人在工作了一周后，也盼望着周末可以放松一下，更何况是个孩子。

爱玩本来就是孩子的天性，他这样一周七天连轴转，本来爱学习的人也会厌学！他这样被迫去参加各种补习班，只是一种被动的参与，实际上根本没什么明显的效果，反而使个性受到了压抑，正因为如此才会在学校里出现渴望和小朋友交流、上课注意力不集中等状况。而且由于“营养丰富”，他反而对“主食”——学校的学习心不在焉，认为反正会有课外补习，学校里听不听都无所谓。照这样下去，总有一天他会“营养”跟不上，造成“个性发育的畸形”！威威的父母还算明理，他们听了我的分析后，问我怎么办。我也提出了我的建议：适当地学会取舍，还给孩子一点属于他的玩的时间，让他做自己感兴趣的事。他的父母采纳了我的意见，于是我叫来了威威，让他自己选择，他不时地拿眼睛瞄着父母，显然，他以前也“抗争”过，但是无效，而老师的到访给了他一个极好的机会，他是希望我来帮他拿主意。我和他父母分析了很久，最后决定暂时放弃剑桥英语课，因为剑桥英语说穿了就是超前学习英语，这些知识在以后都会学到。当我们向他宣布这个决定后，我明显地感受到了他脸上刹那的喜悦，但他掩饰得很好，我想他肯定是怕父母看出他的喜悦，从而认为他讨厌学习。真是一个善解人意的孩子！

不久，一次英语考试中，威威考了 69 分，这个分数显然吓坏了他的妈妈。晚上，他妈妈给我打电话，我明显地感受到了埋怨和责怪：“老师，你看，他不去学英语了，就考了这么点分数，我叫他再去，他却说是老师说可以不去的。”其实我早就看过他的试卷，几乎都是粗心犯的错，没有什么知识上的障碍。于是我耐心地跟他妈妈解释，并告诉了她威威在学校的点滴进步，他妈妈这才“心有余悸”地挂了电话。

从此，我时刻注意威威的动态，经常和他妈妈主动联系，及时通报他在校的情况，特别是有进步的时候，及时和他父母共享，而当他出现波动时，就耐心地和他们一起寻找原因，共商对策。

四年级的最后一次考试中，威威考到了班级第四名，同时他代表学校去参加书法比赛，获得了一等奖。他父母的喜悦溢于言表，我也由衷地为他高兴。看到他脸上流露出的发自内心的真诚笑容，我打心底松了一口气。

案例思考

威威的例子其实在生活中很多见，甚至普遍到被忽视的程度。那么，作为一名教师，该怎样在家校沟通中架设教育的支点呢？

1. 要了解学生的需要，走进孩子的内心世界。老师是孩子除父母外最信赖的人，有时甚至比父母更有威慑力，要做好孩子和家长之间的沟通工作。

2. 要体谅家长的用心。虽然有时候有的家长比较功利和偏激，但老师要把握好自己的心态，学会调整家长的心态。这是最难做的一步，因为家长都是成年人，他们的有些决定很顽固、很执着，要转变他们的意见需要老师付出大量的耐心。

3. 这是一个长期的、艰巨的、需要恒心的工作，因为孩子毕竟年幼，状况会出现反复，而大多数家长又都比较功利，当教育工作遇到阻力甚至陷入低谷时，更需要老师的坚持和爱心。

不过归根结底，还是需要老师恪守使命，怀揣高度的责任心。每个孩子都有各自鲜明的特色，就如世界上没有两片完全相同的树叶，只有本着爱孩子、爱工作的心，才能真正走进孩子七彩的内心世界，才能在做好授业解惑工作的同时，真正成为孩子的知心朋友，让孩子们在正能量的滋育中快快乐乐地成长！

第 17 号同学

◇刘璐璐

第 17 号同学终于来了

一年级时，班里的第 17 号同学一直处于休学状态。二年级时，他终于来了。一年级的时候，我就在想，这个叫小安的小男生会是怎样的呢？令人遗憾的是，小安是个有自闭症的小朋友，一年级之所以休学，就是因为他需要在人很少的私立小学训练。

在读本科的时候，我去过自闭症儿童的特殊学校做教师志愿者，教他们写字、画画。没想到过了这么多年，我切切实实要在自己的班级教一个自闭症孩子的语文。虽然以前接触过类似案例，但这对我依旧是个挑战——让我单纯地教他写字、画画还可以，但让我负担起这么一个孩子的全部语文学习，这似乎有太大的难度。但这却不是我能选择的。我想，他的家长可能已经心碎了，不知在多少个夜晚默默流泪。

第一天上课，当我们沉浸在朗读中时，他突然站了起来，惹得同学们都看着他。面对这种情况，我的第一反应是厉声让他坐下，瞪了他一眼。但仅仅过了一秒钟，我就后悔了——他不是故意的，他也不知道自己在做什么，如果他是个健康孩子，肯定很懂事，我怎么能够责怪他呢？这不是他的错！

他每次下课后都会立马跑到我身边，握着我的手，问我他棒不棒。一开始我不知该如何回答他，只能点点头，任凭他握着手。这时，他妈妈会跑过来，着急又关切地说："小安，不要打扰老师工作！"然后用无奈的眼神看着我。我也只能微微一笑。面对自闭症的孩子，我还没有找到应对的方法。

“老师，我来看看你！”

最近，小安有了一个异常的举动——他总是来我办公室，而且他的方式很有意思。他先开门走进来，2 秒钟后又立马退出去，把门关上，然后再开门进来。就这样，反反复复三四次。我抓住他的手不让他这样来回开门关门，他反倒有点害羞地看着我，腼腆地笑笑，试图挣开我要出去。我问他为什么总是来我办公室，他奶声奶气地说：“我喜欢你，想来看看你！”这是一句多么真诚的话语，让我心里暖暖的。哪怕他打扰了办公室其他老师的思路，我又怎么能斥责他呢？他是抱着一颗热腾腾的心来的，我不能冷漠地拒绝他，但又不能让他打扰其他老师。一连几天，有的同事已经开始不耐烦了，不想让这个自闭症的孩子再进办公室，他们认为这是一种“没规矩”的表现。而我却不觉得，他来看我的举动是一个孩子发自内心的热情，怎么会是“没规矩”的表现呢？

我告诉了他妈妈他经常来我办公室的事儿，并不是想让他妈妈劝阻他不要来我办公室，只是让她知道孩子的这种行为。也许是因为妈妈在家对他太严格了，他心里缺乏安全感，而我平时并不批评他，下课后会跟他说“你表现很棒”，让他对我产生了心理依赖。过了几天，小安在开我办公室门的时候，总会冒出一句“老师的办公室是不能随便进的”，然后关上门走开。但没过一会儿，门又被他打开了，我耳边又传来刚才那句话。终于，过了一个月，我办公室的门不再被他反复打开关上。对有自闭症的孩子来说，母亲的教育是最有效的。

然而，我不得不思考：他为什么会有如此表现？如果一个学生过多地依赖老师，说明他想受到老师的关注，想要得到老师的关爱。那么，他在家受到的关注又有多少？老师要对学生有一种家庭“嗅觉”——通过学生的外在表现，感知到他的家庭情况。父母所有的表现都能反映到孩子的行为上，孩子的思想也折射着父母的思想。在孩子发生不当的行为时，老师要理智、冷静地透过表象看到本质，从根源上发现症结、解决问题。

等着你，孩子

◇杜　虹

学校的新年音乐会正在临近，全校二至五年级的学生都在准备用葫芦丝演奏同一首曲子《马兰花开》。

有一天中午，一位四年级的小男生推开了我音乐办公室的门，他轻轻地问："老师，我能在音乐教室里练习吹葫芦丝吗?"循声望去，是调皮的小郝，此时他安静地期待着。看着他期盼的目光，我毫不犹豫地回答："可以！好孩子！去练习吧，待会儿老师来听你演奏。"我刚说完，他便愉快地一溜烟跑走了。

小郝是一位四年级的小男生，他聪明活泼、顽皮好动，时有奇思妙想，但也斤斤计较，常常因为小事与同学动粗，好几次被班主任留在办公室里教育，班上同学觉得他不容易相处，在老师的印象中他成了一个任性调皮的孩子。

小郝来音乐教室练习演奏的事情，我在班上特意表扬了两次，同学们都对他刮目相看，投以赞许的目光。他也越发勤勉，全心地投入演奏。功夫不负有心人，两个星期下来，他的演奏水平日趋熟练，渐渐跟上了班上演奏水平较好的同学，也能驾轻就熟地演奏整首曲子了。大家都不约而同地发现他这阵子安静了许多，认真了许多，也不与他人动粗了，大家都看到他有了意想不到的变化与收获。美妙的音乐恰是一汪清冽宁静的清泉，流淌于他的心中，迁移于他的表现，让调皮的小郝认真地聆听，专注地学习了。

林肯说："每个人都希望得到赞美。"或许老师和同学的肯定与赞许是不经意间的，然而却会唤醒、激励、鼓舞每一个内心渴望关注的孩子，让他（她）在赏识、夸奖中体验成功的快乐，激励他（她）激发自身的更大潜能，收获更多成功的喜悦。

孩子的心是最敏感、最脆弱的，有时由于班级学生众多，老师往往会忽视很多细节，又或许因为恨铁不成钢，我们恼怒不已、批评指责、拔苗助长……然而对学生个体来说，却是说者无心，听者有意，老师的一举一动在学生的心中（特别是小学生）已然产生举足轻重影响。当我们面对学生，特别是遇到有个性、难教育的学生时，应倾注更多耐心与关注。台湾女作家龙应台在《孩子，你慢慢来》中有这样一段话："我，坐在斜阳浅照的石阶上，望着这个眼睛清亮的孩子专心地做一件事；是的，我愿意等上一辈子的时间，让他从从容容地把这个蝴蝶结扎好，用他五岁的手指。孩子，你慢慢来，慢慢来。"这是一个美丽的教育场景，一种关于"慢"的教育艺术。而现实中，我们似乎常常忘了对孩子轻轻地说："别急，我等你。"

人的一生既漫长也短暂，精神和灵魂的发育尤为重要，学习之初，并不仅仅是知识技能的积累，精神和灵魂的成长更需要耐心地培养与浇灌。

点燃兴趣，优化教学

◇蒋超健

刚刚拿到课表的时候，我的心不由得一沉，我所教的英语课有一半都在下午的后半段时间，这个时间段学生的精力都处在下降的状态，注意力没有上午那么集中。如何让我的课堂吸引学生、生动高效，是我需要思考并探索的课题。通过一个学期的实践探索，我逐步摸索了一些相对有效的方法，班级里的很多孩子都对英语产生了很大的兴趣，英语学习形成了一个良性循环。

多一点未知，让孩子对课堂充满期待

在进入课堂时，我手里常常会拿着一个放着教具的篮子，正是这一个小小的篮子点燃了学生对于英语课的幻想。在课堂中，我会根据教学的需要从我的篮子里“变”出很多新鲜的教学用具。有一个单元呈现的是在商店买东西的情景，在教授完重点句型和单词后，我从篮子里拿出了一个个价格牌，对应饼干、可乐、矿泉水、面包等小商品，让学生根据刚学习的句型和单词进行模拟购物对话。这一下子就让班级沸腾了，四人一组的对话进行得尤为热烈，每个小组上来的时候都非常兴奋，表演的对话贴近生活。当铃声响起，我看到那些没有来得及上台表演的学生在教室里给周围的同学们演绎了一遍，兴奋和喜悦写在每一个孩子的脸上。

还有一个单元的主题是泡茶。有些老师的处理方法是简单地让学生把单词和句子读会，对如何泡茶不甚了解，尤其是对于 pour into 和 put into 这两个意思相似但用法不同的词组，只能靠死记硬背来记住。在处理这个单元的时候，我问同年级的一个喜爱喝茶的老师借来了一整套的茶具，从家里拿了一些茶叶，一边上课，一边用茶具展示泡茶的每一个步骤。在最后一个环节中，我请班级里的一个学生演示泡茶的步骤，其他孩子讲述，几乎每一个孩子都能够流利地讲出泡茶的具体步骤，并把难点都掌握了。距离课堂结束还有 1 分钟，我已经顺利地把整节课都上完了，我一看茶叶还有多，就灵机一动，让全班的孩子复述泡茶的步骤，我跟着他们的复述进行展示，最后泡的茶分给当天听课最认真的几个学生喝。这回又把他们高兴坏了，其实喝到茶的几个孩子都是学习成绩比较落后的，看着他们喜滋滋地慢慢品茶的神态，我相信这个单元的学习肯定让他们印象深刻。

通过一些小活动，孩子们都喜欢上了我的英语课，有时候还没有上课他们就会问我："今天篮子里藏了什么好东西呀?""我们今天英语课上做什么呢?"我的篮子俨然成了一个"月光宝盒"，藏着孩子们对课堂的期待和兴趣。

少一点授课，让孩子在课堂里唱主角

在我们眼中，小学生虽然看似精力无限，但从下午开始，他们的注意力和判断力就开始慢慢下降，在这样的条件下，就需要老师设置很多新鲜有趣的环节吸引学生的注意力，并让学生产生对课堂的期待之情。

在上课前的两分钟，我会提前走进教室，把一首英文歌曲插到上课的 PPT 中，在打铃后给孩子们播放这首歌曲，带着大家一起演唱。在齐唱英语歌曲的过程中，我并不机械地站在讲台上给大家播放歌曲，而是走到大家的中间，和学生一起演唱，这就大大增强了亲和力，提高了孩子们的学习积极性。短短的两分钟演唱，很快让孩子们进入了学习的状态。

英语歌曲只是课堂的热身，让孩子们真正热爱英语，积极参与课堂的学习才是最重要的。在课堂的教学中，我设置了很多不同的学习环节，把课堂的大部分时间都交给孩子，最大程度地多让孩子们表达自己的想法。当把重要的知识点教授结束后，我会立刻在课堂中请学生进行小组对话。在练习的过程中，我要求孩子们不仅要流利说出句子，同时还要兼顾到这段对话的语气和感情。因此在最后的表演环节中，很多孩子都把自己想象成课文中的特定人物，声情并茂地把一组对话读完。正因为坚持这样一个要求，我们每一次的对话气氛都非常热烈，孩子们没有畏惧退缩，更没有逃避，反而都是争先恐后、跃跃欲试。在这个基础上，我每天布置的朗读作业的完成质量都很高，很多孩子在家里反复练习，只为了第二天在课堂上更好地展示自己。

放下架子，和孩子们共同学习

孩子们喜欢在课堂上表演对话和小故事，如果单纯地给他们提要求，并不能达到很好的效果，这个时候，老师的示范作用非常重要。在需要的时候，我从来都把自己置于教学情景中，让自己的声音语气尽量模仿这个人物，有时候是狡猾的狐狸，有时候是严肃的爸爸，有时候是可爱的小兔子，惟妙惟肖的模仿不仅引来孩子们的哈哈大笑，也给孩子们提供了一个很好的模仿范本。有些孩子甚至在此基础之上进行突破创新，表现得更加巧妙。每次上课的时候，我都把自己全身心地置于课堂中，用自己的热情、激情去和孩子们一起学习，让每一个孩子都能跟着自己律动。

英语课堂除了学习新课，也有讲评练习、分析试卷，这类课堂估计是班级气氛最不活跃的，孩子们也很容易走神分心。诚然，单纯的讲评知识要点非常枯燥乏味，效率也较低。因此，在讲评的过程中时不时开个小小的玩笑，用最新的网络用语调侃走神的学生，都能让课堂气氛一下子活跃起来。同时，把讲评的权利交给每一个孩子更能够让学生集中注意力，更快地思考问题。每一道题交由学生讲评，划出关键词，点出理由，短短的几句分析从学生自己的口中说出远比老师反复地强调要有效得多。

每日的教学都充满了未知，充满了挑战，这些都让孩子们对课堂充满了期待，也让每一节课的听课效率都能得到保证。路漫漫其修远兮，我还将继续探索点燃学生学习兴趣的策略和方法，优化英语教学，使课堂更加实用与高效。

同课异构的实践与启示

◇华　萍

【研究背景】

《一位数与两位数相乘》是三年级第一学期第二单元的教学内容。本课的教学目标是让学生理解一位数与两位数相乘的算理，能够正确地运用一位数与两位数相乘横式，进行不进位笔算。计算教学是比较枯燥的，一般会先复习乘法的分拆，然后进入横式计算，最后花大量的时间进行竖式计算，通过各种练习学会计算方法。只是依此惯例，有点不甘心，我想突破和创新，所以尝试了不同的教学实践。而课堂给了我新的收获和见解：计算教学是小学数学的重点内容，老师们历来重视运算的技能技巧的训练，却容易忽视对算理的理解。学生只是很机械地按照老师的指令完成计算，对于为什么这样计算，横式计算与竖式计算有什么关系，算理是怎么来的一无所知。事实上，抓住乘法的本质，讲清算理是形成运算技能的前提和根本，这样形成的技能才更有思维含金量，更能被牢固掌握和灵活运用。

【课堂实践】

第一次教学片段（复习导入，探究算法）：

一、复习旧知

1. 照样子拆一拆

24 =（4） +（20）　　　　71 =（ ） +（ ）

19 =（ ） +（ ）　　　　42 =（ ） +（ ）

小结：一个两位数可以被拆成一个整十数和一个一位数。

2. 口算

（1）2 ×4 =　　　　（2）3 ×1 =　　　　（3）3 ×2 =

$2\times20=$　　　$3\times70=$　　　$3\times40=$

$8+40=$　　　$3+210=$　　　$6+120=$

师：刚才，我们进行了分拆与口算组算式，今天我们就要利用这些知识来继续学习乘法。

二、创设情境，探究算法

1. 出示大卖场中的问题：

大卖场薯片12罐一箱，每箱42元，小胖买3箱，需要付多少钱？

2. 给出解题思路

师：买3箱薯片需要付多少钱，需要选择哪些信息？为什么？怎样列式？

$3\times42=$

3. 尝试解答算法

师：（揭题）这就是今天我们学习的内容《一位数与两位数相乘》（板书）

这个算式，你会算吗？请你与同桌说一说你的算法。

好，让我们交流一下各自的算法。

问题探讨：

通过第一次的教学实践，我发现在复习引入阶段，老师把知识点切割得过于细致。第一步照样子拆一拆，把一个两位数拆成一个整十数和一个一位数。第二步口算组训练，其实就是把上面分拆得来的一位数和整十数分别与一个数相乘。这样就把横式分拆的思维结构间接地传递给学生，较好地为后面学生自主探究算理扫清了障碍。但不少学生只是机械地照着老师的安排去口算，并未领会其中的内在联系。因为教师的复习细致到位，反而限制了学生的思考空间。学生不仅没有顺利地按着你的思路说出算法，探究思维也没有打开，课堂难以进入高峰状态。

改进设想：

1. 把分拆与口算组算式改成小丁和小巧在争执15×3和13×5的大小，让学生在具体情境中复习横式分拆。

2. 出示乘法算式时，适时出示简图，说明3乘42其实表示3个42，帮助学生从乘法本质的角度理解、分拆，使学生的分拆更有针对性。

第二次教学片段（复习导入，探究算法）：

一、比大小，复习旧知

1. 师：同学们，15×3和13×5在比大小，小丁认为15×3比较大，小巧认为13×5比较大，请你们帮他俩在练习纸上算一算，用事实来说话！

（1）交流：15×3是怎么算的？13×5是怎么算的？

（2）得出结论：通过分拆计算得出13×5比较大。

（3）小结：像13×5这样一个十几的数乘以一位数，可以把它分拆成10个5和3个5。今天我们就要利用这些知识来继续学习乘法。

二、创设情境，探究算法

1. 师：请看大卖场中的问题。谁来读一读题？（要求学生读题）

大卖场薯片12罐一箱，每箱42元，小胖买3箱，需要付多少钱？

2. 给出解题思路

师：买3箱薯片需要付多少钱，需要选择哪些信息？（课件出示）为什么？怎样列式？（板书）

3×42=

3. 尝试解答算法

师：（揭题）这就是今天我们学习的内容《一位数与两位数相乘》（板书）3×42表示几个几？（出示简图）这个算式，你会算吗？你有几种算法？请把算法写在练习纸上。

第一次教学片段（竖式计算）：

师：（课件出示）

$$\begin{array}{rrrl} & 4 & 2 & \\ \times & & 3 & \\ \hline & & 6 & \cdots\cdots 3\times 2 \\ 1 & 2 & 0 & \cdots\cdots 3\times 40 \\ \hline 1 & 2 & 6 & \end{array}$$

师：你看懂这个竖式了吗？老师来考考你们。首先，为什么3乘42，不先写3而先写42？（一般把位数多的因数放在上面）3为什么与2对齐呢？（个位对个位，像加减法竖式一样相同数位要对齐）6怎样计算出来的？（3×2）

师：（画出箭头，板书3×2）先用3乘以个位上的2，和加减法竖式一样从个位算起，计算出3个2等于6。

师：120如何计算出来的？（3×40=120）

师：（画出箭头，板书3×40）我只看到4，他怎么说是40啊？（4在十位上所以40）

师：第二步用3乘以十位上的4，计算出3个40是120。

师：126又是如何计算出来的？（6+120=126）

师：（小结）哦，老师现在明白了，小丁原来是这样做的，先用3乘个位上的2，再用3乘十位上的4，也就是用3依次乘42的个位和十位，再把两部分的积相加就行了。

师：黑板上的两种方法都很好地求得了3×42的积，仔细观察一下它们之间有共同点吗？

（都算了3×2和3×40，都把两部分的积相加……）

师：（小结）这两种方法的表达形式虽然不一样，但是都用了分拆的方法，将两位数42分拆成2和40，分别计算3×2和3×40，这样就把3×42的计算转化成以前学过的整十数乘法和一位数乘法结果相加的形式。

问题探讨：

学生们学习完横式计算后就进入竖式计算。在学习竖式时，先算3乘以个位上的2，计算出3个2是6。第二步用3乘以十位上的4，计算出3个40是120。虽然通过比较，想让学生抓住横式计算与竖式计算的连结点，促使学生更好地理解竖式计算算理，但一笔带过式的讲解较难给学生留下深刻的认识，也难以从本质上领悟到横式分拆其实和竖式计算算理是一样的，只是表现形式不同而已。

改进设想：

在第一次试教时，我感到自己的教学其实分成了横式计算、竖式计算两个板块，在二者之间我想建立内在联系，建立算理与算法之间关系的连接。但光凭嘴上说，学生较难建立数学思想，利用板书左边是横式计算，中间是简图，右边是竖式计算，再用简单的线条进行连接，知识之间的关联就显示出来了。

第二次教学片段（竖式计算）：

师：3×42=？不仅可以用我们刚才的横式计算，当然也可以像有的同学那

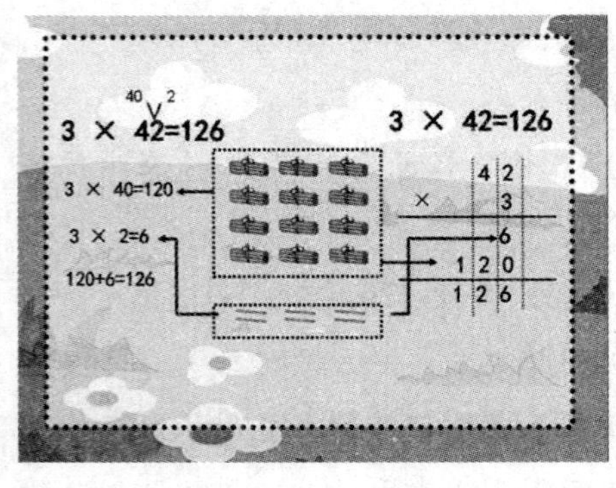

样用竖式计算。(出示竖式) 请列用竖式的同学说说竖式怎么列? 先写什么? 再写什么? (数位对齐，不要漏写运算符号，把位数多的数放在竖式的上面等) 先算什么? (3乘个位上的2得6个1，画出箭头) 再算什么? (3乘十位上的4得12个10，也就是120，画出箭头) 最后算什么? $(6+120=126)$

师：1) 竖式中的6怎么得到的? (板书 3×2)

2) 120是怎么得到的? (板书 3×40)

3) 126又是怎么来的? (画出+号，6与120相加得出126)

师：实际上竖式计算方法与我们刚才的横式方法是一样的。120就是40与3相乘的积，6是2与3相乘的积，最后把两部分的积120和6相加。

【教学启示】

通过两次不同的课堂实践研究，我收获颇多，对于计算教学，有了自己的一些新的思考启示：抓住数学本质，充分发挥学生主体性，计算教学不能为算而算，要正确处理算理与算法的关系。

1. 情境激疑，适度铺垫

数学的新旧知识之间往往有着紧密的联系，有些内容的学习需要以学生已有的知识经验为铺垫。为此教师要善于运用知识的迁移规律，运用特定学习情境激活学生已有的相关知识，引导学生去观察、比较，诱使学生产生疑问，萌发猜想，有效引发学生的学习动机，激发学生的求知欲，扫除学习障碍，为学习新知作好铺垫。

2. 算理算法，相互依存

算理是算法的基础，当学生明白了算理后，及时提示算法与算理的联系，有利于学生掌握算法，深刻理解算理。在具体运用时，让学生把横式计算方法正确地“竖”起来，形成一位数乘两位数竖式，虽然是“一横一竖”的区别，但横式分拆其实和竖式计算算理是一样的，只是表现形式不同而已，这对于三年级学生来说是一次认识上的飞跃。要让学生把横式中的思考方法应用在竖式中，教师必须巧妙设计，合理指导，正确处理好“算理”和“算法”的关系。本课中，在教学完横式和竖式计算方法后，我请学生对着简图观察，黑板上的两种方法都很好地解决了 3×42 的问题，那么这两种方法之间有相同之处吗？学生经过讨论发现，它们都是分别计算了 3×40 和 3×2，再把两部分的积相加。我在学生回答的基础上利用简单的线条进行连接，并进一步总结，我们解决一位数与两位数相乘的问题，一般都是转化成整十数的乘法和一位数的乘法结果相加的形式。这样，就很好地帮助学生理解了算理。学生通过线段勾连抓住横式计算与竖式计算的连结点，促使学生更好地理解算理，掌握算法，可谓“一箭双雕”。

3. 基于“计算”，高于“计算”

我觉得新教材对这一课时的教学内容进行调整是很有必要的。在计算方法上，追求多样化，体现个性化，不强调计算方法的唯一性。多位数乘法不再是以竖式计算为主，现在更注重口算能力的培养，加强对算理的理解。即使脱离了竖式，仍然能通过“分步计-综合累加”解决。跳出了“认知”与“技能”目标的框框，不把法则的得出、技能的形成作为唯一目标，而更关注学生的学习过程，将学生在自身实践探索的过程中实现自主发展作为重要的教学目标。如在教学 3 乘 42 横式时，抓住 3 个 42 的乘法含义出示简图，给学生提供自主探究的机会，使学生有充分思考的空间和时间，让他们在相互交流、讨论中，进一步理解算理，并在相互的交流中感受计算方法的灵活，掌握一位数乘两位数笔算的算理算法，体验知识的掌握是一个动态的过程。这样的计算教学，才能抓住数学本质，讲清算理，形成技能，体现计算教学基于“计算”又高于“计算”的教学思想。

用好“开锁的钥匙”

◇朱晶晶

本学期，我担任小学一年级某班的班主任。虽然我已多次带过一年级学生，但是每次的感觉都是不一样的，尤其是这一届的一年级学生。由于学生的家庭环境与个性特点不一样，所以学生在行为习惯上有很大的差别。大部分学生很懂事听话，总能及时完成老师布置的任务，每次下课时都有几个学生抢着帮老师拿书拿笔，放学回家后按时完成作业，俨然是像模像样的小学生了。但少部分的学生因为年龄小，不是很明白小学和幼儿园的区别，上课时要求上厕所，布置作业不能按时完成，等等。我班里的小王就是这样一个孩子。他比较好动、调皮，脾气又有点倔，经常有意无意地张口或动手去挑逗其他同学，进而引起一方或多方的争执；作业不能及时完成，粗心，书写又慢又潦草，批评了很多次他就是不改，和家长反馈以后，也没有什么效果。了解他的家庭情况后，我知道了他的爸爸妈妈经常出差，有时候两个人会同时出差不在家，家里全靠一个外婆照顾，而且家里还有一个弟弟。爸爸妈妈对孩子的教育方式也是顺其自然，较溺爱。我向小王爸爸反映孩子在校情况的时候，他不无得意地说：“我小时候就是问题儿童，但是我现在也挺好的。”对于小王爸爸妈妈的这种态度和教育方法，我很是吃惊，看来寄希望于家长能改变对孩子的教育方式，显然是有难度的。

俗话说：“攻城为下，攻心为上。”要让学生心悦诚服地接受教育，必须下番功夫。所以我的第一步，就是收服他。有一次，他发脾气不想吃午餐，恰巧午餐是小王最喜欢的饺子和西红柿蛋汤。于是他又动摇了，想吃午餐了。我感到契机来了，我把他的餐盒拿过来，告诉他：“午餐不是想吃就吃，不想吃就不吃的。刚才你放弃了吃午餐的权利，还在教室里大吵大闹，打扰到了同学们。现在你又要吃，那就必须对刚才的行为道歉。”一听要道歉，小王的倔脾气又上来了:“不道歉，宁愿不吃饭也不道歉。”丝丝饭香菜味不断地飘入小王的鼻子里，同学们愉悦的就餐声音也传入小王的耳朵，小王“哇”地一下子哭了起来，随后就往地上躺去。我一看情况不妙，小朋友躺地上要赖不可以有第一次，有了第一次，就容易有第二次。于是我飞快地冲过去，一把把他扶住，不给他躺地上要赖的机会。小王见要赖不行，就不停地哭。我就边扶着他边轻轻地和他说起了悄悄话。渐渐地，小王在我的劝说下，停止了哭泣，也认识到了自己的错误，终于向班级里的其他同学道了歉。

经过那件事情以后，小王不再发“小少爷”脾气了。在小王发生这个变化以后，我积极发现他身上的闪光点，经常鼓励他、表扬他。小王也越来越喜欢我了，而且对我的表扬和批评都非常在意。我成功地做到了第一步。

接下来，我开始着手第二步，改善他和同学们的关系。当他和其他孩子发生矛盾时，我面对那些受到欺负的学生的“投诉”，一方面静静地聆听，耐心地劝说他们不要太过计较，同学之间要团结、友爱，并将最近小王的改变和进步告诉大家，让大家多给他一点时间。另一方面对小王采取个别谈心的方法，告诉他朱老师已了解了真实的情况，心里很不开心。每到这个时候，小王总是特别安静认真地听我说。经过一段时间的磨合，愿意和小王玩的同学越来越多，小王的脸上也洋溢出发自内心的快乐。通过对小王的多提醒、多表扬、多鼓励，他在不断地修正缺点中进步着，一种自我控制、自我约束的力量，也在他的意识中被渐渐唤醒。他接受教育，团结同学的表现令我欣慰。

第三步，使他喜欢上课堂，养成良好的学习习惯。其实在实施前两步的时候，小王在我的课堂上已经悄无声息地发生了变化，课堂上经常能看到他积极举手发言。小王是一个聪明的孩子，认真听误后，他总能思维清晰地回答问题。我及时表扬，鼓励他回答一些有难度的问题，就这样，小王越来越喜欢学习，小动作、开小差都没有了。我主动去向其他学科的老师了解小王在课堂上的情况，有选择地反馈给他。渐渐地，在其他课上，他也开始认真起来了。

教育是“一把钥匙开一把锁”，是需要因人、因事、因地、因境而异的，这就需要灵活改变自己的教育方法。孩子是纯真的，他们需要获得纯真的爱，也只有这种爱才能教育他们健康成长。作为老师，应在尊重事实的基础上，用真心的关怀去温暖他们，用“动之以情，晓之以理”的教育唤起学生的勇气，帮助他们告别自卑或任性的昨天，在不断的向上向善中坚定地走向美好的明天。

我眼中的你“最美”

◇黄　颖

在我的教育生涯中，常常会看到这样的一幕：某次考试结束后，家长来校接孩子回家，期盼地问道：“你这次考几分啊？”

“87。”孩子有点担心地说。

“啊！这么差。你们班级的大队长好像96吧！你同桌也是92吧！”

“比我差的还多着呢！芊芊才81呢！”

“你这孩子怎么就知道和差的比，怎么就不会看看人家好的呢！”家长气呼呼地拎着孩子书包，走到了前面。孩子灰溜溜地跟在了后面。

现在的孩子，大多是独生子女，家长们爱子心切，挂在嘴上的常是：隔壁的某某考试又是一百分！你们班的某某这次又是第一名！家长认为这样可以激励孩子让他们更加努力，有个目标可以赶超。但是，对这种唠叨，孩子们常常很反感，总是拿身边更差的成绩出来进行辩说。这时家长就认为自己的孩子不求上进，批评得更严厉了。

作为班主任的我，看到了很多这样的生活片断，也听到了许多家长类似的反应。我就想，家长们为什么不能从好的方面来赞赏孩子们的进步，肯定孩子们的成长，激励他们更好的发展呢？于是，利用一次家长会，我把“赏识孩子，肯定孩子，激励孩子”十二个大字端端正正地写在了黑板上。

当家长们听到我在文章开头说到的情节时，全都情不自禁地点起了头，眼中闪出了疑惑。他们好像在说：“老师，我们应该怎么和孩子们沟通呢？我们这样做不对吗？”

其实，我们的孩子们虽然只有十岁，但是他们已经是一个个“小大人”了。他们在生活、学习中也渴望一种被肯定的尊严感。就像家长们一样，在公司、工厂上班，也希望被领导称赞。当我们辛苦努力一阵，得到了一点成绩，满心希望获得领导的赞扬时，却听到："A 组的某某要比你好很多。" 我相信，作为员工一定会很伤感的，心中也一定会想说："B 组的某某还不及我呢!" 孩子们也是一样的，他们心中是一颗想被认可的心。他们希望有老师的赞扬，有同学们的夸奖，更重要的是得到养育他们成长的爸爸、妈妈的称赞！那些得到了好成绩的，想要爸爸、妈妈的赞扬与肯定。那些做了努力，但是成绩还不理想的，更想得到最爱他们的爸爸、妈妈的鼓励与支持。与获得好成绩的同学相比，后者的心里更加需要我们给予及时的赞扬，我们那一句句赞扬与肯定的话语能够唤起他们"心中的巨人"，为下一次的考试而努力。否则，自信丧失，情绪消极，只会变得越来越差。

我总结道："请你用换位思考的方法来体会孩子们的感受吧！想想孩子们的心里在想什么，需要什么，只有知晓了那个要求上进的孩子在努力中的所需所想，并给予及时的鼓励，才能明白来自父母赞扬的价值胜过千金万两。" 于是，我在黑板上写了羽泉的一首歌名——最美。"孩子们要成为你们心中'最美'的人，当你们这么想了，他就会在你的赞扬中成为你希望的那种人。" 随后，我建议家长从细小处开始表扬自己的孩子，让他们获得自信和成就感，并请他们看以下两个因家长变化而引来孩子变化的案例。

拖拉大王变"勤"记

彪彪是个虎头虎脑的可爱孩子。但令家长、老师头疼的是，他的作业总是拖拖拉拉，每次总要挨到最后一分钟才完成。在学校如此，家里更是。着急的家长总是拉出好友唯唯来说教，说："人家唯唯和你一个班，作业完成要比你快近两个小时，你到底怎么搞的?" 几次的说教效果并不理想。孩子毫不在乎，还是一如既往地浪费时间。到了深夜，作业如果没有完成，他就胡乱写字，完全没有了作业质量。

在与家长的交谈中，我先纠正了家长"攀比"的做法，每个孩子有每个孩子的个性特点和接受能力，因此，作业完成的速度也是不一样的。不过，彪彪虽然动作有点慢，但是他是完全不用做到那么晚的。我便帮助家长一起来纠正"拖拉大王"的坏习惯。我建议家长采用"积分奖励"的策略，同时我在学校多多督促孩子，家长在家里多多鼓励，肯定他的勤快。同时，我与孩子进行谈心，在言语之间、事例的证明中让孩子感悟到父母对他的爱，体会到父母望他能改正“拖拉”的苦心。我也自愿报名，作为他的协助员，帮助他改正拖拉的毛病。第一天，彪彪完成作业的速度就比以前快了近一半。家中的父亲趁机“大肆”表扬，让这个慢吞吞的儿子乐坏了。然后，父亲在我的建议下和儿子约法三章，不拖拉一次积一分，满十分就能够得到奖励，在一定区间内，奖品由孩子自己选择。

短短的一周后，“奇迹”出现了，彪彪不再是拖拉的孩子了。每天，看到他勤快地完成作业，我的心里真高兴。彪彪得到了奖励，家长的脸上也绽开了笑容。

家长在我的“赏识孩子，肯定孩子，激励孩子”的约法三章中获得了成功的体验。

你能行，妈妈相信你

祺祺是个可爱的女孩，是爸爸、妈妈心中的小宝贝。她的学习很优秀，可对待班中需要完成的工作总是没有信心，刚刚开始做就会害怕地说：“我不行，我做不好。”

家长会后的一天，孩子的家长来向我反映，“赏识孩子，肯定孩子，激励孩子”的方法让孩子长大了很多。

事情是这样的。一天，祺祺的妈妈因为身体不舒服，很早就回家了。祺祺看见了，连忙跑到厨房想给妈妈倒水喝。祺祺的妈妈本想说算了，但看到孩子这么有孝心，还是就让她去做了。突然，祺祺拿着的水打翻在了地上，胆小的祺祺“哇哇”大哭起来。祺祺妈妈说，当时她真想说孩子一通，这么小的事情都办不好。但是，她心里想到老师说过的，要多多赞赏孩子、肯定孩子，于是，她就慢慢站起来说：“没事，妈妈看到你这么关心妈妈，已经像喝过水了。妈妈已经好多了，你再倒一杯。”可爱的祺祺破涕为笑，擦干地上的水，又倒了一杯。

据祺祺妈妈反应，从那次后，自己遇事多了理解和宽容，孩子做事也比以前更加好了。

我想，祺祺的变化就是妈妈给她的鼓励和肯定所带来的，孩子心中始终充满了一个声音，那就是“你能行，妈妈相信你”。正是这简单的一句话让孩子树立了自信，战胜了困难，孩子成长了，也获得了成功的喜悦。

在那次家长会后，经常有家长向我反映，他们发现自己以前脾气太过于暴躁，应该多看看孩子的闪光点，多多激励自己的孩子。他们在“赏识孩子，肯定孩子，激励孩子”的建议下，看到了孩子的“美丽”，与孩子的关系更加融洽了。

让我们用爱的眼睛看着孩子，你会看到他是世间“最美”的，看到他的可爱之处。让他们扬起自信的风帆，勇于同浪涛搏斗，而不是躲向避风港，最终，善于赞扬孩子的你，会收获一个自信、可爱的未来之才。

东风化雨，倾情关爱

◇周　燕

小琦是一个活泼可爱的小女孩，刚开学不久，她就引起了我的注意。你瞧她大大的眼睛透着灵气，微微上翘的嘴角好像一直在对你微笑。上课时，小手举得高高的，争着回答问题；下课时，总爱围着老师问这问那，像一只快乐的小鹿。可是渐渐地，小琦开始没那么活跃了。上课总是低着头，课间也不再看见她蹦蹦跳跳的身影。怎么了？正当我疑惑时，小琦妈妈来找我了。看着她焦急的面容，我意识到问题有些严重。小琦妈妈说，小琦最近上学时，一到校门口就说要上厕所，然后到处找，可真的找到了，又不想去了。天天早上这么折腾，天天都迟到，可她心里又特别害怕迟到，如此恶性循环，她开始害怕来上学了。另外，她每天晚上都要复习到十一二点，妈妈怎么催都不肯睡觉，但复习时只是反复地做简单的习题，反复地读拼音，遇到难题就跳过，不愿意动脑筋。她成绩上不去，心里着急，心里越着急，晚上越要复习，谁劝都没有用。唉，小小年纪整天愁眉苦脸，让人看着心疼。

送走了小琦妈妈，我陷入了沉思。小琦三岁参加“惠氏宝宝”获奖，接着又拍摄了“欢乐蹦蹦跳”“小鬼当家”，都因出色的表现而倍受表扬。况且她从小能歌善舞，深受长辈的宠爱。可以说她从懂事起就一直生活在褒奖之中，一帆风顺，没有遇到过挫折。但进入小学后，课堂上表现不太好，她觉得不如别人；竞选小干部落选，她又觉得没被重视；甚至因为动作慢经常迟到，连外公都说“不喜欢她了”。这一切使她小小的心灵受到了打击，她感到了孤独，她没有了自信心，从而开始有了种种反常的行为。怎么办呢？我想起了苏联教育家苏霍姆林斯基的那句名言：“要让每个学生都抬起头来走路。”既然我是小琦的老师，那我就有责任使她抬起头来走路！想到这，我决定找小琦谈一谈。可小琦是个敏感的孩子，这段时间又非常脆弱，我真怕自己言语上的疏忽再一次对她造成伤害。怎么做才会有最佳效果呢？我想了几天，还是不敢轻举妄动。

一天中午，我看见小琦又垂头丧气地坐在那儿，闷闷不乐地盯着课桌上的一张口试练习。我走过去一看，呀，又被圈出不少不会读的词语。我安慰地拍拍她的肩膀。这下，她反倒“嘤嘤”地哭出了声。我觉得这是个教育契机。于是，我把她拉到身边，替她擦干了眼泪，亲切地对她说：“很委屈，是吗？因为你已经很努力了呀！”她的眼泪止不住地往外流。我又对她说：“你看，这些句子简单的，你都会读了，真不容易！”她小声地说：“我都练过很多遍了。”“对呀！”我说，“周老师知道小琦是很用功的，一心想得优的，对吗？”她看看我，点点头。“不过，”我指着练习纸对她说，“这些难的词语你不会读，去问问老师好吗？”她的目光有点犹豫。我鼓励她说：“别害怕，老师最喜欢不懂就问的小朋友了。我想只要我们小琦上课认真听讲，课后努力练习，不懂就去问老师，很快就会赶上别的小朋友的，试试好吗？”她的眼睛一亮，我知道我的话打动了她。我趁热打铁，把她送到语文老师办公室。半小时后，她高兴地跑进教室，对我说：“周老师，这几个词语我会读了，一点也不难呀！”我微笑着说：“就是呀！我们小琦很聪明的！”她很激动地看着我，或许因为是好久没有听到表扬了。“唉，这孩子！”我心里不由得生出一丝怜爱，轻轻地摸了摸她的头。从此，我上课经常提问她，鼓励她，给她学习的信心。慢慢地，她脸上的笑容开始多了。我问她：“小琦，你快乐吗？”她笑着点点头。我又说：“其实，多为集体做好事，多关心小朋友，看见地上有垃圾，马上捡起来，小朋友有困难时主动去帮助，也是一种快乐呀！”她似懂非懂地看着我。我明白，需要给她点时间调整。于是，我有意布置她一些简单的任务，比如，做卫生员、检查小朋友的个人卫生等，让她很容易并且很出色地完成。发现她的点滴进步时我会及时表扬，还专门安排一节班会课，发动全班小朋友找小琦的闪光点，增强她的自信心。记得那天，她的目光闪烁着由意外变为激动的神采，最后两眼饱满泪水，她没想到小朋友们列举了她三十多条优点，她深深地体会到什么是快乐了。

现在的小琦，脸上又开始有了笑容，活泼的身影又在我眼前跳跃。我想，她已经顺利渡过了刚入学的适应期，可以开始愉快的小学生活了。

学生的心灵是脆弱的，面对挫折往往不知所措，特别是之前一直在表扬声中成长的宠儿。作为教师要在工作中注意引导孩子的情绪，先让孩子规避由挫折所带来的困扰，在成功的体验中树立自信，而后引导他们正确面对挫折，勇于在挫折中站起来，坚定地走下去。

“春风化雨，倾情关爱”，让每一只小鸟唱歌，让每一朵花儿都开放，让每一个受挫的孩子都获得成功，让每一个成功的孩子不断前进，这，就是我的教育使命！

学会感恩

◇陈　丽

2015 年的暑假，曾经的一个学生回美国返校之前来看我，在闲聊中，他告诉我一件让他感触很深的事情：在学期结束时，他们学校所有的学生都会聚集在大礼堂里，美国老师让他们去拥抱一下曾经帮助过他们的人，并说一些感谢的话。当时，我的感触也很深，把这件事牢牢记住了。

开学之后，我每天都照例会和学生说一些为人处世、努力学习的话题，间或处理学生之间的突发事件。一天，在午会课上，我讲到了感恩，讲到帮助别人会给自己带来快乐的话题，这时，有一个胖胖的男孩不屑地说："哼，现在的人都没有良心的，就算你帮了他，他也不会记住的。"这是个很重义气，但遇到事情又易急躁偏激的男孩。他自认为什么都懂，但往往处于一知半解状态。我清楚地知道他的个性，若此时有人和他辩论，定然不会有结果，他也不会心服口服。我想了一下，淡淡地说："大家也不用争辩，事实胜于雄辩，那我们用事实证明吧！"那天，我布置了一个作业，写一篇周记，题目是《写给 × × 的一封信》，要求：1. 正确运用书信格式书写；2. "× ×"可以是班级中的任何一个同学，把那人曾帮助过自己的一件事写下来。因为当时语文书上正好出现了书信格式，让他们利用这个机会巩固所学也在情理之中。

到了周一早上，我把周记本收上来浏览了一遍，大致了解了情况。下午的班会课上，我把本子发给他们，让他们自己走到文中的主人公那里，把文章读给曾帮助过自己的同学听。这下可热闹了，有的人身后一下子围成了一圈，都争着要把自己的故事告诉她；有的发现走过来的是自己的好朋友，两人露出了会心的微笑；有的人根本不用挪窝，因为这对同桌各自写的都是对方；有的人脸上的表情很诧异，因为他自己都忘了自己曾帮助过那位同学。在快乐的气氛中大家读完了各自的文章，但事情并没有就此结束，接下来还有后续工作：我让大家在周记本上写下当时的感受。

从字里行间，我感受到了孩子们的愉悦之情，他们体验到了帮助别人之后的快乐。那个曾经说别人不懂感恩的男孩感触良多，因为他的身边围了一圈小朋友，大家把他的好深深地记着。那天，他笑得如一朵花，也认识到了自己的偏激。但我觉得，当时感受最深刻的，或许并不是那些被感激的人，而是身边空无一人的人。从写给我的感受中，有小朋友说，自己也帮助过别人，为什么就没有人记住他。读着“委屈”的诉说，我在文后写道：“帮助别人，并不一定需要别人的回报。今天没人写你，并不代表你没有做好事。只要你心怀助人之心，大家终究会发现你的仁义善良。”

我觉得，这件事给很多孩子都留下了深刻的印象，因为在后来的作文《我最喜欢的一堂××课》中，好多小朋友就写了这一节班会课。

感恩是中华民族优秀的传统文化，应大力继承和发扬。感恩教育是一种情感教育，它可以激励人们奋发向上，塑造尚美人格，砥砺道德品质。感恩来自心灵，不假外物，近在咫尺，关键只在一念之间，也就是感恩意识。它并非与生俱来，亦非生而知之的，它需要教育的导引和环境的影响，在日常修养中形成一种感恩的心态、品质和责任。让我们把这股心灵的泉水缓缓注入孩子的心田，源源不断地浸润滋养，让每一个生命都充满正能，充满生机，享受生活的美好和幸福。

做什么样的老师？

——关于师生关系的思考

◇陆嘉莉

作为一名新晋教师，我对于自己这个身份还处于适应阶段。在开学之初，我一直在思考一个问题:当今这个时代，我到底应该以一个什么样的面貌来面对学生？纵观自己的学生生涯，我遇到了各种各样的老师，有温柔的，有严厉的，有热情满满的，有平静如水的……当初我最喜欢的是什么样的老师，现在的学生又会倾向于怎样的老师？如果我的课堂一直是温柔的、细声细语的，也许学生会非常喜欢我，但是我的课堂状况可想而知会是糟糕的；如果我的课堂是十分严肃的，学生又会觉得我太过严厉而不喜欢我，导致整个课堂气氛不活跃。最后我给我自己的定位是和学生成为朋友。

目前这批学生我是从一年级带起来的，他们活泼、可爱，保留着幼儿园小朋友的童真，十分愿意和老师交流自己的小秘密。在和学生的交流过程中，我发现，只要你付出真心，像朋友一样对待他们，无论你是严格的还是温柔的，孩子是能感受得到的，他们会愿意和你成为朋友，愿意和你无话不谈。在实践的过程中，我发现和学生成为朋友有许多的好处。

和学生成为朋友，能方便教师掌握每个学生的特点，从而因材施教。

我们班有一个男同学CC，当我第一次看到他的时候就发现，他是一个十分害羞的男孩子。在第一节课的自我介绍环节里，他甚至不愿意在全班面前发言，但是他愿意和我说悄悄话。每个孩子都有与他人相处的模式，如果这个时候逼他发言，会在他心里留下阴影，也许他之后就不会喜欢上唱游课。这时，我选择适应他的相处方式，一点点来。在平时的交流中，我先和他两个人说悄悄话，慢慢地再加上他的同桌，渐渐地加上周围的同学。通过这样循序渐进的方式，他慢慢地愿意和周围的同学说话了。在学期快结束的时候，他在两分钟小演讲的环节还能坚持把他准备的内容说给全班听，这是一个十分可喜的进步。

和学生成为朋友，能活跃课堂气氛。

在低年级的课堂中常规教育的比重相对较大，有的时候课堂气氛不免会有些紧张。如果你在平时的交流中和学生成为了朋友，能很大程度地缓解紧张的课堂气氛。因为朋友之间的交流就是这样，双方可以指出对方的缺点，但是双方心里都明白是为了对方好，不会产生误解、偏见，甚至对立、逆反。所以和学生成为朋友是有必要的。

那么如何和学生成为朋友呢?

从学生看到你的第一眼开始，你的言行举止就要散发着艺术魅力，充满艺术激情。你可以在上课的时候提早五分钟进入教室，和学生进行交流，话题可以是他们今天的穿着，可以是周末的去处，也可以是他们的兴趣爱好，总而言之八个字："随意亲和，无话不谈"。在上课的时候，教师要真正和孩子建立意识上的平等，而不应居高临下，整天牵着学生的鼻子跑。在课堂上多用一些"好不好?""行不行?""大家说怎么办?"的话语，这样既尊重了孩子们的意见，又激发了他们学习和思考的兴趣。在练习演唱歌曲的时候，老师可以走到学生中间去和他们一起演唱甚至跳舞，尤其在低年级教学时，老师应多给孩子一些亲密的语言与动作。当他们表现出色的时候，我们可以摸摸他们的头，贴贴他们的脸，说一声"你真棒"；当他们遇到困难的时候要拍拍他们的肩，说一声"加油"。总之，无论在课堂内还是课堂外，老师要与学生建立起平等的师生关系，创造一种平等民主、相互交流的课堂气氛，把关爱和笑容留给学生，从而使他们"亲其师而信其道"，在"教师 + 朋友"双重角色的引领下快乐学习，茁壮成长。

最具意义和收获感的挑战

◇孙加依

这学期是我在进才实验小学从教的第一个学期，本学期我执教三年级 5 个班的音乐课。在我的这些班级里有一个特殊的孩子，他的名字是小 P。他有时会在教室里随意走动，有时会控制不住自己不停地说话，有时我在课上弹琴的时候他会坐到我的旁边，甚至上课到一半会突然叫起来。可以说在我的人生经历中，从来没有接触过这样特殊的孩子。一开始我碰到这样的情况，会感到非常无措、无助，也会下意识地通过呵斥、责备等手段进行控制，显然这样的调控行为不仅一点用都没有，反而使这孩子的反应变得更加激烈、更难以控制。我意识到如果我要和这样的孩子沟通，首先我要先了解他。又一节音乐课下课后，我特地抽了时间去和班主任曹老师聊了聊有关于这个孩子的问题。

在这次叙聊的过程中，我首先得知的信息就是这个三年级孩子的智力目前只等同于 4 岁的孩子，4 岁的孩子和三年级的孩子最大的区别就是，他还有很多事情是不能自己做判断的，这就意味着他的绝大部分行为并非故意做出来来扰乱班级课堂秩序的，在他单纯的世界里，这些行为是最自然不过的本能反应。这就直接改变了我对他的印象和我的态度，对这样的特殊孩子，首先我就应该站在他的角度，进入他的世界去思考问题，尝试着去揣摩他的想法。对于特殊儿童而言，老师的言传身教更要建立在平等的基础上，一味地严厉只会适得其反。第二点很重要的信息就是，小 P 的家长十分重视自己孩子的教育，丝毫没有因为孩子的特殊情况而对他的行为、学业有得过且过的想法。他们在家也给孩子提出养成规矩的要求，该做的作业一个不落。曹老师又告诉我这个孩子在二年级的时候学习是完全可以跟上的，我很是诧异，毕竟他的智力等同于 4 岁小朋友，但是他却可以完成二年级的作业，难道不也是某种意义上的“天才”么？了解了这些情况后，我对这个孩子的教育树立了极强的信心，这让我不再手足无措甚至有时会有绝望的情绪出现。

从此，我改变了和小 P 的沟通方法，比如我在和他说话的时候会蹲下，视线和他保持在一个水平线上；在他离开座位后我会拉着他的手把他带回自己的位置，并且告诉他上课时要坐在椅子上；在他不停说话的时候我会用动作、用眼神让他模仿我的动作闭上小嘴巴。而他也逐渐进步着，这学期开始的时候，他已经可以做到在我的眼神暗示下把小嘴巴闭紧。这对于这样的孩子来说是一个多大的突破啊！甚至我觉得小 P 可以作为孩子们的榜样，我时常和他们班的同学说，小 P 都可以做到看到老师的眼神就不发出一点声音，你们难道不可以做到么？

在第一个学期里，我遇到了各种各样的挑战，有教学内容上的，有教学设计上的，有育人行规上的，我都一步一步地突破了。然而在这个特殊孩子身上的突破，是这些挑战中最具有意义，也最具有收获感的一个。

我在英国教数学

◇黄　佳

2015年2月22日至2015年3月21日，我作为中英数学交流的第二批30名成员中的一员去英国教授数学。在全市众多名校的教师中，由市教委和上海师范大学进行公开公正的选拔，并历经多次培训，才得以成行的这次经历，让我难以忘怀。更难忘的是我在英国的生活和工作。

我在英国住在距离诺丁汉郡车程一个多小时的Southwell镇的水仙花农舍，那里很僻静、很古旧。每天下午5点之后小镇仅有两家超市营业，我和小伙伴就去搜寻能烹饪中餐的食材回家做晚饭。小屋生活平淡而简单，以备课为主。

这次我有幸走访了一所小学，那就是诺丁汉的Farnsfield小学，它是诺丁汉的hub school（中心小学），担负着方圆百里内的小学数学教研的任务，每天要迎来送往20几张陌生的面孔。进校第二天，英国数学卓越教育中心的两位专家Debby和Robert来观看我的“处女秀”，《分数》知识的第一课时——《整体与部分》，因为之前没有试教，我把要说的话翻成英语一句一句记录在备课本上，靠临场发挥的还是不少。两位专家和英国搭档听完课后，表现出对上海教学模式中的“小步子的深入的成体系的教学”的认可和赞赏。第四天，诺丁汉大学来录像，我得知教学实录要成为教育学院师范生的学习材料，便在前一晚又一次地把要说的话翻成英语，一句一句记录在备课本上。

Farnsfield小学给我的感觉很舒服。我们的partner，胖胖的Emma很诙谐，说她的姓Patman很搞笑，就像Batman蝙蝠侠那样。校长Tony每天接送我们上下班，和我们聊得最多。他有一次等前来听课的人走得差不多了，就过来和我们说那个学校的女校长和女副校长长得差不多，他根本认不清谁是谁。

虽在英国的时间有限，但毕竟在诺丁汉的hub school实地交流，故对英国的小学教育有所了解。常说“交流是一面镜子，看别人的同时会比照自己”。

Farnsfield 小学作为一所名校，有它的独到之处，最值得注意的是她们的 topic 课程。围绕“中国”这一主题，Year 1 的小朋友在探究中国春节时，了解了中国的习俗，他们写对联，做灯笼，认识中国字，学写毛笔字；Year 5 的学生探索得更深入，他们在瓷盘上手绘中国龙、太极图等，制作的纸扇上也融入他们所了解的中国元素。Emma 告诉我，他们的数学、文学、音乐、美术等课程也与当日的教育主题一致，分科进行设计。

Assembly 是他们的集会，我参与了两次。第一次是欢迎我的到来，他们和我互送礼物，了解礼物背后的中英文化。我送的中国羊年剪纸、京剧人物的陶泥得到校长的详尽介绍。学校合唱团清唱由学生自己作词的歌曲，每个班级也表演了自己为迎接中国数学老师而专门排练的节目，幼儿园小朋友的英文儿歌，一年级自创的《Hello，你好》，高年级对 welcome 每个字母藏头诗的创作都给我留下深刻印象。这是一个教育的主阵地。manner、courtesy、polite 这些词的意义由此深入人心。第二次是 3 月 5 日，他们的 world book day，也是每个孩子的 dressing characteristic day。老师、同学都装扮起来，打扮成自己最喜欢的书中的人物。我想不用老师指导，他们自然会交流自己装扮的是谁，自己为什么喜欢这本书。这天的 Assembly 既是对上周集会提出的在 courtesy 方面优秀同学的表彰（他们的父母被邀请到学校见证这一时刻），也是对最佳装扮的奖励，我看到老师挑选的有特色的 custom，有自制的机器人、男扮女装等。奖品是一本书，或一英镑的购书卡。孩子们很开心，尽管难免会在上数学课时摸摸自己的假发，可就那么一小会的神游也耽误不了什么。

“他山之石，可以攻玉。”在中英教育的相互交流中，我们不仅输出了上海的数学教学经验，也收获了来自英国的有益启示。

1. 数学活动

英国老师的数学课一直不被看好，但活动很有创意。例如学生在操场上观察，记录不同时段影子的长度，学习测量、长度的表示和比较等；学生在操场上可以玩镜像游戏，学习镜面对称、感受方位等。

2. 环境布置

英国小学走廊的墙上、教室的墙上贴满或挂满了各种各样的五颜六色的画报，内容丰富，设计新颖，可以是以卡通画形式表达的一些最重要的品质，可以是把新学到的知识直接“挂”到墙上，也可以是一个主题教育中的孩子的成长记录，处处渗透着育人元素。

3. 情感教育

我印象最深的是充满人性的情感教育。这是一节主题为“宽恕”（forgiveness）的课例。课堂上，老师提出的问题带着深刻的思考和细腻的情感。例如：最近一次说对不起是什么时候？我要向什么人对不起？为什么原谅别人很难？被原谅是一种怎样的感觉？我怎样才知道我被原谅了？我得原谅别人多少次？学生可以用画图或写话等方式表达自己的想法。学生分组讨论并描述这种情感后，英国老师还编了一个情景剧，由学生分组表演，老师拍下剧照配上文字后制成海报张贴在教室的墙壁上。

我在英国教数学的美好记忆，至今仍让我印象深刻，挥之不去。似乎，我是作为传授“上海数学教学经验”的使者之一，赴英国传经送宝的；其实，学习、交流都是双向的，在西方文明相对集中的英国，我看到了、学到了需要我们学习、汲取的东西。

爱能改变一切

◇陶跃汝

从教近二十年，我从刚入职时的腼腆内向，到现在能在三尺讲台侃侃而谈、教书育人，二十年的时光弹指一挥间。这么多年来，最让我有感触的一句话就是“爱能改变一切”。这就要说到令我印象最深的那个班的孩子们，在他们的身上，我看到了孩子们在爱的名义下的转变和成长。而我，也在和他们的相处中不断地感受着他们给予的爱和快乐。

刚接手这个班级的时候，我就对这个班级有所耳闻。家长难搞，经常到校长室去反映情况。学生难搞，纪律涣散，成绩垫底，学生习惯也比较差。虽然只是任课老师，但是我也感到了一丝压力。等到真正接手，我才知道了孩子们在课上的诸多问题。课上随意插嘴，倾听习惯比较差，上课要么不参与，要么信马由缰，上交作业率 80%，学习氛围淡薄。尤其班中有“四大金刚”，课上经常捣乱，破坏纪律。更有个别孩子满口脏话，对老师毫无敬畏感。面对这样的一群孩子，我觉得自己遇到了真正的挑战。既然接手了，那就接招吧！

所谓知己知彼，百战不殆。首先，我分析了一下孩子们的现状。我发现这个班的孩子们上课纪律差是因为他们太过活跃，其实这是个十分聪明的班级，学生思维敏捷，精力旺盛。特别是“四大金刚”，其实都是些很有主见、聪明善辩的孩子。于是，我开始着手调整。先调整课前两分钟，把孩子们喜欢的歌曲、热门的影视作品搬入课堂，让学生产生兴趣。兴趣来了，孩子们自然安静了，就开始倾听啦。接着，我让课堂活起来，在课堂上设计大量的思维问题，让这些聪明的脑袋动起来。诸如：如何拿走猴子手里的帽子？在世界地球日，如何做才能保护地球？如果要设计一个与众不同的生日派对，你想要如何设计？通过对这些相关问题的讨论乃至辩论，学生们发挥了主动性和积极性。课堂从毫无目的的信马由缰，变成了主题牵引的热烈讨论。然后，我还给爱玩的同学设计了一系列的活动。“复活节”的时候，我给孩子们在教室藏了 12 个彩蛋。第二天，孩子们把教室找了个底朝天还是有 3 个蛋没到，他们对于老师的藏蛋本领赞叹不已。佩服老师，也是走向师生和谐的契机，师生关系一旦融洽了，课堂面貌必然会产生翻天覆地的变化。在教授“春节”的时候，我让孩子们画一画春节的传统食物，让孩子们在绘画的过程中体验传统，了解语言知识点。我在课上还经常设计一些表演的环节，让学生在动一动、说一说、演一演的过程中掌握语言知识，运用语言技能。很多孩子还会增加对话情节，既转移了他们过剩的精力，也让他们在表演中不断发展语言机能。几个月过去了，孩子们对于英语课堂的兴趣有增无减，学会了很多流行的英语歌曲，和英语老师交了朋友，顺带成绩也往上跳了一跳。他们对我这个英语老师也是喜爱有加。

善存于心，爱在于行。享受着教育的幸福，你就多了一双发现的眼睛；享受着教育的幸福，你就多了一股创造的激情；享受着教育的幸福，你就多了那么多爱你的孩子！

赏识的力量

◇高丽群

在我教过五年的那个班级中，有一个长得十分瘦小的男孩——小沈。记得一年级刚入学时，他就给我留下了深刻的印象：尽管个头很小，但很有灵气，上课时思维活跃，发言踊跃，声音响亮。各学科老师对他也有相似的评价。可是随着年级上升，书面作业逐渐增加，小沈的缺点也暴露无遗：做书面作业动作很慢，常常是班内的最后几名。为此，老师们经常提醒、催促，甚至批评他。渐渐地，小沈在课堂上不那么活跃和自信了，很少主动举手发言，有时老师请他发言，他的眼神也有些躲闪，声音不再响亮。

到三年级期末复习阶段，小沈的作业拖拉现象已十分严重，每天傍晚放学时，爷爷都无法准时接到他，总要等上至少 15 分钟，因为他在补当天的课堂作业。为此，我对小沈的做作业状态进行了观察，发现慢的原因除了写字速度确实不快外，最主要的还是因为注意力不集中，喜欢东张西望、与同学闲聊，浪费了宝贵的时间。

我把小沈拉到身边谈心，希望他做作业时不跟同学讲话，只管做自己的事情。他点头答应了。可一回到座位上，没了老师的监督，他就是无法集中注意力，只要周围一有动静，必然被吸引而分心。只有等全班放学后，教室里很安静时，他才能心无旁骛地补做作业。我将这个情况向孩子的父母反应，家长说孩子在家做作业也这样，经常磨蹭到很晚，最极端的情况是拖拉到晚上 10 点。另外，由于作业写得慢，受到任课老师批评，孩子对学习的热情渐渐降低，学习成绩也退步了。

面对小沈的状况，老师、家长都很着急。该如何调动孩子学习的自觉性、积极性，提高他的作业速度呢？

那一年，学校要组建一支“橙风”足球队，动员全校喜欢踢足球的孩子主动报名参加。令人意外的是，身材瘦小、体弱多病的小沈强烈要求参加校足球队。下发征询表时，小沈两眼放光，激动地跑到我身边问我要报名表。我一脸疑虑地看着他，问道：“你真的要参加足球队?”小沈郑重地朝我点点头。尽管满腹怀疑，我还是把表格给了他，并猜想即使表格拿回家，他的家长也不会同意的。没想到第二天表格交上来，家长竟同意他参加足球队。作为班主任，我也不再阻拦。经过筛选，瘦弱的小沈竟然成功地入选校足球队，这实在出乎我的意料。

校足球队每周二、周五下午放学后要进行训练，而且一放学就是集训时间。周二早上，我悄悄问小沈：“今天傍晚，你要参加足球队活动的对吗?”

“对!”孩子高兴地回答。

“那你今天课堂作业要做得快一点。”

“嗯!”小沈微笑着朝我点点头。

这一天，小沈满心期待放学后参加足球队活动，做课堂作业时没有东张西望，没有与同学闲聊，破天荒地成为班中完成课堂作业最快的前一半的学生。收到他的作业本时，我当着全班同学的面大声地表扬了他。小沈喘着粗气，甩甩手臂，咧嘴一笑。我知道，这一次他竭尽全力了。

本以为这孩子作业拖拉的问题从此可以解决，没想到不踢球的日子，他的做作业速度还跟原来一样，照样磨蹭，照样拖拉，照样傍晚留下来补做。只有星期二和星期五的足球队训练的日子，他做起作业来才像上了发条似的。

怎样才能让他每天都能和时间赛跑，养成专心致志、自觉做作业的好习惯呢?我想，一味的批评，孩子肯定不乐意接受，我要放大孩子的优点，用表扬、赏识的方式来调动他的积极性，帮助他克服弱点，养成良好的学习习惯。

后来，我们中队要举行一次主题队会展示活动，表彰在学校“十五会”活动中表现突出的队员。在活动策划时，我第一个想到的就是小沈这个孩子。在主题队会中，有一个板块叫“会运动”，就是专门为小沈设计的。我让几个小干部上门采访小沈同学，请他说说自己当初为什么要参加足球队，参加球队有哪些收获；又采访了小沈的父母，请他们谈谈为什么同意体弱多病的小沈参加足球队，为什么在他因踢球而生重病的时候仍然没有放弃。这个主题活动正式开展的那天是面向全区开放的，来听课的老师很多，场面比较大。当这段采访录像播放的时候，大家都被小沈热爱体育活动的精神感动了，看的人都热烈地鼓起掌。小沈在这次活动中光荣地获得了“爱运动”奖杯。看他举起奖杯的那一刻，我分明能感受到他的激动和自豪。

这次活动之后，我发现小沈发生了明显的变化：每天完成课堂作业的前十名里几乎总有他，课堂上积极举手发言的同学里总有他，各科老师夸奖的孩子里也总有他……

我想，小沈同学的变化源自于赏识的力量。他在运动方面不一定是最出色的，但他那份对运动的热情打动了我们。而通过主题队会这种方式大张旗鼓地表扬他，让他获得了被赏识的快乐，有助于树立他的信心，增强他持续进步的动力，从而迁移到学校生活的方方面面，克服自身弱点，朝着更好的方向发展。

由小沈同学的转变，我也想到班内其他有各种问题的学生。作为班主任，我对那些学习困难的学生、调皮捣蛋的学生给予的表扬和赞赏实在太少——他们因为各种不尽如人意的表现，换来我许多的批评和指责。其实，这样的孩子，更需要我发现他们的闪光点并加以放大，及时给予表扬、赞赏，从而让他们建立自信，获得不断进步的动力。我以前忽视了这一点，在今后的教育教学中，我要运用育人智慧，及时调整。我想，只要坚持把赏识教育的理念运用到实际教学活动中，就一定能取得成功。

有位哲人曾经说过：“人的精神生命中最本质的要求就是渴望得到赏识。”训斥只会压抑心灵，只有欣赏、激励才能唤醒人的自信，开发人的潜能。希望通过我的不断努力，以及与家长、其他老师的配合，慢慢地改变班级中的那些孩子，让每个孩子在自身发展中取得实在的进步，获得健正的成长。

用爱浇灌，每一朵花都会绽放

◇陈　婷

第一次遇到四年级的小龙时，我便对这个孩子产生特别深刻的印象，一来这个名字有些特别，二来这个黝黑的娃明显比同龄孩子矮上半个头。当我在课上的 Daily talk 环节问他问题："Hi！Boy！What's your name?"时他用怯生生的眼神偷偷打量了我一下，又连忙低下头，嘴里低声嘟囔着什么，却是一句也听不清楚。旁边的同学忍不住说道："老师，他就是这样的，你不用问他了。"我笑了一下，拍拍他的肩，请他坐下。课后我了解了一下这个孩子的情况：小龙，家庭条件拮据，父亲是中学的保安，母亲卖福利彩票，家里还有一个襁褓中的弟弟，老家在外地农村，所以一家人租住在学校附近的一个小屋子里。在上海这样的国际大都市里，这孩子的生活算是艰辛的。而且由于受父母生活状态、文化水平的制约，家庭对孩子的要求也不高，更没有丝毫的辅导能力。孩子自己也比较自卑，一年级起学习就跟不上，到后来更是落下了很多，所以完全缺乏学习动力，在班级里属于后进的学生。

这种情况对于我这样的老教师也算是一个全新的难题，当然，也是一种挑战。因为这样一个经济情况差、父母没有能力辅导的家庭，是很难顾及孩子学习的，只能任凭孩子自由发展，这就完全依靠老师的力量去帮助他了。我想，只有激发孩子自身的求知欲望，切实去帮助他取得进步，才能使他逐步树立一定的自信心，最终提高他的学习成绩。这是最好的办法了。我对自己说：多管齐下，方有成效，贵在坚持，终见花开。

首先要做的就是帮助他找回学习上的自信心。每一个早晨上新课前，我总要花上 10 分钟，先和他一起预习今天的新授知识，尤其是词汇的学习，让他能够在课堂上先回答出简单的问题，并在他回答正确时及时、大声、微笑地给予表扬，让所有的同学听见他的回答，看见他的进步。即使小龙回答错误时，我也予以提示和鼓励，课后实施一些小奖励。课堂上，他的声音慢慢响了起来，从简单的“Yes. /No.”开始逐步有了一些大胆的尝试。即使语法上有错，他也敢于重复老师的提示了，周围的同学也受了感染，没有孩子插嘴去批评他了。

当然，光靠课前、课上学习是不够的，还得加强课后辅导。我首先认真分析了一下小龙原有的基础知识，查漏补缺。利用中午或者一些零散的课余时间，对他进行基础辅导，重点进行单词拼读的辅导和简单语法的讲解，教给孩子一些最常用的方法。我想，努力先去提高他的基础知识，把最基本的单词弄懂了、认识了，从而逐步提高学习能力，学习成绩才会慢慢上来。抓重点，不心急，循序渐进，多写多背。勤，一定可以补拙的。

为使小龙同学稳定进步，与孩子的家长进行沟通也是很有必要的。在面谈、电话、短信的沟通中，孩子的父母也接受了我的建议，知识未必一定改变命运，但是学好知识，对孩子而言，是我们可以给予的最大财富。只有家校配合，双管齐下，教育的效果才会事半功倍。我请小龙的父母多多发现孩子的闪光之处，善于发现他的点滴进步，及时地鼓励和表扬，对于一些背默的作业，即使不懂，也要尽可能陪伴在旁，看着他去写、去读、去背，让孩子感受家长在关注他的学习，也是一种有效的陪伴。当然在家教育孩子要慎批评、多鼓励。

整整一个四年级，在不断地督促和沟通中，小龙体会到我对他的一片爱心和殷切期望后，他终于进入“亲其师而信其道”的良性轨道了。从我去教室请他来背课文、背单词、讲错题，到他早一些到学校来给我批改前一天的作业，并带着一些小问题来问我，这个被动的孩子逐步主动了起来。经过一段时间的努力，小龙上课表现有所进步，注意力涣散的问题也有改善了，做作业认真起来，字迹越来越工整了，学习的积极性有了明显提高，成绩也开始有了进步，“红灯”明显减少了。在平日里，我也与他进行一些日常的交流和聊天，比如问他班级里最要好的同学是谁，周末或者节假日去哪里玩了，等等，让孩子喜欢和我待在一起。情感的互动也是进步的催化剂，在4B的期末考试中，小龙得了B的成绩，父母和他都很开心。我对他说，继续努力，一定会有更大的进步。

对学生的爱是一种最有效的教育手段，老师的情感可以温暖每一颗脆弱的心。老师要给后进的学生多一些爱，让爱的阳光温暖他们，让爱的雨露滋润他们。每一朵花，都会在爱的浇灌下成长和绽放的！

Is my father brave?

◇杨丽莉

课堂上，我打算带着孩子们一起学习“攀登英语”系列丛书第五级中的故事“This is my father（这是我的爸爸）”。故事讲述的是小主人公的爸爸是位消防员，可是小主人公却十分胆小，不敢做这个，不敢做那个，这样的小主人公的爸爸怎么会成为消防员的呢？小主人公从一开始就对爸爸产生了种种误解，直至最后，他看到爸爸在救火现场的英勇表现而充满了骄傲。

文中有这样一页内容：“Yesterday，I had a fight with a classmate. My nose was bleeding. This morning when my father took me to school，we met the school bully. My father just smiled and said ‘Good morning’. Can you believe it? Why didn’t he teach him a lesson?（昨天，我和同学打了一架，我的鼻子流血了。今天早上我爸爸带我上学，我们见到了那个欺负我的同学，我爸爸居然笑着跟他说‘早上好’。你能相信吗？为什么他不教训一下那个欺负我的家伙？）”作为代表正义和勇敢的消防员父亲，却跟欺负我的“bully”主动打招呼，父亲真的勇敢吗？

而我相信，这位父亲正是因为明白以暴制暴不是最好的解决方式，欺凌者同样需要帮助，需要得到引导，所以他宁愿牺牲自己在儿子眼中的“勇敢”形象，也要弥合矛盾，让儿子和小伙伴能融洽相处。

备课时，我查阅了“bully”一词中英注释：a cruel and brutal fellow，欺凌弱

小者，土霸。有道词典的专业释义中还引用了这样一句：“The bully problem in school is a hot topic worldwide in nowadays psychology study.（学校欺凌问题是当前心理学研究中的一个国际性热点问题。）”各国也都有以“反对校园霸凌”为主题的电影，引发人们深思和重视。

前段时间，我一直在观察和思考身边孩子们的相处情况。孩子们之间每一个不愉快、小争议都看似是嬉笑好玩，但是本来是“晴朗”的气氛，玩着玩着就会“多云”或“阴”，引发冲突和矛盾，其中多半是由于玩笑开过头、言语伤害或身体触碰过重而引发的。有的冲突需要借助老师的力量去平息，有的或许上完一节课后就自然化解了，也有的会由小伙伴们自己协商着解决。

如今在校学生是看着奥特曼，学着天线宝宝、巧虎，读着《查理九世》，打着僵尸游戏（或其他打斗游戏）长大的，他们的言词、动作有许多都是来自对抗游戏中的术语和姿势。在教学大楼的走廊上，我曾听到两位停止打闹学生这样的对话：“现在不打，我没电了，让我充一下电再玩。”

孩子们小小的头脑里装着外来的各种信息，也模仿着他们看到的好玩且刺激的动作和言语，崇拜着他们自认为“勇敢的英雄”。他们阅历浅显，也不懂得如何区分对与错，是与非；他们需要同伴，但不知如何正确交往；他们需要受人瞩目，但不知何种方式可以凸显自己的“勇敢”。

我准备带着这个消防员的故事走进教室，和孩子们一起学习：什么才是真正的勇敢。

当我终于与孩子们分享学习了这个故事，我布置了如下作业：

小伙伴们，今天我们一起来学习新故事“This is my father”，然后请和你的爸爸一起讨论：

1. Every time I need an injection, why does my father always have an excuse to leave?

2. Mother becomes angry, even if Mother is wrong. Why does my father stop arguing and say he is sorry to Mother?

3. My father and I met the school bully, why did my father just smile and say “Good morning”?

4. Is my father brave?

第二天的交流异常热烈，特别是同学们踊跃举手回答“My father and I met the school bully，why did my father just smile and say‘Good morning’?”这个问题。小行说，爸爸告诉他因为校园的争吵和欺凌需要及时制止，而不是以暴制暴，否则只会让这样的事情一而再、再而三的出现在校园内，正常的校园生活就会受到扰乱；阿博说，爸爸知道被欺负的孩子当时一定有许多委屈，但是爸爸主动打招呼是希望通过自己的行动让孩子学会原谅对方的错误，不要让错误的事情继续发生在校园里；小彭微笑着说，她的爸爸觉得欺负别人的孩子也需要同学和老师给予及时的关心和帮助，只有了解欺负同学的原因并采取矫治的对策后，才能真正减少这样的事情发生，爸爸主动打招呼也是希望能接近他、关心他……下课后，小予拉拉我的衣角，羞涩地对我说：“老师，我爸爸的答案有点奇葩，爸爸说如果有同学敢欺负我的女儿，我一定不饶过他。”

孩子们与爸爸讨论后得到的各种答案让我看到了大多已为人父的家长的勇敢、宽容与理解，那是真正男子汉的威信所在. 他们用以德服人的处事态度为孩子作出了耳濡目染、言传身教的榜样。从生活细节着手，从“勿以善小而不为，勿以恶小而为之”的行为习惯养成开始，以良好的家庭氛围，用生活的细节，以敏锐的眼睛，点亮孩子心中的“善”念，正是教育的力量。相信学生在经过不断栽培、修枝、除虫后，会竹苞松茂，茁壮成材。

由“一花”“一沙”所想到的

◇郑　楠

纪伯伦有这样一句诗：“一花一世界，一沙一天堂。”整句诗就是一个对立，抑或说是矛盾。花是“小”的，世界是“大”的；沙是“小”的，天堂是“大”的。那怎么能说“小”就是“大”呢？

是啊，小到夜空中的繁星一点，小到沧海中的一粟，小到机床上的一颗螺丝钉，小到茫茫人海中的一员，无数的“小”存在于人们的目睹耳闻或疏忽无视中，构成了风云变幻的大千世界中的基本元素。

对社会上形形色色的职业来说，我们就是这样一名“小”教师。

作为一个小学语文老师兼班主任，我常会感叹自己的工作特别琐碎繁杂。在语文教学上，我要盯着学生的作业本，细细检查这个字有没有少一笔，那个字是不是点的方向错了，这里漏了标点，那里没有用尺划线。作为班主任，我每天要督促他们戴好红领巾，做好两操，纠正他们的坐姿，谁如果午饭浪费得多，也要及时教育。诸如此类细枝末节般的小事占据了我每天工作的大部分时间。

但是，“小”的确是一切物质的基础。从物质结构的角度分析，一切物质都是由成千上万个原子、分子或离子构成的；从社会构成的角度分析，社会不就是由众多默默无闻的人从事的平凡微小的事情构成的吗？可见，“小”的力量是不容轻忽的。一切善举的源头可能只是一个举手之劳，一切罪恶的源头也可能只是一个小小的谎言。

记得有一次，班里有个孩子小舜向别人借尺，同学不肯，他竟脱口而出了一句脏话。我没有因为这只是一句小小的脏话就轻易放过，而是马上联系了孩子的家长，了解了他平时在家的情况。这才知道，原来小舜的父母平时工作非常繁忙，而他在家里接触最多的是他们家请的一位保姆。偶尔去小区游乐设施那玩耍时，他碰到了几个大孩子，觉得好玩就学起大孩子口里的脏话。因为父母工作忙碌、疏于管教，保姆一味地大包大揽、溺爱放纵，造成小舜同学不仅出口成脏，在学习上也是自由散漫、三心二意、害怕困难。和我沟通之后，小舜的妈妈也意识到问题的严重性，慢慢减少了自己的工作，开始陪伴孩子。也对改变孩子的现状想了一些办法，比如每天检查他的作业，督促他练字，召开家庭会议制定家规等，尽力管教并多多鼓励他。小舜渐渐转变了。当我观察到小舜同学虽然自理能力不强，但却很喜欢排桌椅，能把桌椅排得整整齐齐的优点时，我便当着全班的面表扬了他，还任命他为班级的“桌长”。你别说，他干得可起劲了。下课时，他只要看到谁的桌子歪了，总是主动帮他排好；去上体育课前，他要检查桌子椅子是不是都排好了再走；放学了还不放心，要叮嘱好当天劳动的同学认真排桌椅。同学们都觉得这个“桌长”很称职，他也在师生的肯定中增添了自信，获得了进步的动力。

一句脏话，是一个小小的“恶”；当好“桌长”，是一个小小的“善”。这些似乎都是司空见惯的小举动，但我想正是对这些“小”事的日积月累，串成了一个孩子健康成长的轨迹，成就了孩子“大大”的一生。

“小”有着无穷的力量，而这种力量就在于“聚”。蝼蚁虽小，但成群的蚂蚁也能担负超过它们自身重量几十倍、几百倍的东西；一个人的力量很渺小，但全人类的善举正能却能改天换地、造福社会。“不积跬步，无以至千里；不积小流，无以成江海。”一个“聚”字把成千上万个“小”紧紧地连结在一起，形成一个“大”。我们所说的积少成多、聚沙成塔、积善成德就是这样的一个道理。我想，我们这些“小”教师，不辱使命、日积月累，也就能书写教育的大篇章；我们的学生，善小而为，恶小而不为，就能崇敬向善、自强不息，成就平凡而幸福的人生。

“一花”之“世界”，“一沙”之“天堂”，既富教育的哲理，更具生活的启迪。

Are you happy today?

◇梁　真

作为一个英语教书匠，这句话我几乎天天都挂在嘴上：“Are you happy today? Are you happy learning English?”每当看到学生们笑着回答“Yes!”时，我也感到由衷的快乐和幸福。我的教育故事何在？就从教英语的那些事开始吧。

我曾遇见过这么一位学生，他上课时不喜欢举手发言，学习主动性很差，即使读单词开“小火车”轮到他，也老大不情愿地站起来，眼神恹恹，提不起精神来。旁边同学遂“举报”说：“老师，不要叫他，他不会的。”我纳闷：“刚教的单词，一路重复下来，怎么会不会。来，试读读看！”他这才勉为其难地重复了一下刚学的那个词汇。我耳尖注意到，该生虽然情绪不高，但好在单词读得比较准确，发音也还可以，说明他其实上课时也在听讲，只是也许有些不专心，且不善表达。我试着带有鼓励性质地表扬他一下：“Good!”他这才抬了抬眉，嘴角微扬。不过日子久了，确实也有些费劲，时常前一天不断加大力度刚调动好了他的积极性，第二天上课时又复原如前，自信心似乎总低得很，总感觉英语方面技不如人。直到有次他妈妈来到学校，我跟她聊起平日里他的学习表现，他妈妈直接说：“老师，我们儿子英语不好的，您多费心包涵。”我觉得很是奇怪：“小家伙才一年级，刚开始起步系统学习英语没多久，怎么能说他英语不好呢？”他妈妈坚持说道：“我们家英语都不好的。老师，说出来不怕您笑话，我和他爸那时学的是德文和俄语，英语只能用来看看简单邮件，还要开个金山词霸，他的爷爷奶奶姥姥姥爷更是不会，不行的呀。”我听了连忙说：“您今天跟我说的这些话，可千万别再跟您家儿子说了。他才一年级，每门学科都是从头学起，可不能人为地给英语学习平白无故套上这么个帽子，定下这么个主基调。这样不利的心理暗示，长此以往，即使是个语言学习天才，也会给埋没了。”她听完有些心慌，向我心虚地眨了眨眼睛。我继续说：“您别不信，良性的心理作用有时真的很重要。举个我自身的例子给您听吧，我以前一直觉得‘我数学不好’，读书时数学考试，每次都是老大不情愿地复习，因为本来‘我数学不好’；和同学出去happy，都是自动依靠朋友来算AA平摊的份额，因为‘我数学不好’。久而久之，‘我数学不好’竟成了我的一种固定思维和习惯，有时也变成偷懒的一种借口。直到读大学时有次为班级活动采购，班会费余额不够，需按额度精打细算一番。为顺利完成任务，我这才被逼得发现其实我的数学应用能力还是蛮不错的！继而趁热打铁、发奋图强，经过一番自我挑战和认真努力，在期末微积分课程考试中竟考得了个A。当时的那个兴奋劲儿，觉得自己被数学欺压了多年，终于翻身得平反了。其实现在反思看看，这也反映出了心理暗示的巨大影响和力量。积极良好的心理暗示很重要，所以，这位妈妈，您可千万别在您儿子面前流露出‘我们家英语都不行’这个想法，相反，而是要换句话讲，发射出‘我们家英语你最棒！’这个信号，加大力度鼓励他，激发他信心，给足他动力，从小目标出发，一阶段一阶段的鼓励、扶持，给他注入前进的动力。”她听完后说：“老师，我明白了，那就是要给他积极的心理暗示啦！”我说：“对呀，学习本来就是一件快乐的事情。学习语言，掌握一门新的与人沟通的技能，能更多认识不同的人，了解到不同的世界，那该是件多么有趣的事啊！您和您的先生自己也学习过德文和俄文，应该也有所体会吧。”

可喜的是，这位妈妈听取了我的意见，开始积极配合我，主动和我合作。经过家校合力不断的调节调教，她的孩子现在正每天面带笑容，小手举得高高，抢着回答课堂提问呢！每当我饶有兴趣的问道：“Boys and girls，are you happy learning English today?”他总有滋有味、幸福满满地答道：“Yes！Miss Liang！”

走进孩子的心灵，做孩子们的知心朋友

◇王　迪

2015 年的 9 月，我迎来了 41 位可爱的孩子，开始担任起了他们的班主任。担任班主任工作的日子每天都有忐忑，但也每天都有不同的精彩。我深深地体会到了要成为一个优秀的班主任就一定要走进孩子的心灵，做孩子们的知心朋友。

记得去年 10 月，孩子们升入二年级了，也迎来了一门崭新的课程：学习演奏葫芦丝。这可是我们学校的特色音乐课程呀，而且新年音乐会的时候大家还要一起演奏呢！小朋友们可宝贝他们的葫芦丝啦！可是有一天上课铃声响起时，我们班憨憨的小曹眼泪汪汪地来找我了："王老师，我的葫芦丝不见了！""有谁看见小曹的葫芦丝吗？大家帮忙找找小曹的葫芦丝吧！"可是没有人回答我，小朋友们把教室前前后后找了个遍也没有找到。这可真是奇怪，这么大的一个葫芦丝就这样不翼而飞了吗？"老师，上节课下课的时候还在的，我就去批了个本子，回来就不见了，呜呜呜……"小曹边哭边告诉我。我顿时觉得这事情挺棘手的，于是我询问了坐在小曹旁边的小陈："你是小曹的好朋友，下课找他玩的时候有没有看见呢？""没有，下课时我们在一起玩过一会的，但我没有注意。"小陈快速地回答我。"哦，那有哪个小朋友如果知道小曹的葫芦丝在哪里，可以单独来跟老师说哦。"我并不抱很大希望地说。

等啊等，到了下午依然没有小朋友来跟我说些什么。于是，在无奈和好奇心的驱使下，我去看了监控摄像头，令人吃惊的是，葫芦丝竟然是小曹最好的朋友小陈拿走的。我压抑住自己内心的惊讶，悄悄地找到了小陈。可是不管怎么问，小陈坚持说没有看见小曹的葫芦丝。不得已，我只能说出他是何时拿了小曹的葫芦丝，藏到了哪里。小陈一听，发现老师说得一点都不错，低下了头，承认了自己的错误。可是，这是为什么呢？小陈不是小曹最好的朋友吗？他们俩可是几乎形影不离的朋友呀！带着疑问，我耐心地和小陈聊了起来。小陈慢慢地说起，原来只是因为前一节课下课时小曹跟另外一个小朋友一起做游戏，没有叫上小陈，他心里很不是滋味，觉得自己的好朋友不跟自己好了，想着要小小地报复他一下。听了这样的来龙去脉，我真是好气又好笑，小朋友的心思有时还真难捉摸。不过针对小陈的心理，以及他跟小曹的好朋友关系，我轻轻地问他："你还想和小曹继续做好朋友吗?""想!"于是，我推心置腹地跟小陈讲起了《高山流水》《刎颈之交》等形容美好友谊的古代成语故事。同时，我也语重心长地对小陈说："维护友谊需要朋友间的真诚，老师相信你，让你自己解决这件事情。"我拍了拍小陈的肩膀，对小陈点了点头。小陈对我深深地鞠了一躬，微笑着走向了藏葫芦丝的地方。

放学时，我看见小陈和小曹又欢乐地玩在了一起，小陈还认真地教小曹今天音乐课上的吹奏内容。第二天，小陈一早就走到了我面前，小小的脸庞认真地对着我，大声地对我说了声："谢谢你，王老师!"我真为他感到高兴，也为自己这一次的处理智慧和艺术而感到高兴。

从这件事上我深深地感悟到，要了解孩子，理解孩子，善用自己的行动去爱学生，走进学生的心灵，成为他们的知心朋友。俄国大教育家赞可夫说："当教师必不可少的，甚至几乎是最重要的品质就是爱学生。谁爱孩子，孩子就会爱谁，只有用爱才能教育孩子，只有给予孩子爱，体会到被爱之乐，他们才会学着去爱别人。"

一个“只生活在自己世界里”的学生

◇姚　慧

“你班的××同学怎么回事？怎么会有这样的孩子？我教了这么多年也没碰到这样的孩子，你还管不管？”还没等我弄明白是怎么回事，任课老师又说道：“上课他不听就算了，还要冲上讲台夺我手里的东西。”我一下子就知道又是他惹事了。

我的班中有位特殊的学生，他只生活在自己的世界里。不管在任何地方、任何场合，只要他高兴了就大声地笑，有时还会冲上讲台去拿老师手中的东西，或是在黑板上乱涂乱画。这种情况不是一天两天了，给我们班中的所有同学都造成了极大的困扰，家长的意见也很大，纷纷要求学校和老师拿出强有力的手段来处理这个孩子。对于我这样一个新接班的班主任而言，这无疑是一个极大的挑战，找到一种合理方式来改变这种情况成了当务之急。古人有云：“知己知彼，方能百战不殆。”为了更好地管理，我必须对他的情况有一个全面的了解。于是我先从其以前的班主任、任课老师、同学身边了解情况。无一例外，所有的信息都是负面的。大家众口一词：“这是一个无法沟通、无法教育的孩子。”大家之前也采用了许多办法，但对他都是无效的，所以大家都希望他能离开这个班级和学校，找一个适合他的学校。

为了能对他有一个更全面的了解，我连续做了几次家访，家长感受到了我的诚意，终于全盘托出了实情。其实这是一个患有自闭症的孩子，家长早就发现了这个情况，也很重视，全国各地找了不少这方面的专家，可是就诊的情况并不理想。家长也知道自己的孩子给大家带来了不便，影响老师教学，影响大家学习。他们也很无奈，也没有办法改变这种情况。我也大胆提出了我的看法，询问他们有没有可能去一个属于他的学校，这样可能对于他的成长更好。听到这些话，他妈妈拿出了就诊报告给我看，是在这方面最权威的教授的诊断，其中有一句话是这样说的："他的情况不算特别严重，有可能在一定的时间里会有较大的好转，前提是要在一个正常的群体里。"看到这里，我才明白他父母为什么坚持要让他在这里就学，因为这里有希望啊！作为一个老师，我怎么忍心去抹杀他们的希望呢？我一定要通过自己的努力去改变些什么。

于是我周详思考后制定了一个教育方案：

1. 取得他父母的同意后，把他的一些情况告诉同学和家长，让大家了解实际情况，取得大家的谅解。

2. 教育学生：我班是个大家庭，每个人都是不可缺少的，谁有困难，大家就要一起帮助他，共渡难关。

3. 仔细观察他，看看他有没有闪光点，有没有特别的地方。

4. 要求家长要勇敢面对他的情况，积极配合老师来解决他的问题。

说做就做！通过努力，我们终于给他创设了一个比较宽松的环境，大家都把他当作自己的同学，愿意帮助他了。很明显，他也比以前更高兴了，有时也能听听大家的话了，这是个可喜的变化。

更可喜的是通过观察，我发现了他的几个明显的特点。他的记忆力超强，简直能上"最强大脑"了，上帝给他关上了一扇门，就会为他打开另外一扇窗，这当真不错。你无论说一个什么日期，他都能说出是星期几，更厉害的是，只要他看过、读过的句子他都能清晰地记得在书的第几页第几行，这是一个天才的大脑。发现了这一点后，我连忙让他给同学们展示，也告诉其他老师、家长，大家一下子都对他刮目相看了。他自己也发现有更多的人喜欢他了，也更愿意听别人的话了。

更有意思的是，我发现他超爱在黑板上画画。黑板是孩子的禁区，那么，是不是能对他开放，开放的时候又能有所控制，通过控制来改变他的行为呢？我决定试一试。于是我用彩色粉笔在黑板的一角画了一个区域，给它起了一个名字，叫"××画画区"，这个地方只能由他来画。看到这个画画区，他可高兴了，好像是中了大奖似的。但是我也给他提出了要求，告诉他这个画画区可是会变化的，表现好，画画区会更大，表现不好，则会变小，他完全接受了我的方案。没想到他很快就进入了角色，把画画区画得满满当当，当他控制不住自己时，我和同学只要说上咒语"画画区要变小了"，他马上就能安静下来。有时，课上他忍不住犯了错，我把区域变小时，他那伤心劲儿别提有多厉害了。通过这一区域来控制他的行为，竟然取得了奇效，我心里别提有多高兴了。我这个新班主任也因为此举在家长和学生中树立了威信。班级很快就走入了正轨，所有工作都能顺利开展了，他的父母和我也成为了朋友。

如今，这个孩子已经毕业了，可是当每个节日他来问候我的时候，我的心总是久久不能平静，因为我知道他的成长有多么不容易！教育因学生存在着千差万别的特性而倍感艰辛，当我们真正面对那些特殊的孩子时，又总会因最终把他们变得知书达理而尤为欣喜。由此，我似乎也懂得了，教育的目的不只在于传授知识，更在于走进学生的内心，发现他们真正的需求。教师是人类灵魂的工程师，也许，这就是教师的使命吧！

“巧”处理回馈的新收获

◇李　洁

有一年寒假，我带领学生去美国参加为期 12 天的游学活动，在第三天的早上，有同学向我反映，这两天小牟同学晚上玩 iPad，经常玩到凌晨一两点才睡觉，而且还引诱同住的两个同学一起玩，让这位想准时睡觉的同学深受其苦。

听到这个消息，我大吃一惊。小牟同学是五年级的一名优秀中队干部，他学习成绩名列前茅，交往能力、工作能力强，他早已考出钢琴十级、英语三星级，还被评为上海市第九届“金爱心”学生，一直以来担任学校红领巾“乐乐电视台”小记者团团长。这样一名老师眼中的好学生怎么突然与之前判若两人，不按时睡觉，甚至还影响别人休息？带着心中的疑问，我找到和他同玩游戏的另一位同学了解情况。这位同学不但没有意识到自己所犯的错误，还对小牟同学大加赞赏：打游戏很在行，英文很棒，还在生活上热心帮助同学。这也令我大吃一惊！但无论如何，自己不睡觉还要影响他人的做法肯定不对，游学才三天，作为带队老师，我决定找他好好谈一谈。

谈话得进行很顺利，最后我们达成一致：为了让大家晚上都能休息好，晚上 10 点必须将 iPad 交给我保管，早晨再还给他。果真，到了晚上，他主动把 iPad 送到我房间里，临走时还叮嘱我一定要帮他充好电，明天乘车无聊时好继续玩。我爽快地答应了，并暗自高兴，看来这一招还挺管用，今晚肯定很太平。

谁知，第二天早上同学又来告状了。“李老师，小牟昨晚又很晚才睡觉。”“iPad 我已经收掉了呀！”还没等他说完，我便插了一句。“是呀，您收掉的是 iPad，可他还有 iPhone 呀，他们又玩到 12 点多。今天早晨不起床，是被我拖起来的。”天啊，我似遭当头一棒！真是防不胜防，他太厉害了，应付我的招数真多啊！但我马上意识到即使我收掉了他所有的电子产品，这个聪明的小子仍有办法对付我。这不是解决问题的办法，看来真要动动脑筋费一番思量了。

头脑聪明、成绩优异、精力旺盛、乐于助人、沉迷于游戏、不想睡觉，第一次离开父母在国外生活，想尽办法应付我对他的管教——我脑海中出现了一连串对于他的印象。再想想自己，怎么从老师变成“贴身管家”了？师者，传道、授业、解惑，我应该是学生的引路人，学生的问题还是要他自己来解决，我应更多给予他思想上的引导，而不是简单的没收。我平稳了情绪，整理了思绪，再一次找到了他。

“你们的作业很快就完成了，晚上没有电视看，的确是很无聊，还是你想得周全，带了 iPad 可以暂时娱乐一下，被我收掉了还有 iPhone。你还有什么好东西啊？也借我玩玩吧！”我说道。

“老师，你不会把我仅有的 iPhone 也收掉吧？你千万不要告诉我爸，更不要告诉卢老师（他的班主任）。”

“我不但不会说，还要把 iPad 还给你，今天晚上也不必送来了，我不是你的贴身保管员”。

“真的？”他有些迟疑地看着我，“李老师你生气了！”

“是的，我很生气，先不说你的事了。帮我两个忙怎么样？”

“没问题！什么事？”

“小 T 口语不好，我担心结业式上他的演讲有问题，你帮他看看稿子，利用晚上的时间帮他纠正读音，直到演讲顺利通过。毕竟他很崇拜你！”

“没问题，英语是我的强项，这点事情小意思。还有呢？”他爽快地接受了我的第一个请求。

“有几个同学早晨不能准时起床，你负责所有男生房间的叫早，带他们准时去餐厅吃早饭。毕竟你是五年级的大哥哥，老大就要有老大的样子！”他虽有些迟疑，但是被戴上了“老大”这个高帽子，也只能勉强答应了。

“没有别的事了吗？”

“没有了。”我忍住火气没有再次批评他。

又是一个新的早晨，那位同学没来告状，几位赖床的男生比我先到餐厅，他们和“老大”正排着队在有序地选自助餐。看来，我的方法奏效了。我向他竖起了大拇指，他的脸上洋溢着自信的笑容。中午我问他：“小 T 有进步吗？”他摸着头说：“很多单词他都不会，要想通过演讲还要恶补啊！”“人家都说你聪明，那你说说看为什么我要你帮我这两个忙？”他狡黠地笑了：“不说了吧！我全明白!”

“不，我要说。你是一个优点多于缺点的孩子，谁都会犯错，但如果犯了错误还没有意识到那就可怕了。第一个错：不按时睡觉，沉迷于游戏，伤害了身体。第二个错：引诱其他人和你一起玩游戏，还影响了他人的休息，以致早晨不起床，即损人又不利己。第三个错：犯了错，我给你了一次改正的机会，但你没有接受，继续犯错。”对于我说的三个错，他都认同。我趁势引导：“出门在外，和许多同学老师在一起生活，大家要相互尊重，相互帮助，相互理解，不能为了自己一时的兴趣而影响了他人的休息。而且我们是来游学的，在游览风光的同时还要加强学习，遵守纪律。白天上课并不轻松，晚上要尽量早睡，这样才能保证第二天上课能精力充沛。”他连连点头，很认真地听着，没有一句狡辩的话语。在之后几天的行程中，他继续发扬“老大”的风格，主动帮大家做些力所能及的事。虽有时顽皮，但透出的聪明劲儿让大家都喜欢和他在一起。

老师眼中的好学生、同学心中的好榜样有时也会犯错。在学校里被“好学生”光环笼罩的孩子，一言一行更会受到别人的关注，所以他会表现得更加积极，尽量隐藏自己的小缺点。当离开了父母和班主任的管教，独自和陌生人或其他年级的同学生活在一起时，他便会有所放松。毕竟只是一名五年级的小学生，其自控能力是有限的。对于小牟这样的好学生在外所犯的错误，粗暴的批评和简单的处理不会奏效。精力旺盛、鬼主意多的他反而会更加得意、兴奋，或者逆反、对立。教师对学生的爱虽是无私的，但他如果不能接受你爱的方式，那就是徒劳。只有真正了解了学生的个性，走进他的内心，巧妙处理问题才能达到解决问题的目的。本案例中的“巧”，在于把解决问题的方式进行了优化，充分借助小牟同学身上的特长优势，转化为助人为乐的能量，让他从中反思自己的不足，在自我教育中约束自我，展示自我。既让他无心玩游戏，又促使他热心帮助同学，可谓一箭双雕，以此带动同学共同进步。当然，教师事后对他进行的教育不可或缺，这是他自我反思、自我教育的“钥匙”。此事的巧妙处理，使我和小牟都有了新的收获。

作为教师，我们在遇到问题时不能急火攻心，急于下定论，急于去处理，而应静下心来做客观分析，寻找巧妙的处理办法，既让大家都能接受，又能达到理想的效果。在日常工作中，我们多变换一些教育的方法与手段，多变换一种谈话的方式与技巧，常会有情理交融的喜悦和由此回馈的新收获。

嗨！胖子！

◇董刘虹

最近学校开展了一年一度的体育节活动，为此各班都利用体育课时间抓紧练习，争取获得一个好成绩。这节正好是四年级某班的课。上节课我宣布了这节课上我们会选拔“五人六足”的参赛人员，各参加选拔的小组已经摩拳擦掌跃跃欲试了。

我扫视了一遍参赛队伍，目光停在了小纪那一组。他们那一组有一个上海市跆拳道冠军，有一个组织能力很强的班干部，有两个班级中50米快速跑的领头羊。我心中暗想冠军也许就是他们了。

这时我突然听到有人提问：“老师，我们今天选拔是采用什么赛制？是一局定胜负？还是三局两胜？”我转过头去一看，原来是他——“胖子”！记得有一次我看着他，喊了半天还是没有喊出他的名字。反倒是他说：“老师，没关系。你记不清我的名字，就直接喊我胖子吧。我肚子那么大，容得下！”说完后，他摸着肚子憨厚地对着我笑了笑。从那次开始，我有时急了就喊他一声“胖子”。

我看着他，对全班同学说：“我们一局定胜负，怎样？”同时心中暗想：“不用比啦。肯定是小纪他们组获胜啦。”接着我请各小组做好准备。“预备，跑！”随着我的发令，小纪他们那一组一马当先，快速跑出。可同时随着整齐的一声声“一二一二”的口令，只见胖子那一组整齐快速地跑着，刹那间，有超过小纪那一组的势头。突然，小纪一组一个同学趔趄了一下，胖子组终于超越了小纪组，第一个到达终点。我难以置信地看着他们，心中想着：怎么可能？怎么会？

伴着胖子他们的欢呼声，看着气急败坏的小纪，我定了定神说：“同学们，为了能确保班级的最好成绩，我建议我们用三局两胜制好不好？因为这一次第一名的优势不是很大，不如再来一次？”我缓缓地把目光放在了胖子那一组，询问着他们。“嗯，可以。老师我能理解。我们有实力，不怕再来一次。”胖子挺直了腰杆，斩钉截铁地回答我。我心虚地笑了笑，说："好的，好的。我们再来一次，各小组准备。预备，跑!"

这一次，胖子他们组还是喊着他们整齐划一的口令，快速稳健地跑向了终点，而小纪组在中程的时候又有人摔倒了。"耶!"再一次地，胖子他们用自己的实力证明了自己。"老师，还是我们，三局两胜的话也是我们，我们都赢了两次了。"

"是的，是你们。你们真的太棒了！你们用自己的实力，用团队的力量，为你们自己赢得了成功。我很惭愧，一开始，老师也没有看好你们，还偏袒小纪他们。但是，你们用你们的行动给老师上了一课。特别是你，'胖子'，你真棒!你告诉了老师，一个'胖子'也能是体育健将。一个'胖子'也能获得冠军。只要付出努力，我们都能获得成功。谢谢你!"最后，我对他说："以后我都叫你'胖子'，好吗？没有其他意思，只是想告诉老师自己，'胖子'也能是冠军。""老师，我一开始就说过啦，你就喊我'胖子'吧，我的肚子那么大，容得下的!"说完我们相视一笑，我又大声地喊了一声："嗨！胖子!"

当钱包丢失后……

◇奚秀英

一天放学后，我正在办公室批改作业，班里的小 X 同学心急火燎地跑进来报告：“老师，我的钱包不见了，里面有 40 多元钱以及一张 100 元的交通卡。”我顿时紧张起来，因为毕竟这样的事情发生在班级内，是极其不光彩的。

我第一个反应就是：什么时候发现丢了的？还有谁在旁边？可当时是放学时间，孩子们都已经回家了，也问不出个所以然来。

当时，我就给小 X 的妈妈打了一个电话，孩子的妈妈有些急，就随口说了一句：“是不是这样的事情班级内挺多的？”我当时也比较尴尬，因为发生这种事情，我首先就不好过，也会主动归结为班主任的责任。可我当时还是坦然解释道，不是像她想像中的那样，孩子们大部分还是纯真的。

但是，我的心里总有些疙瘩。以后的几天，我很郁闷，整天在想为什么那个同学会把小 X 放得好好的钱包拿走呢？是看中钱包的外表漂亮，还是真的想偷钱？我觉得还是前者的可能性大一点，因为我感觉我对我班的孩子们还是比较了解的。

后来，我想到可以让他们用写的方式承认这件事情，这样既可以保全这位学生的面子，又能够查出来，不是挺好吗？而且我想到了以前心理学上学过“房树人”的测试方式，两种方式双管齐下，应该管用。

于是，隔天，我给每位学生发了一张白纸，并把这件事情的来龙去脉非常严肃地讲了一遍，孩子们一个个都神情严肃起来。接着，我让他们在纸上写一下对这件事情的看法，如果谁拿了钱包的就主动承认，并且我保证不会让其他任何人知道。

孩子们开始在纸上写着，教室里十分安静，几乎可以听到孩子们沙沙的写字声。在写完之后，我让他们把纸翻过来，按自己的意图画上“房树人”。孩子们埋头作画，气氛沉寂。

过了一段时间，我看他们都写得画得差不多了，就开始收纸了。我收每一张纸的时候都十分小心，因为里面的字句对我来说非常重要。我真希望其中一张纸上会写着我想看到的答案。

一节课上完了，我揣着这些纸迫不及待地走进办公室。初查了一番，竟然没有一个人承认自己拿了这个钱包。我不禁有些失落与震惊。

随后，我又一次仔细观察了孩子们画的画，从中发现了一些问题。

那天傍晚，小X的妈妈来到了办公室，向我汇报了一个重要情况，说当时看到过这个钱包的只有一个人，而当她和孩子说出这个名字时，我感到非常惊讶，我说："任何人都有可能，而且也不能仅仅因为这点而怀疑人家。"我让孩子和家长不要再声张，我会注意这个孩子的状况的。

事情就这样暂告了一个段落。

元旦后的第一天中午，我在办公室里，突然小X和另一个学生跑了过来，她们激动地说："老师，钱包找到了，在小广场的下水道里。里面缺了20元钱。"我也是一阵激动，想了想，说："通知全班马上进教室，老师有话要讲。"我顺着孩子们的指引，来到了钱包被丢弃的地方，其实那个地方非常显眼，早上我们做操的时候还经过过，估计早上没有放置钱包，不然那么多学生早就发现了。

我走进教室，慎重地向大家讲述了这个钱包失而复得的经过，讲了自己内心的感受，我也对这位同学能够鼓足勇气把钱包还出来表示赞赏。然后我再次申明，我们班级的同学纯真守信，我的这个判断还是正确的。

最后，我让大家对此事发表意见。在各抒己见的过程中，我也引导学生朝着好的方向去看问题，要借此机会让孩子们有一个正确观点。

我对大家说，这位同学并不想偷钱，只是看到这个钱包很漂亮，就顺手拿了，然后看到里面有钱，也正好有急用，所以暂时用了，我想等他攒够了另外的20元钱，也一定会通过某种方式把钱还回来，这样他才会不再愧疚。

晚上，小X的妈妈打电话来表示感谢，她表扬我很有办法。我想，其实不用谢，我也没有用什么办法，我只是怀着对孩子们的信任并用了一种怀柔的方法，结果表明我的方法还是可行的。

当然，找钱包还可以动用一些高科技的手段，但是我是用春风化雨的方式破了"案"，这样效果更好。我们所从事的是点燃心灵之火的育人工作，需要情理、智慧与艺术。

规则育人，信任励人

◇沈雨清

有人说："学生的心灵是一块神奇的土地，播上思想的种子，就能获得行为的收获；播上行为的种子，就能获得习惯的收获；播上习惯的种子，就能获得品德的收获；播上品德的种子，就能获得命运的收获。"我很赞同这样的说法。老师，不仅在传授知识，更在传授做人的道理。

现在的孩子基本上都是独生子女，家长们大多对子女的教育比较重视，孩子们几乎都有机会发展个人的兴趣，如音乐、绘画、表演、体育等，家长们愿意投入金钱请家教悉心教导，他们也比较能接受快乐教育、素质教育的理念，希望孩子们在小学阶段全面发展，快乐成长，培育个性。然而，社区里也有不少家庭因为父母工作比较忙，没有时间陪孩子，基本上是交由爷爷奶奶或阿姨来照顾，这些孩子往往比较任性，时间管理、规则意识相对较差，在学校的课堂上，很易露出犟头的习性，让老师比较头疼。

我班上有一名小张同学，他的父母常年在外地工作，他和他的外婆在上海，但外婆仅能照顾他的生活起居，对于学业，她帮不上任何忙，而在外婆心里，宝贝外孙的首要任务就是学习，什么家务都不用干，只要专心学习，就大功告成了。但是，这孩子的学习成绩却总是在班级倒数几名。经过我的观察，这个孩子在课堂上很难集中注意力，他对于自己感兴趣的部分能专心以对，然而对那些需要动脑筋或者是要花工夫的事情，例如背课文、背单词、错题订正，他往往不能用心认真完成，很容易走神开小差，更糟的是他开小差时还搭上同桌或招惹一下前后的同学，影响课堂记律。我认为小张问题的主要原因是他还没有建立规则意识，家庭中过于自由的空间让他觉得自己很重要，而他在群体中没能顺利转换角色，还是以自己的喜好判断作为行事的唯一标准。看来我首先要帮助他建立规则意识。

建立规则意识最好的方法就是以身作则，言出必行，从身边的小事做起。那天放学时和往常一样，同学们以班级为单位集合后排队下楼到操场整队，和老师同学说再见后再解散队伍。操场边站满了家长，那天天气很热，同学们下楼后，三三两两地走在一起，小张同学还和其他同学聊起了天，同学们有的把脱下的衣服拿在手里，一边走一边甩，整个队伍看上去松散拖沓好像是打了败仗的散兵。我叫停了队伍，在操场上重新整队，问孩子们："热不热?" 他们回答："热""想不想回家?""想""想早回家得靠自己，老师也很热，但老师没有衣冠不整，老师陪你们站在这里，什么时候我们的队伍像队伍了，我们再解散。"之后，队伍里有的同学重新整理好了衣服，但小张同学依然故我，歪着身子站在队伍里，似乎是在挑战这条规则，看我能坚持多久。队伍在操场上站了几分钟，也许是十几分钟，小张同学终于明白这样下去不划算，这个规则是不会改变的，他规规矩矩地站好了。第二天，我请小张同学做值日班长，带领队伍放学，并告诉同学们，规则没变。这天，小张同学站得笔直，口号响亮，整理队伍时忙前忙后，要求同学们排整齐。随着角色转换，小张同学似乎也变了一个人。

作为班主任老师，我希望我们班的同学个个都很优秀，但孩子们不可能个个都是学业上的尖子、运动场上的冠军，或是画家、音乐家。我能做的是提供公平的机会，在遵守公共规则的前提下，多给孩子遵从自我意愿的机会，自由展示自己。学校每年举行一次国际文化节，去年我们四年级承担的研究课题是亚洲的服饰文化，我们班具体展示的是中国的服饰文化。同学们需要准备小报、演讲稿，并进行演讲。为了给全班同学参与的机会，我们把中国历史进行分割，全班同学分为若干小组，每个小组负责一个历史时期。这样做是为了让每个孩子都有具体任务，并做好分工合作。分工的那天，孩子们自行决定自己做什么，他们热情高涨，连平时最安静的孩子也主动承担了任务。到了表演的那天，孩子们拿出的ppt资料和图片非常丰富。很难想象四年级的孩子能够用学校教授的电脑知识，利用网络的资源制作成这么精美的作品。到了演讲那天，几个孩子穿上不同朝代的古装进行介绍，也让在场观众赞叹不已。其实，值得一提的是，那天上场的同学中有两位同学平时非常内向，是第一次登台。我不知道他们是如何被他的小组考量选择出来的。但是，对他们自己，我觉得是难得的历练与体验，也许，从这次开始，将来他们会成为口若悬河的演说家呢。舞台不仅仅提供给优秀的人，也提供给遵守规则、知难而进的人。我们也该为另外一些孩子打开一道锻炼自我、挑战自我的进取之门。

让教育过程有故事

◇龚春燕

说起班主任这个工作，相信我们每一位班主任都有同样的感受：痛并快乐着！是的，痛是客观存在的，但这份痛并不影响我在这个岗位上收获快乐！作为一名班主任，我总是要使出浑身解数保证这50平方米的教室里不出乱子，也要变着法子避免我和48个孩子之间产生心理距离。对于孩子们来说，校园生活不应该是单调乏味的，在学习之外，还应该有更多的色彩来调和。在教育中，我喜欢有故事的育人过程。有了故事，教育就深刻了，效果也明显了。

上个学期，为了杜绝班级中的追逐嬉闹现象，我在班上宣布：除了班上两名行规督导员的巡逻，我还安插了几个“间谍”，密切关注大家的一举一动。我也会隔三差五，点上几个顽皮孩子的名字，让大家深信“间谍”的存在。时间一久，班上机灵鬼小朱看破了玄机——没有“间谍”那回事儿。他还到处拆我台，逢人便说，“间谍”根本就是无稽之谈，是老师用来唬人的。后来我逮到了一个机会，那天我外出，临走前特意把小朱叫到一边委以重任——做我的“间谍”。“临危受命”，小朱的激动劲就甭提啦！傍晚，我才回教室，他就当着同学们的面迫不及待地读起来了黑名单。同学们个个目瞪口呆，随之恍然大悟：原来小朱说老师没安插“间谍”是故意的，其实他就是个“大间谍”。那一刻，小朱才发现很难再和同学们解释清楚，只能顺水推舟，露出自己演技好、潜伏深的得意神情。而同学们也深信“间谍”的存在，一度陷入了排摸“间谍”的猜疑气氛中。当然，之后的好长一段时间，班级中追逐嬉闹现象收敛了。期间，不时地有男女同学争抢着早晨第一个到教室，到我这里来申请“间谍”的职位。周记本上也出现了以校园生活为题材的间谍主题文章，因为来自于生活，这些文章读来尤为精彩生动。我们班的小邓同学写的《班级谍报活动》，情节跌宕，文笔幽默，充满童趣。

俗话说，三岁一代沟，到了四十不惑的年龄，我和十岁的孩子相处在一起，和他们之间就存在十条沟，这可以叫做鸿沟了。要让孩子们对你一直有期待，让每位孩子在这个集体中保持一颗永远向上的心，就要不断改进自己的管理，创新“故事”的内容。记得这届学生刚入学时，班中一个叫小夏的同学从小酷爱看书，却因为落选了图书管理员这个要职位，而对上学很抵触。同样做老师的妈妈把孩子的这份失落告诉了我。我进行了思考：其实班上一定还有这般认真执著的孩子，有展示自我的这份渴望，却因为不善于表现自己而无法服务于班集体，那样可能会伤害孩子的自尊心。于是，我在班上推出了个人积分制。每学年一总计，产生 12 名年度明星。而上了年度明星榜的同学可以享有在班干部竞选中即使票数稍有不足也能当选的特权。这样一来，那些各方面表现都不错，唯有自我推介能力欠佳的同学也有了担任班干部的机会。实践证明，这些同学在之后的任职中，也确实胜任了自己担任的职务，得到了更多的锻炼。上个学期，我又把这种个人积分制度改成小组的团队积分制，6 人一组，共分成 8 组。每月积分前三名的小组有特殊待遇，可以有中午去操场自由活动的机会，或者享有假日免作业的特权。这样一来，课间的组内成员大讨论便是常有的事儿，到底享用哪个特权呢？如果选择去操场疯一疯，那么到底哪一个午间才合适呢？除了客观的不可抗拒的天气因素外，还有诸多的不定因素困扰着大家的行动，所以，即便获得了这样的特权，如何选择和实施又成了让组员们头疼不已的事。有的小组甚至手中牢牢握有多个特权，但到学期结束还未等到一次合适的撒野机会。虽说是这样，但是小组成员明白一荣俱荣、一损俱损的道理，在各位组长的带领下，积分行动仍然进行得如火如荼。于是，又有了很多的故事。班上小钱写的一篇《我们组的“恶魔”》，讲述的是他们一组为争取每月的前三名名额，“恶魔”组长和组内的“拖后腿”大王之间的一场较量，文笔幽默诙谐，充满了少年成长的气息。之前小钱担心自己的文字会让某些同学不高兴，而事实上，文中的原型，即使是被批评的人物形象，也非常喜欢小钱入木三分的刻画。

最后，我想以下面的这段话和大家共勉：我无法阻止自己容颜的老去，但作为班集体中的一员，我一直要求自己有一颗永葆青春的心。我志愿用自己的童心、真心和爱心进入到孩子们的成长故事中去，演绎自己的教育故事，完美我们的教育生涯。

因材施教，静待花开

◇郑　华

孩子是有个性差异的，每个孩子的个性特点都是不同的。我们该如何教育他们，帮助他们成长？孔子云“因材施教”，至今仍是教育真谛。接下来，让我叙述几个故事吧。

故事一：发现孩子特长，尽显其才

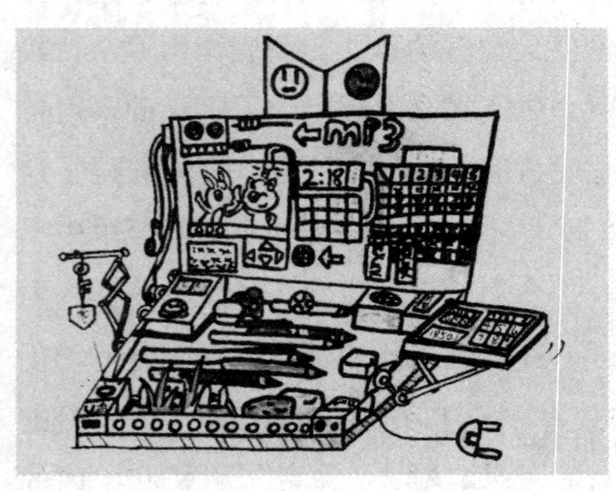

我的班上有个很会画画的小女孩，每每看到她的作业我都会不禁赞叹。她画的画形象生动，整体画面漂亮，而且她的画面有很多同龄人甚至比她大的孩子都无法观察到的、表现好的细节。如，有一节课要设计一个多功能的文具盒，她设计的文具盒不仅有显示屏、mp3、课程表、文具分隔收纳等多种功能，还根据不同功能采用了不同形式的按钮：控制音量大小选用了拉杆按钮、旋钮，播放开关用按压式按钮，还有伸缩折叠杆、电线、螺母等各种不同的小零件来表现文具盒的构造细节。整体可谓选用得当、设计精妙。让我不得不惊讶感叹，她是具有观察力和想象力的孩子！这正是绘画所需具备的天赋、特质。

当我发现她是一个很有绘画天赋的小才女，但又缺乏自信时，我开始对她进行了有针对性的指导。

做法一，指导她的原创作品。在一节美术课上，我让学生画四格漫画，她画

的是一只被关在玻璃瓶里的小蚱蜢，小蝴蝶看见了它，用一根小木棍撬开瓶盖，把小蚱蜢从瓶子里拯救了出来。她的故事很有巧思，情节新颖，最后还标注这是利用了杠杆原理。我指导她，漫画中不仅人物的样貌要保持一致，主人公小蚱蜢在四幅图中所反映的不同心情：哀伤、求救和被解救后的高兴，表情要表现到位，还应为作为背景出现的太阳公公设计与情节相关联的四个表情，这样的细节描绘能使得漫画更加耐看、有趣味。

做法二，我鼓励她平时多多观察身边的事物，画一些写生画作积累。她十分聪明，懂得很多知识，我也鼓励她多看感兴趣的科技类书籍、视频，也布置她画一些命题画。

做法三，鼓励她参加比赛，获得成就感，增强自信心。一旦有比赛任务，我就让她去参加，她一开始表现得不太自信，说：“山外有山，人外有人，外面参加比赛的牛人很多！”我鼓励她：“老师觉得你也是一个小牛人呀，不试试怎么知道呢？有机会参加现场比赛，能去外面开开眼界多好！”在我的鼓励下，她答应参赛，我们便根据比赛主题，一起出谋划策，我鼓励她要发挥自己的特长，一定要把自己丰富的知识和想象力表现出来。经过一次次的绘画比赛和锻炼，她的比赛成绩越来越好，多次在市、区比赛的比赛中获奖（第 29 届浦东新区青少年科技创新大赛科学幻想绘画 小学组 一等奖；2014 年浦东新区青少年科技竞赛和科普活动世界海洋日之海洋文化创意展 二等奖；第 29 届上海市青少年科技创新大赛 少年儿童科学幻想绘画 三等奖；2016 年上海市学生艺术单项比赛 银奖）。

经过了一段时间的培养，多种题材的机会，她的天赋与潜质得到充分的发挥，在班级和学校中尽显她的艺术才华，在提高绘画能力的同时也增强了她的自信心。

故事二：鼓励孩子成长，静待花开的声音

去年开学时，我被调到一年级上课。一年级的小朋友们对美术学习的兴趣高极了！每次讲完课，小朋友们就兴奋地拿笔在纸上涂画，还很主动地与我分享他们的想法，如此情景令我十分欣喜。但是，在乐学的氛围里，我却发现班级里有个小男孩安静地坐在角落里，两手撑着脑袋，迟迟不动笔。我走上前去，看到他面前还是一张白纸，我伏下身问："你为什么不画呢?"小家伙回答："我不会画。"只见他白净稚嫩的小脸略带怯怯的样子，我鼓励他说："没关系，很简单的。你会画圆吗?"他说："会，但我画得不圆。"我说："没关系，你画一个圆看看。"他画了一个圆，果然如他自己说的那样，他幼小的肌肉还没有发育完善，即使他只画了一个非常小的圆，也有点歪歪扭扭的，我继续鼓励他："挺好的呀！你再往上加点什么吧！"加一根直线变成一个棒棒糖，加一根弯弯的线变成一个气球，加一对眼睛、一个嘴巴和四肢变成一个小人……他觉得有意思极了，慢慢地，他画了满满一张纸。我又给了他一张纸，在我的启发下，他把各种简单图形都填画成了一些生活常见的小物，歪歪扭扭的线条显得格外稚趣可爱。后来的每一节课上，我都会特别关注一下这个文文弱弱的男孩，虽然他画的线条还不是那么流畅有力，颜色也涂得不是那么均匀，但他终于肯动手画了，不怯懦了，也会跟着大家的节奏参与每节课的主题绘画了。看到他的作品有进步时我会在全班同学面前表扬他，学期末的时候，他告诉我他喜欢美术课。

在成长的过程中，孩子们的发展速度有快有慢，心智和生理都是如此，这是人的发展的差异性所决定的，年龄越小的孩子差异越明显。当他们到一个集体中学习，有了比较后，成长慢一些的孩子往往会觉得自己不行，倘若不及时引导，他们便会不肯动手、惧怕困难、缺乏自信心。为此，我们教育者一定要因材施教，给予不同个性特点的学生，特别是学困生、行偏生充分的鼓励和帮助。"画得很好呀!""你有进步了!""相信自己，你一定能画得很好!"……当给予他们鼓励和肯定回答时，他们会变得自信，敢于去尝试，逐步走向成功。孩子的成长是一点一滴累积的，作为教育者要细心教导、真心呵护，静待花开。个性有差异，开花有早晚，在某天不经意的时候，那些迟开的花儿定会给你一个意想不到的惊喜。

太阳和北风比赛的启示

◇石　青

【案例叙述】

昨天布置的作业全部空白，一题没做。不用查，作业本的主人肯定是小叶。说起这位学生，我不由长叹了口气，作业不做那可是他的家常便饭，每天一到学校，语、数、英老师排着队找他补作业；对于老师的教导他总是左耳进右耳出，屡教不改。真想把他揪过来批评一顿，可想起他那无所谓的表情，批评还有继续的必要吗？放学后我将小叶请到了办公室。

我对他说，今天老师想和他说一则老师小时候听到的寓言故事。一天，有一个行者在赶路，太阳和北风看见了，它们俩打赌，看谁能够使行者脱去裹在身上的厚厚的棉衣。北风用呼呼的威力吹着行者，想让大风吹开行者的棉衣，可无论北风怎么样地吹，不但没有吹开、吹走行者的棉衣，反而使行者的棉衣裹得更紧了。此时太阳来了，它用温暖的阳光和煦地照在行者的身上，行者越走越热，不知不觉地脱去了身上的棉衣。不言而喻，太阳胜利了。我问他："知道老师为什么要说这个小故事给你听吗？这则寓言告诉我们，用阳光的温暖来使行者脱去棉衣，远远比用北风的猛力吹去行者的棉衣强多了。对待你身上的缺点，老师很着急，因此有时可能像北风一样，但现在我想选择做太阳，你愿意配合老师努力改掉身上的缺点吗？"这是小叶没有预料到的，他也向我袒露了他的心声："爸爸妈妈老是吵架，还说要离婚，说都是因为我学习差，没救了，要把我送回老家。我很不开心，我学习好不好也没什么意思！"看来小叶父母的关系及对待小叶学习的态度和错误的方法给小叶带来了很大的心理压力。"听上去你很想爸爸妈妈的关系得到改善，你也意识到父母的吵架有一部分原因是因为你。老师感觉到你很想改变这种状况，可是父母的责骂又让你退缩了。"小叶点头表示同意我的看法。"那你能和老师说说你打算怎样做吗？""我想成绩好一点，考几次 100 分，爸爸妈妈会开心一点。”“这个想法很好啊，可以让老师来帮助你吗？”“嗯！”小叶点了点头。“那么我们来一个君子协定，每节课至少主动举手发一次言，完成每天的回家作业，不会可以来问老师，好吗？就以一周为限，我们拉勾，做到了，每周五老师会给你写表扬帖，还有小奖品。”师生互信，大手和小手勾在了一起。

【成因与对策】

小叶的父母忙着开公司，在经济上满足孩子的一切要求，但双方都以工作忙为理由，不愿付出实质性的关爱。妈妈的口头禅是：“要什么给什么，还这副样子，没救了。”爸爸的“一把火”换来的粗暴的拳打脚踢，“打”是硬道理。这样的家庭教育造成了小叶心理上的缺损，思想上的麻木，导致他对自己的学习没有自信心、责任心，作业懒得做，成绩好坏也无所谓。在道德品质上也放松要求缺乏诚信，得过且过。

如何有效开展对小叶的教育呢？

首先，应尊重与理解学生，这是处理师生关系时应遵循的基本原则。尊重学生的人格与尊严，承认他是不同于其他人的独立的个体，承认他与教师、与其他人在人格上具有平等的地位，是心理辅导成功的前提。另外，以平等态度，按学生的所作所为及其思考感受的真实情况去理解学生，因为被他人理解意味着受到他人的关注，与他人之间达到心灵沟通，能使学生产生一种“遇到自己人”的感觉。那次谈话后，我为他设置了符合他学习水平的作业，并经常用亲切的话语耐心辅导，表扬他作业中的闪光之处，给他自信与激励。我会询问他不完成作业的原因，同时问他是否需要帮助。如果他愿意交流，再与他讨论以后如何来按时完成作业。如果他不愿意回答，也不强迫。有时，我还会设身处地为他考虑，引起他的共鸣。比如，前一天的作业没补好，可能是因为当天的功课较多，我就会让他以后再补。小叶在学习上养成了坏习惯，虽然他有改正的意愿，但坏习惯的纠正不是一蹴而就的，有一个循序渐进的过程。采用适当降低要求的方法，是考虑到小叶的实际情况，如果用与其他同学一样的标准去要求他，成功的难度较大，容易引发他的畏难情绪。唯有正面引导，降低要求，分别评价，才能为小叶创造成功的机会，学习的成功可以帮助他建立内在的动力机制。也许小叶感觉到了老师对他的尊重和理解，慢慢对我产生了信任，愿意向我倾吐内心的思虑、惶恐、苦闷。这种良好的师生关系，是我对他的心理辅导获得成效的基本条件。

其次，应发挥学生的主体性作用。在与小叶沟通的过程中，作为教育者，我尽量避免使用“你听我说”“我告诉你”之类的命令式、灌输式的口吻，而是用鼓励性的、商量式的语气说话，例如，“我能体会”“原来如此”“请继续讲”“你的意思是不是这样”“请听听我的意见”“我想作一点补充”“如果这样看是不是更全面”……我和他一起研究制定了可达成的目标，如上课用眼神提醒他听讲、课后给他辅导、检查作业完成情况等等，一旦承诺兑现了，我不但在班里表扬他，奖励他学习用品，还发放表扬帖给家长。小叶表示一定配合老师，克服困难，让大家刮目相看。小叶很努力，完成作业的次数增加了，正确率明显提高，成绩较之前有明显进步。但由于惯性使然，再加上他自控能力差，所以反复性较强，还需要一个持续的教育过程。

另外，应加强家校沟通。家长是学生成长与发展中的重要监督人。我与小叶父母多次沟通，让他们了解小叶的心理状况。同时也把我的意图告诉他们，一起商量改变小叶的方法，希望得到配合。每周表扬帖的发放使小叶的父母也有了信心，转变了一些态度，开始从学习上、思想上关心小叶了。

【案例反思】

在我持续的关心和鼓励下，小叶兑现了他的承诺，完成作业的时日在不断延长，成绩也在不断进步。

在与小叶的接触中，我深刻感受到：教育应该是温暖的阳光，而不是威力十足的北风。我们的教育应该是扬长教育，而不是揭短教育；应该是赏识教育，而不是惩罚教育；应该是唤醒激励教育，而不是讽刺伤心教育……

只有以发现的慧眼，以公正的态度，以宽广的胸襟，以足够的耐心，以科学的评价去欣赏，才会发现每一个孩子都是那么优秀。小叶同学的转变让我真正感受到，教师在辅导学生时应倾注自己的师爱，利用学生的积极情绪进行沟通，使学生心灵回归健康的园地。作为教师应时常把眼光落在学生的优点与长处上，给予表扬，让学生体会到被尊重、被信任的温暖，品尝成功的喜悦，这样的转化方式是最行之有效的。老师，应该真正走入学生内心世界，去指导孩子、带领孩子，让每个学生的心理症结得到及时的疏导，确保每一个青少年都能阳光地面对自己灿烂的人生！

同时，从小叶的案例中我们可以看到，造成学生学习行为偏差的原因是多方面的。全面细致地了解情况，全方位地开展辅导工作，把学校、家庭的教育力量整合起来，这样，辅导的力量才会更强，辅导才会更有效。从结果来看，这次辅导基本上是成功的，但由于种种原因，小叶同学的反复性较强，因此对其辅导还将持续下去。

小叶同学的逐渐转变，让我读懂了太阳和北风比赛的启示。

静悄悄的改变

——学会宽容

◇曹　晔

我们学校的这些孩子，个个是家里的“小皇帝”“小公主”，最不缺的就是物质条件，可是在性格上却会有这样那样的缺陷，对别人“不屑一顾”“唯我独尊”，稍不顺心便对别人“挥拳相向”。“小皇帝”“小公主”怪异的行为时常令我头疼不已。

一天下课，小吴见到我从额头滑下的刘海，主动递上了一个黑色发夹！我不敢相信自己的眼睛，小吴，一个倔强、多事、爱发脾气的女孩，竟也有这么细腻的情感。望着她远去的背影，我不禁感叹：宽容的力量真是神奇啊！是它悄悄地改变了小吴，成就了教育之美！

小吴是个身上带“刺”的女孩。她从小就倍受爷爷奶奶的宠爱，事事随心所欲。听父母说，只要遇上不顺心的事，她就会发脾气，如果将她批评得没面子的话，她就会破罐子破摔，和你对着干。当时我压根儿没把此话放在心里，想想自己这十多个年头几乎天天与性格迥异的学生打交道，难道还拿捏不住一个小丫头？一个月后，我似挨当头一棒，我真的领教了这个小女孩的“刺”劲和“牛脾气”！

一次课间，小男孩小顾不小心碰到了正在写字的小吴，她疯狂大叫“找死啊！来碰我！”话音刚落，就飞起一脚踢向该同学的臀部。被踢的小男孩吓得站着不敢动，而她却没有一点做错事的愧疚，若无其事地走回座位，似乎在警告班里同学：“别惹我！”眼前的一幕被我看得清清楚楚，我忙走近她，轻轻对她说：“你怎么那么野蛮！出来，找你谈谈！”可她像没听见似的，无动于衷。我耐着性子，提高了分贝：“小吴，到办公室来，我找你谈谈！”她仍不理不睬，毫无反应。此时几十双眼睛盯着我，我极其尴尬。上课铃声适时响起，我赶紧拉起她的手离开了教室。哪料，刚踏进办公室，一松手，她扭头跑了。我追到走廊，还没等我开口，她气呼呼地发话了："我不想去你办公室，办公室有别的老师！"我顿时恍然大悟：是呀，小孩子也有自尊心，谁愿意当众挨批呢？于是，我把她带到操场的一角，主动道歉："对不起，是老师考虑不周，老师不应该在大家面前批评你。"见她激动的心情平静些了，我继续开导："人都会犯错，但我们是不是应该给别人改正的机会？对别人宽容些呢？就像老师对你一样？"

她低下头，羞答答地说："老师，我错了。"

"错在哪儿？"

"不该踢同学，也不该对你……"

"好了，老师相信你！"

她感激地看着我。

此事之后，小吴向着我期待的方向发展着，虽然偶尔她还是会发脾气，但比以前收敛多了。每当她任性撒气时，我便会悄悄地提醒，悄悄地批评；每当她有善意的举动，我会毫不吝啬地鼓励她。后来她做了行规督导员，负责检查班中的违规行为，她非常热情，也非常负责。渐渐地，愤怒的小鸟变快乐了，小吴身上的尖刺也慢慢退化成柔软的羽毛。她不再为一点小事发脾气，不再为自己看不惯的行为动粗了。

如今，班里的一个个"小皇帝""小公主"都变了，变得懂得关爱别人，懂得尊重他人，懂得劳动最光荣。"小调皮鬼"小谭在春游活动中学会了主动关心同学，"假小子"小赵为了世界文化节破例扎起了两根羊角辫……

不是每一朵花都是同时开放的，每个"小皇帝""小公主"都有自己独特的个性，需要我不断观察，耐心守候。教师只有宽容"小皇帝""小公主"们在学习上、行为上的差异，将爱的阳光毫无吝啬地洒向他们，才能让这些花儿沐浴着阳光雨露，自然而生机勃勃地绽放。

一位街舞天才的诞生

◇朱凌嘉

燕子去了，有再来的时候；杨柳枯了，有再青的时候；而岁月却如流水一样，一去不复返了。当上半学期临近结束，结束期末考试的初中生回来看我的时候，我才发现原来我带的第一届学生都初三了。五年多来的为人师表，在三尺讲台上上演过的教育教学故事，许多都已经随着时间的流逝渐渐淡忘。可有些故事虽谈不上惊天动地，却还在精彩地上演着。

今天我要写的这位故事中的主人公，是在今年新年音乐会表演上大放异彩的一位街舞少年，我敢肯定你一定还记得他，而且印象深刻。对，他就是目前五年级的街舞少年，小维。

我工作的第二年，被分配和李云峰老师搭班做了这个班的副班主任。初见时，这个班给我整体的感觉是非常开朗、活泼。而在其中，有个“小萝卜头”引起了我的注意。他比班级里普通的男孩子个头都要小差不多半个头吧，所以排队时候，一直是排在第一个，也就是在我面前，再加上那个萌萌的脸蛋，我一度怀疑他是不是早上学的孩子。

通过平时的音乐课，我发现这个班的女生在音乐方面素养都很高，不愧为小荧星班，能歌善舞，对乐器也是各有所长。可是对男生，我却有点摸不着头脑了，可又想小荧星班的孩子都是之前经过测评的，一定是我还未发掘出他们的长处。时间一点点地流逝着，到了第二年秋冬交替的时节，我们又迎来了学校体育节运动会，听说我们班要在开幕式入场式上演出，作为一个奔放型的小荧星班级，得到消息后孩子们就炸开了锅，一时间各种想法都冒了出来，作为班主任的李老师也倍感头痛，来问问我有什么想法，毕竟她也不太了解她们班在表演方面的特点。我其实也比较为难，因为人数要求，几乎整个班级都要参与演出，所以不能光让几个比较出挑的女生来表演，让男生们都沦为背景。但也不能因为要让整个班级都参与演出而让这个节目变得枯燥无味，有失小荧星班的水准。一时间，我有点茫然。

在一次偶然的刷微博的过程中，我看到了微博上有几个孩子跳街舞非常有范儿。这种感觉，这种气氛，和我们班很相配。灵感来了就直接行动，之后我便抽空抱着试试看的想法让他们跟着视频学一下，出乎我的意料，不管是男生还是女生，都对这个音乐课堂上接触不到的街舞产生了兴趣，一致同意就排个街舞。可是街舞也是舞蹈的一种，对于身体协调性和节奏感有着较高的要求，我知道许多女生都有舞蹈功底，这些动作都不在话下，但是根据之前男生在音乐课上表现出来的情况来看，多少有些让我没有把握。我虽然也是五大三粗的男生，但是有从小跳拉丁舞的功底在，学习视频上的街舞动作还是挺自信的，待我第二天教他们的时候，果然不出我的所料，女生基本上一学就会，而男生们的肢体协调性较差，一个动作往往需要多练五遍才能学会。就在这样的无奈下，我看到了平时在音乐课堂上碌碌无为的小维渐渐地闪耀出了光芒。我课后找他聊了聊，他表示对街舞很有兴趣，我说："喜欢就去外面学着试试，说不定会有意想不到的收获哦。"在一大群男生中，他要比别的男生学得快，而且在动作的幅度和力度方面都要领先别的男生一截。虽然在平时的课堂上也有律动，但始终没接触过类似街舞这种现代音乐，所以我一直到这时才找到了他在音乐方面的特长，并在和他妈妈聊天中开玩笑地说："说不定你儿子就是下一个 Michael Jackson 哦!"

作为任务，体育节入场式的表演结束了。但是对于瘦小的小维来说，这只是一个开始，这次街舞的排练，就像是在河堤上打开了一个缺口，他对街舞开始"着了魔"。他的妈妈也非常鼓励和支持他，带他从小的培训班开始训练，到现在在上海最好的训练街舞的舞团训练，他的街舞水平也在飞快地进步着。街舞也有很多的种类，有 Poppin、Hip Hop、Jazz、Locking、Breaking 等等，有些舞种的训练需要力量和耐力作为支撑，像 Breaking 这种舞更是经常要在身上留下淤青，这些努力训练的证据在夏天的时候经常可以在他的膝盖上看到。

今年的新年音乐会准备期间，我光荣地负责了教师节目，学校新年音乐会举办已有五年，从第一年的朗诵、第二年的合唱、第三年的葫芦丝、第四年的《歌舞青春》到第五年的《最美的星光》，各种形式的都有了，唯独缺了舞蹈。教师节目都是由青年教师来表演的，跳街舞既时尚又有亮点。但是老师毕竟不是专业的街舞演员，也不是经常训练的爱好者。此时我又想到了他，之后就有了大家在新年音乐会上看到的教师街舞《SEVE》的表演。音乐会过后，他成了我们学校的“网红”少年，朋友圈里他的出镜率高得吓人，不管哪张照片，你都会从中发现在舞台上充满着自信、活力四射的少年形象。

随着音乐会的结束，寒假也就来临了。闲下来的时候回想起这件事，我发现其实每一个孩子都应该有发光的可能。而作为老师，应该全方位地努力发掘每个学生的个性长处，只要你指对方向，他便能扬帆起航。韩愈的《杂说》中曾提到：“世有伯乐，然后有千里马。千里马常有，而伯乐不常有。”我们的学生中其实也有很多千里马，正等待着各位老师去发现。

情到深处

◇潘　登

班主任工作是一项复杂、烦琐的工作，也是一项神圣光荣的工作。在担任班主任的多年中，我慢慢领悟到：情，无形，也有形。情到深处，即是爱。爱是一首蕴藏在心底的奉献之歌。苏霍姆林斯基说过："教育，如果没有爱，没有艺术，那么是不可思议的。"我始终铭记这句话，在教育教学中热爱孩子，学会在爱中教、在教中爱，把爱和教融为一体，让它成为一种使命与艺术，是为师者的天职。

小张是我班的一名小学生，他在家里是宠儿，父母对他百依百顺，想严格教育，又于心不忍。溺爱的结果，在小张身上表现为娇气和霸气；溺爱的结果，使小张在行为规范上出现了许多偏差。譬如，上课时如"热锅上的蚂蚁"，坐立不安，几乎从来不好好听课，还会影响其他同学上课，会故意拿起同学的文具盒摔在地上，气得同学哇哇大叫；下课时会无缘无故打其他同学；课后游戏比赛，非要伙伴们让他赢不可。诸如此类，可谓"大事三六九，小事天天有"。由于儿子不争气，父母在人前人后抬不起头，终于有一天，小张的父母当着我的面，无可奈何地说："老师，我家小张明天不来上课了！"说完，就很难过地拖着孩子走了。

面对这样的孩子，面对万般无奈的家长，教师的强烈爱心和责任感又一次涌上了我的心头，要有艺术地教育，拨去孩子的无知，帮助家长重新树立信心。下班了，夜幕已经降临，天上又下着密密细雨，我抬头看着窗外，可脑海中不时地闪现出小张天真的模样和他父母焦急的眼神，于是，我立即放下手中的书本，吃了几块饼干，打起伞，冲进了雨帘之中。当我走进小张家里时，全家人都对我的到来感到意外。我虽然不是稀客，但毕竟那一天不是访客的天气。我坐到桌旁，一眼看到了几天前我送给小张的生日贺卡，上面还赫然写着："用自己的聪明才智为班级和同学带来快乐。”于是，我借题发挥，用温和的语气对小张说：“你喜欢老师送你的贺卡吗?”只见他肯定地点了点头。我又接着说：“那么你能不能像卡上老师给你的寄语那样，用自己的聪明才智为班级和同学带来快乐呢?”父母用期盼的眼神看着小张，小张又点点头。我趁势鼓励他说：“老师、爸爸、妈妈、同学都欢迎转变后的你。”同时，我还真诚地对小张的父母说：“小张是你们的孩子，也是我的学生，更是你们家庭的希望，教育他再累再难也不要放弃。我有信心，你们也要有信心。”

为了教育小张，改变小张，我注意对他在生活上多关心，行为规范上严要求，并讲究方法和艺术。譬如，每每小张犯了错误，我总要求他做两件好事来将功补过。刚开始时，他做的好事简单得不能再简单：看到别人的书掉在地上了，帮助捡起来；放学后，主动把黑板擦干净，等等。慢慢地，他不但养成了一些好习惯，还增添了几份好人缘。在一次班干部的改选中，我有意引导大家多看小张身上的闪光点，大家都说他劳动很不错，结果他真的当选了劳动小干事，又多了些给大家服务的机会。

小张在担任劳动干事时，发生了这样一件事。一天，小张突感身体不适，一下子把早饭全部呕吐在教室里，导致满地都是污秽之物。很多同学捏着鼻子走得远远的，有些孩子的嘴里还嘀咕着，我一语不发，把地板扫干净，并帮小张把衣服擦干净。我想，老师是父母，同学是兄妹，老师的人格魅力是一种无声而有力的教育。我的一举一动感染了学生，小队长们先来帮忙了，接着其他同学也伸出了援助之手。有的同学帮他捶背，有的则端上了一杯热开水，让他暖到了心里。小张真的感动了，第一次在大庭广众流下了激动的眼泪。这件事让他深深地明白了老师和同学们一直在关注着他的成长，真心希望有一天他能给别人带来快乐。这件事以后，小张像变了一个人似的，规范了自己的行为，而且更乐意为老师和班级服务了，我从心底里为他的进步感到高兴。

教育是一项平凡而伟大的事业，我不是作曲家，但我会尽力让知识、道理化成优美的音符，引导学生去奏出动听的人生乐章；我不是雕塑家，但我会努力用自己的人格和师德塑造学生美好的心灵和形象；我不是艺术家，但我会不懈努力，探索教育的艺术，为祖国的明天培养出更优秀的人才。

我将以更饱满的热情，更执着的精神，来唱出这首最动听的歌曲——《情到深处》。

他的琴弦终传来悦耳的乐音

◇潘鲁川

小施是我曾经教过的弦乐班中的孩子，这是一名个子矮小的小男孩，有着胖胖的小脸蛋，大大的眼睛忽闪忽闪的，非常可爱。在与他接触了一段时间后我发现，这个孩子特别幼稚，虽已经上了小学，可他的举动让人感到他还像一个幼儿园小朋友，做事常常心不在焉。由于弦乐班大部分学生都是从幼儿园开始学习小提琴的，只有大提琴学生是在一年级时零基础学起的，而他学习大提琴的自觉性相当差，每次上大提琴课还琴总是还不出，大大地阻碍了他学琴的进度。对此，我决定先从了解他的家庭情况着手，找出原因，以便对症下药。了解后得知施弈泓的家庭非常富裕，母亲是位全职太太，父母费尽心思地为他创造舒适的生活环境和学习环境，想让他在顺境中茁壮成长，但就是过于优越的家庭环境和母亲过多的宠爱，使他养成了娇生惯养、怕苦怕累的习性。就音乐学习而言，他在校练琴懒散，在家练琴的随意性很大，练琴的时长不能保证，有时甚至一星期不练琴。

找出问题形成的原因之后，我决定采取家校合作的办法，以求达到最佳育人效果。于是，我和他母亲沟通，达成一致，形成家校统一的学习要求。首先，我要求他母亲必须做到：督促小施在家天天练习，保证每天至少有半小时的练琴时间，当孩子练琴感到困难或厌倦时，要从旁鼓励、暗示和协助，使他学会坚持，做到有始有终。其次，我让小施将琴谱带到学校，我每周利用一个中午的时间和他一起唱谱和进行手指练习，及时纠正他在节奏等方面出现的问题。有一次中午，小施告诉我他忘了带谱，不能练习，从他漫不经心的表情中我知道他肯定又出现了厌学情绪。在与他的交谈中得知这几天母亲太忙没有督促他，而且这次的两首练习曲很难，拉起来很累，他感到有点力不从心。为了激发他学习的热情，我先对他前一段时间的表现进行了表扬，并让他知道这是他自己努力的结果，然后和他说好第二天将琴谱带来，老师来帮他解决问题，还让他明白想学好琴必须要付出很多，但只要自己努力，肯定能行。平时只要发现他有了进步，我就及时地表扬，努力去挖掘他的闪光点，扬其长，改其短。在转化的过程中有计划地为他提供表现才能的机会，在音乐课中适时地让他表现，使之感受到成功带来的喜悦。每周我都与其母亲进行联系，及时沟通，了解他在家中的情况。经过一段时间的管教，小施在学琴上有了一定的进步，已能跟上同伴的进度，学琴的积极性也大有提高。虽然有时还是会出现偷懒的现象，但是超越自我就是进步，小施同学的琴弦终于传来悦耳的乐音。

世界上有两种爱是最无私的，一是母爱，一是师爱。师爱不应该是空洞无物的，而应该是具体的、实实在在的。高尔基曾经说过："爱孩子，这是母鸡也会的事。可是善于教育他们，这就是国家的一桩大事了。"这就告诉我们，师爱并不是盲目的，也不是空洞的，而是应该从学生的实际出发，做到因材施教，因人施爱，"一把钥匙开一把锁"，方能收到应有的效果。师爱主要表现在教师对学生品德的关注、培养，对学习的关心、帮助，对生活的关怀、照顾，就像呵护幼苗一样扶持学生各方面健康成长。这是一种以爱为源泉的，情感与心灵的融化，是不求回报，但求成材的使命和责任。

关爱从点滴做起

◇周　峥

“周老师，小边他又把摆放在教室后面的图书扔了出来，他还把我们的作业本都藏在其他同学的桌子里面，害得我们找了半天。”“周老师，今天上体育课时，小边又用绳子来甩我们，还跑到学校后面的小花园里捡石头来扔我们，差点扔到附近的居民家。”“周老师，我被小边踢了一脚，他还在那里笑。”……这四年来，几乎每天我都能听到这样的声音在我耳边响起。为了这么一个孩子，我几乎每天都在为他写日记，日记中有他身上发生的点点滴滴的小事，对于这样一个在行为上有些“特殊”的孩子，我想，除了给他更多的关注，还要给他更多的爱。特殊生拥有同其他同学一样的自尊，以及被了解和关注的渴望。而老师对他们的一个微笑，一句问候，哪怕是一个肯定的眼神，他们都能记在心里，积极回应，甚至能有意外的收获。

苏霍姆林斯基说：“教师的语言是一种什么也代替不了的影响学生心灵的工具。”教育的艺术首先包括说话的艺术、与人交流的艺术。面对每一个有个性、有差异、有不同发展潜能的学生，必须施以因人而异的个性化教育。教育是一个审美过程而不是“灌输”过程。一个称职的教师应该甘愿把自己当作桥梁，他邀请学生跨上桥梁，并帮助他们走过桥梁，到达成功彼岸后，再鼓励学生建立自己的桥梁。由于小边的留级，给他带来了自卑，觉得自己处处不如别人，所以更需要教师为他搭建桥梁。

班级要进行中队主题会了，同学们个个行动起来，有的表演小品，有的唱歌，有的跳舞……大家忙得不亦乐乎，而唯独他一个人坐着，无事可做。从小边的眼神中我看到了失望，也看到了渴求。

我特意来到他的座位前，拿出我早已为他准备好的稿子对他说：“小边，老师这儿有一首诗，需要你来朗诵。”“我？”“是呀，这首诗最适合你来朗诵了！”

“老师，我不行，我怕念不好，影响小队荣誉。”

望着小边那胆怯的神情，我笑着说：“你能行，一定能的，老师相信你，你是班级中朗读最好的一个。”我特意把“最”字加重了语气拖长了音。

“这……”他沉默了一会儿轻声地问，“我真有你说得那么好吗?”

“嗯！试试看，好吗？相信自己!”

“嗯!”他红着脸点了点头。

第二天一早，他第一个来到教室里，在上台前，一遍又一遍地练习着，是那样的认真。他的表演令他的小队取得了高分，同学们都向他投去了佩服的目光。此后，我发现同学们愿意与他交朋友了，在他的脸上不再是胆怯、无奈，更多的是灿烂的笑容。

每个孩子身上都有金矿，最主要的是要在每个孩子身上发现他最强的一面，找出他们作为发展根源的“机灵点”，引导孩子充分展示和发展他们的天赋素养，做出他们的年龄可企及的出色成绩。教师只有用热情、激情、真情去撞击学生的心灵，才能掀动学生情感的涟漪，使他们置身于情景中，受到感染，激发正能。正是这一句句鼓励的话语、一次次信任的嘱托，树立了小边良好的信心，给了他一次重新认识自己、积极表现自己的机会，使他自信地沿着桥梁走来。

这四年来，我对小边倾注了大量的心血，他时常会出一些状况，但我始终没有放弃他，班中的任何集体活动我都让他参加，只要看到他有点滴的进步我都会在全班同学面前表扬他，希望他对自己有信心。我从美术老师那里得知在美术课上画“你最爱的老师”时，他埋着头，一直在很认真地画，虽然这幅画画得并不怎么样，但他笑着对美术老师说：“我画的是我们的班主任周老师。因为我最爱她。”当我看到这幅画时，我发现这幅画里的我特别的美，因为那是一个孩子用心画出的我。每次为了让小边重拾信心，我总是十分留意他的每一小点进步，及时地对他伸出大拇指，及时地给他加上小红旗。我还让全班同学都来关心他、帮助他，让他随时感受到班级的温暖。当然，他也并没有让我失望，成绩从 8 分进步到 10 分、20 分、30 分。对此，我及时地加以表扬，给他鼓励，激励他不断进步。他喜欢上品社课，每次在课上都积极举手发言，我对他说：“课上你遇到问题都认真思考，积极动脑，多难的问题都能解决，如果把这种劲使在主科学习和平时做事上，遇到问题不用怕，想办法解决，我相信你一定能做得更好，长大后会成为一个优秀的人。”这时他会认真地点点头。

在小学生涯的最后一个月，我问了全班学生一个问题："在最后的一个月里，你有什么心愿吗？"我请班级的每位学生都上来说一说，大多数学生都说希望能在最后一次考试中考出好成绩，希望能过一个轻松快乐的暑假。小边是最后一个上来的，只听到他用很轻的声音说："我希望能在最后一个月里交到一个好朋友。"说完我注意到他不好意思地往台下看了一眼，就匆匆下去了，从这眼神中我分明读懂了一个孩子的期盼，多小的心愿啊，但对他来说却是最大的心愿。哪个孩子没有一两个好朋友，然而由于他的"特殊"，孩子们都很少跟他说话，更不要说和他成为朋友了。可谁说特殊的孩子没有感情呢？他们同样有喜怒哀乐，同样需要得到关注和激励。于是我和班干部召开了一次会议，为了帮助小边完成他在小学生活中最大的心愿，我要求从班干部做起，在下课后能和小边一起玩。小边的乒乓打得很好，我们可以请他做班级里的小老师，让他教同学们打乒乓。渐渐地，下课后我经常能看到小边和同学们一起下棋，即便他下不来，可是他也在旁边很认真地看，还主动地请教同学们，体锻课上同学们也围在他身边让他做小老师，一起学打乒乓。看到这一幕幕，我感到很欣慰，因为我们是一个大家庭，哪个孩子都是我的孩子啊！当然，小边的心愿也在自然的同学交往中实现了。

美国心理学家威廉·詹姆斯有句名言："人性最深刻的原则就是希望别人对自己加以赏识。"我想，孩子的转变，很大程度上是因为老师以尊重、赏识唤醒他的进取心，以真诚、宽容激发他的上进心，引导他改过自新、力争上游、健康成长。为师者，更应该从微小处发现学生身上的闪光点，并聚焦放大，让他们在为人之初种下一颗崇德向善的种子。特殊学生，或调皮、骄傲，或习惯不好，但他们同其他同学一样，有自尊，有被了解和关注的渴望。"一把钥匙开一把锁"，将融融的师爱洒向他们，将特殊的关爱给予特殊的学生，让这些"迟开"的花朵沐浴阳光雨露，在社会、学校、家庭的呵护和引导下，得到发展提高，这是每一个教育者的天职和良知。

在爱的教育中成长

◇叶静皓

成为一名教师是我从小的梦想。我工作的时间不长，但可以说的故事却很多，留给我的感动也很多。作为一名新教师，在这半年的工作中，我收获了很多，有教训，有挫折，也有经验与喜悦。

我清晰地记得开学的第一节数学课前，我怀着紧张的心情，咨询了许多老师："开学第一节课该怎么上?"然后得到了空前一致的答案：板着脸，不要笑。于是我站在讲台上无表情地，实则忐忑不安地看着台下充满稚气的学生，他们也在座位上小心翼翼地打量着我。他们是第一次当小学生，我也是第一次当老师，在一丝尴尬的肃静中，我就这么磕磕绊绊地开始了教师生涯的第一课。

几天后，我发觉比起严肃上课的老师，低年级的孩子们更喜欢生动活泼的老师，偶尔一句小小的玩笑能让他们笑得前俯后仰，一次不经意的表扬能让他们嘴角扬起微笑，然后干劲十足。哲学家詹姆士精辟地指出："人类本质中最殷切的要求是渴望被肯定。"积极向上的学生是如此，调皮捣蛋的孩子也是如此。相信每个班里都有这样一些孩子，无论是做操还是上课，总是闲不住，不是和前后左右的同伴找话说，就是手里玩着铅笔、橡皮，能表扬他们的机会实在是太少了。我们班有一位孩子，课堂表现格外"突出"，除了占全了以上这些特点，外加一个法宝——"我不会"。无论什么题目，到了他的面前便只有三个字："我不会。"我只好利用课堂讨论的时间对他单独辅导，找机会向他提最简单的问题，变着法子表扬他。慢慢地，他上课开小差说废话的频率降低了，愿意主动举手回答一些简单的问题了，有时还在课间把自己额外做的练习给我过目，像是期待着我能表扬表扬他。又有一次我单独辅导他的时候，他的回答从"我不会"变成了"我试试"，这样的变化让我大受鼓舞。我们做老师的要及时欣赏孩子水晶般的心灵，要保护他们玻璃一样易碎的自尊。在与孩子一次次磨合的过程中，我慢慢学会了宽容，学会了理解。

一年级的孩子们个个天真无邪，要说他们的可爱之处，那是数不胜数。正是这些童真，给了我心灵上很大的震撼，也给了我太多感动。有一次我咽炎犯了，说话十分困难，嗓音又粗又哑，自己听着都觉得特别别扭。走进教室，我和往常一样开始上课，刚张嘴就有一个学生举手问：“老师你嗓子是不是哑了？”我点点头。另一个学生马上说：“那老师你休息吧，我们做练习册。”还有的说：“老师，我们可以自学。”尽管那节课上我的声音很轻，但孩子们给我的印象太深了，平时那几个上课时自我约束能力较差的同学也在认真听课，积极回答，我深深体会到了学生们对老师的爱。

高尔基说过：“谁不爱孩子，孩子就不爱他，只有爱孩子的人，才能教育孩子。”我无时无刻都能感受到我和学生之间的爱，当迎面遇到蜂拥而上抱住我的学生时，当收到贺卡和花时，当他们对我说“老师，我们喜欢你”时……教师职业是辛苦而快乐的，因为不是所有的种子都能同时发芽，但只要播下去了，就会有发芽的可能；不是所有的花朵都会同时结果，但只要开花了，就会有结果的希望；不是所有的辛苦都能带来收获，但如果不付出辛苦，就永远得不到收获。一个赏识的眼神，一句表扬的话语，一个温柔的微笑都会成为学生成长的土壤和阳光，三分教育七分等，我愿意和学生一起分享快乐成长的喜讯。

清歌流韵皆育人

◇陶忆羚

曾有一个哲人这样说：在我们身边，什么都会背叛，可是音乐不会。哪怕全世界所有的人都背过身去，音乐依然会和我窃窃私语。于是我知道，无论你向前走多远，那些久远的音符还是会和你的心灵很近。

在我的口琴班里，有着这样一个孩子，虽然这个班级人数众多，可她却很快便引起了我的注意。

小 X 乖巧懂事，安安静静，在口琴课堂上永远是一个人静静地坐着，也鲜少和别的同学进行交流，上课时老师请同学们起来练习，她也总是躲在同学身后，生怕老师注意到她。察觉到了她的情况，我便找机会和小 X 的妈妈聊了聊，这才得知她是一个特别胆小的姑娘。回忆起来确实如此. 就连在我的音乐课上也很少能见到她举手回答问题。可这孩子对于口琴倒是非常喜欢，虽然不太在课上表现自己，在家的练习可是一天都不会落下，口琴的吹奏水平也比同年级的别的孩子要高。

了解了情况后，我决定对症下药，让小 X 自信胆大起来。在我和小 X 接下来的几次聊天过程中，她告诉我，她怕自己站起来吹得不好会被同学笑话，很没面子，我便不时地开导她、鼓励她，没有一件事情能一开始就做到完美的。在我的鼓励下，她渐渐地开始在同学面前表演了，而且让她自己也感到惊喜的是，同学们并不如她想象的那样，相反地，班里的同学都羡慕她能够吹出这么优美的旋律，这让小 X 十分开心，也让同班的同学变得更加认真，他们也想像小 X 一样能够演奏出优美的旋律。

我决定趁热打铁，鼓励小 X 站上舞台参加比赛，让她更加自信开朗起来。经过一段时间的锻炼，小 X 已经慢慢变得开朗爱讲话了，可当我告诉她想让她去参加比赛时，她又开始担心害怕。我告诉她并不是让她一个人去，这才让她打消了想要退出的念头。接下来的一段时间，因为紧张，她和同学们排练的时候又变得不爱说话，不怎么和同学交流了，排练效果也大打折扣。排练过后我问她原因，她说怕自己排练不好影响同学、影响演出。我告诉她："努力和经历才是最重要的，即使没有拿奖，又有什么关系呢?"终于，经过几次的排练，小X能够和大家很好地相处了，也不再过分担心自己会做得不够好，排练时话也变多了，还会和同学们一起讨论改进吹得不好的地方。

经历了这几件事情，小X的妈妈也告诉我，孩子现在越来越喜欢上口琴课，每次上完课回家总是喋喋不休地和她说课上发生的故事，在学习的过程中也认识了许多其他班的孩子，有的已成了很好的朋友，平时还会聚在一起练习呢！确实，现在的小X真的和以前大不相同了。她开始热心帮助同学，性格也开朗起来，脸上一直挂着开心的笑容。我也由衷地为她高兴。

音乐教育的目的并不仅仅是为了教会学生表演、唱歌等技能，更重要的是让孩子真正地走近音乐，和音乐做好朋友，并在学习中找到自信、改变自己。兴趣确实可以成为好老师，也能成为让孩子真正愿意敞开心扉的那把钥匙，而我们要做的就是让这把钥匙真正起到拨动学生心弦的作用。相信在未来更多的日子里，我能用这把钥匙开启更多的美好的心灵。

歌声琴声伴我心，清歌流韵皆育人。

在阅读中学会反思与质疑

◇翁　雁

上海市语文特级教师章健文老师曾在指导我的教学时提出，阅读教学应重视学生思维能力的培养，让学生勇于表达，勇于质疑，勇于批判，张扬其独特的个性，并始终保持对文学世界的好奇心。在教学中，教师要引导学生树立问题意识，鼓励学生大胆质疑，发表个人的独特见解，不人云亦云，培养让学生终身受用的思维能力和创新精神，这是深化语文教改的要义之一。

我们现行的小学语文课本中选录的文章有些是有瑕疵和漏洞的，作为教师要在教学时去其糟粕取其精华，这就势必要培养学生的阅读反思能力。所谓阅读反思是对阅读过程的再思考，是对已有的阅读历程、阅读效果作出重审。阅读反思是开启学生的心智、培养学生的创新意识和批判能力的一种有效途径。通过比较、质疑、参阅、对照等阅读反思行为，可以总结成功的经验，发现文本的不足，匡正文本的谬误，随时进行拾遗补缺，纠偏救失，从而更好地调整自己的阅读行为与步骤，有效促进阅读质量的提高。这样，读者在超越个人阅读经验的同时，也往往能超越文本，收获真知，有所创见。

下面，以沪教版小学语文一年级下册《狐狸和乌鸦》一课为例，谈谈我的教育故事。

当时，课堂已近尾声。一个孩子举手质疑："乌鸦已经飞到窝旁边的树枝上，干吗不到窝里去喂小乌鸦，偏要等狐狸来骗他？"顿时，一石激起千层浪。孩子们七嘴八舌，纷纷议论起来："这时窝里的小乌鸦肯定会呱呱大叫，急着要妈妈喂食，乌鸦妈妈怎么会有心思去跟狐狸聊天？""对呀对呀，这乌鸦怎么会那么傻呢？"……

首先，我赞扬了那个大胆发表不同见解的孩子："你真了不起，读得很认真，而且很会动脑筋！"接着，我顺势对孩子们说："大家说得有点道理，课文是人写的，如果不妥当，当然也可以修改。你们觉得怎么改才会更合理？”

于是，孩子们更来劲了，多数意见认为，可以改成乌鸦飞累了，停歇在半路的一棵树上，心里很高兴。而这时，一只狐狸跑过来……

“尽信书，则不如无书。”在阅读过程中，我们需要引导学生从乍一看无甚问题到加以分析评判，敢于向读物或作者质疑，与之争论，进行反驳，甚至修改，向权威发出挑战，才能培养不唯师、不唯上、不唯书的挑战精神，才能使学生多角度、多层面地思考问题，敢于突破创新，读出新意，读出个性，追求甚至达到阅读的至高境界，也才能让学习成为一种发乎内心的心理渴望，使“要我学”转变为“我要学”。更重要的是，让学生在反思过程中逐步形成积极的人生态度和正确的价值取向，学会共享，达到共进。

诺贝尔奖得主温伯格博士提醒人们，不要安于接受书本上所给予的现成答案，要去尝试发现与书本上不同的东西。因此，教师在阅读实践中要“珍视学生独特的感受、体验和理解”，重视批判性思维能力的培养，让学生充分展示自己的个性和创新精神，达到真正意义上的“主体性凸现，创造性解放”。当然，就小学生而言，这有一个循序渐进、谆谆引导的过程，可先从字、词、句的理解开始，进而质疑情节的合理性，再就主题思想、价值判断上多做训练，切实让小学生在日常阅读中学会反思、学会质疑。

做一个“懒”班主任

◇柯凤梅

不久之前，我看到过一篇文章，叫《母亲在这四点越懒，孩子未来越成功》。勤和懒是一对矛盾体，是互相牵制，相辅相成的。大人勤了，孩子就懒了；大人懒了，孩子就勤了。我想，这个道理也同样适合用在班主任和她的学生的身上。班主任工作的两个大头，我觉得是卫生和行规。只要把这两个大方向抓好了，班主任工作就会轻松许多。

先从卫生工作谈起。这个班是我从一年级开始带起的，因此，从一年级起我就比较注重学生这方面的训练和培养。刚开始时，我一点不懒，亲力亲为，榜样示范，每天都是自己放学后打扫教室卫生，没过多久，我教他们学会用好小扫把打扫自己的一亩三分地，接着，开始安排值日生用大扫把打扫教室卫生。我把全班同学分五组，每天七八个孩子打扫。值日表张贴在卫生栏，每天都有一个卫生组长统筹负责，并最后一个离开，给当天的卫生情况打分，若低于四分，这个小组则再打扫一周，以儆效尤。这个卫生组长是按照值日表依次轮岗的，每个孩子都会轮到。第二天的晨会，我会把一部分时间让给值日班长主持，让他总结前一天的班级总体情况，他也会请卫生组长上来，对他们的卫生打扫做点评。这样一来，即便我撒手不管，班级卫生也能有序保质地开展下去。

接着谈行规。我们班的男生特别多，特别淘。对这帮淘孩子，我要做的事情只有一件——做规矩。有一次，我去其他班监考，发现他们黑板上贴着几份反思。我觉得这个做法也可以用在那些行规上出偏差的孩子身上。在日常生活中，我发现只要一出现问题，他们就各自推脱责任，把自己撇清，公说公有理，婆说婆有理。现在好了，出现了问题，大家心平气和静下来，各自把前因后果写下来。这五百字的事件说明，让他们在写的过程中渐渐平复了心情。其实都是些鸡毛蒜皮的小事，各自退一步就海阔天空了，何必非要闹到我这里来呢？有一次，我刚回办公室就有告密者尾随而来，说班级里谁谁谁在打架。还没来得及喝水的我，气呼呼地喊来了滋事者。还没等我开口说话，孩子一把鼻涕一把眼泪地说："老师，我们其实没打架，就是闹着玩，我们也早就和好了。"我说："那还要我出面解决吗?""不要了!"说完，他鼻涕一擦就回教室去了。孩子之间的一些小矛盾，有些根本不用老师插手处理，他们自己便会学会内部解决，这何尝不是件好事呢?

可见，教师的先勤后懒，其实蕴含着丰富的哲理，与当下的教育改革、育人目标也不谋而合。不妨学着"懒"一点吧!

让孩子在活动中成长

◇陆卉丽

在教学生涯中的最漫长的寒假，我读了一本班主任宝典——郑学志老师的《做一个会“偷懒”的班主任》。

细细品味这本大师级的班主任宝典，书中处处洋溢着郑老师的智慧，书中精彩的内容果然值得细细品味，也让我重新审视自己的班主任工作，回想着自己以前像陀螺一样紧跟班、跟紧班的日子，心中默默期许能有大师一样的“神力”。

幸运的是，学校以丰富的活动引领学生健康而快乐地成长，而我借助系列活动的平台营建了顺应孩子成长的小天地，取得了意想不到的收获。

2016 年 9 月底，我们班接到了运动会开幕式方阵表演的任务。有了经典诵读的经验，这一次我不再盲目焦虑，而是积极筹划如何有效顺利地完成任务。这次活动，大致分四步完成。

接到任务后第一时间，我便召集班干部们在办公室开了个短会，告知他们有这样一件事，学校让每个年级推选两个班级参加运动会开幕式上的方阵表演。我们班级将代表二年级进行表演。班委们听到后拍手叫好，纷纷表示是个展示班级风貌的好机会。接着，我布置任务，让他们设计一个十分钟队会，做全班总动员，让每一个孩子都明确这个任务的重要性。

三天后的午会课上，由宣传委员和组织委员主持召开了主题为“我运动，我精彩”的十分钟队会。流程是先观看去年校运动会开幕式的方阵表演片段，接着围绕“看了这些方阵表演，你有什么感受?”自由发言。最后宣布今年我班要代表年级进行表演，而且是全班每人都参加，希望大家能够明确自己的责任，展示良好的班风班貌。

全班总动员之后，我觉得还应争取家长的理解、支持，于是用微信形式告知家委会成员。他们表示会全力支持，立马分工合作，落实到位。

当孩子们为班级争光的斗志被激发后，最关键的是“演什么”。这次我和家委会商量，不急于定下方案，而是先让孩子们分组去想办法，搜集素材，找视频。原以为难度挺大的一件事，没想到一周后的班会课上，四组孩子分别交出了四种方案，还说得头头是道。方案一：旗舞，动作整齐，步调一致。方案二：呼啦圈操，可以用呼啦圈摆出各种造型。方案三：球操，以不同的拍球方式来变化队形，展示风采。方案四：健美操，我班双胞胎小珲、小瑄在厦门艺术幼儿园时参加过市级比赛，得过金奖，有录像资料。这四种方案让我很惊喜，心里暗暗赞叹：给孩子们自主创造的机会，就可以挖掘他们无限的潜能。

综合诸多因素考虑，最后投票决定选择方案一的旗舞。

家委会的妈妈们知道结果后，立刻成立采购小组：购买小国旗、演出服装，定制班徽。彩排后，发现我们与其他班的“小红军们”的道具“撞车”了，又迅即改制班旗替代国旗。家委会，是一支非常有行动力的后援团。

最花时间的排练是漫长与艰辛的，42 个人的方阵，4 次队形变换，考验的是自律精神和团队合作。要取得事半功倍的效果，在尽量不影响正常学校生活的前提下排练，最关键的是自律。回家看视频自己练习至熟练是自律，在班级中一起练习时思想集中、全力以赴更需要自我约束。为此，我设定了奖励机制，排练过程随机录像、拍照，根据实际情况按等第制进行积分，最佳学员积分加倍，演出结束后颁发小证书，以资鼓励。

方阵演出的整个过程，有进场，有退场，有两人面对面，有六人一小组，有大圆对着小圆，中间还有圆心，还有最后三组的波浪造型。既有分工，又有合作，一个环节扣着一个环节，伙伴的合作意识、团队竞争就在一个个动作中不断培养，一个眼神暗示，一点小碎步调整，就在悄无声息间默契完成了！就连我们的口号，也是在一次排练结束后的几分钟内定下来的：“进才进才，无限精彩；十五十五，能文能舞。”

回顾活动的全过程令人无比欣慰，孩子们在活动中履行班级公约，遵守制度，分工合作，齐心协力，在完成学校任务、展示班风班貌的活动中懂事了，成长了。作为班主任的我，在孩子们成长的同时，也着实感悟到班主任工作的智慧与艺术。

少儿茶艺课堂中的“黑茶”探究

◇周靓雯

在这飘雪的冬日午后，我泡上了一杯六堡茶。在悠悠的茶香中，过去一年自己在学校少儿茶艺教学中以“黑茶”为主题的整个实践过程似隐似现，细细想来收获还是很多的。

黑茶，是我国六大基本茶类中的一种。它其貌不扬，是我们接触不多的茶类。近几年，我发现黑茶正悄悄地为我们大都市的人们所接受，除了以前被疯狂炒作的普洱茶，真正意义上的黑茶渐渐出现在了茶叶店的货架上。到底是什么原因呢？我国的黑茶种类有多少？哪些茶区生产黑茶？黑茶的味道如何？特点是什么？……许多问题在一年多前时不时地萦绕在我的脑海。那就由我和小茶人们一起去作番探究吧。

我把这个主题在茶艺课堂上一宣布，孩子们也都挺感兴趣的，我们分工合作，纷纷选择了自己最想要解决的问题回去寻找答案。有的学生选了“黑茶的历史”，有的选了“黑茶的种类”，还有“黑茶的泡法”“黑茶的制作方法”等等。

我引导学生先把收集的资料带来，在课堂上交流之后再分小组制作成海报，既加深了印象，又可以随时查阅。不查不知道，原来黑茶的种类竟如此丰富。与此同时我自己也加紧收集资料，查阅相关网站资料及书籍，首先制作了好几套上课用的PPT，几乎每一种黑茶就做一套，尽量做到了然于心、成竹于胸，有《黑茶鼻祖——雅安藏茶》《湖南安化黑茶》《故乡在安徽的黑茶》《广西六堡茶》《万里茶路的使者——湖北“川”字老青砖》。为了熟悉这些黑茶，我从网上购买了这些品种，无论从清饮到调饮，都试泡试喝，品尝感悟，还收集了关于黑茶的视频资料，让学生有多元化的学习途径。在此我要感谢上海市茶叶学会的少儿茶艺工作委员会的沈老师和方老师，是他们给了我许多无私的帮助。

我们用了将近两个月的时间了解了各地黑茶的历史、特点、主要品种等。

我国黑茶始制于四川雅安，唐宋以来因畅销藏区而闻名，故那儿产的黑茶现称“藏茶”。黑茶自古以来与藏民族以及我国西北部蒙、维等民族同胞的日常生活紧密相关，因为黑茶中含有丰富的维生素和矿物质，还有氨基酸、糖类物质等，对主食牛、羊肉和奶酪，饮食中缺少蔬菜和水果的人们而言，黑茶是他们重要的营养来源。

少数民族同胞有“宁可三日无粮，不可一日无茶”，“一日无茶则滞，三日无茶则病”的深切感悟，故黑茶有生命之茶之说。

中国藏茶自唐朝始有记录，已是千年古茶。从古到今，按历史时期和各地风俗又称为大茶、马茶、乌茶、黑茶、粗茶、南路边茶、砖茶、条茶、紧压茶、团茶、边茶等。

另一种近年兴起的黑茶是湖南安化黑茶，我和学生一起作了详细了解。湖南黑茶起源于秦汉时期，历史悠久。安化有一种黑茶名为“渠江薄片”，又称“黑茶宗祖薄片”，汉代时已经成为皇家贡茶，因此又称之为“皇家薄片”。

唐代中期，随着茶叶生产水平的发展和消费的增加，茶叶贸易随之兴旺，在太和年间，开始与塞外进行茶马交易。

而“黑茶”二字最早见于1524年，明嘉靖时的安化黑茶已经闻名全国，并由“私茶”逐步演变为“官茶”，用以易马。

湖南黑茶品种很丰富，有“三尖”“四砖”“花卷”系列。其中白沙溪茶厂的生产历史最为悠久，品种最为齐全。“四砖”即黑砖、花砖、青砖和茯砖。“三尖”即“天尖”“贡尖”“生尖”，属于黑茶中的散茶。“花卷”系列包括“千两茶”“百两茶”“十两茶”，制作工艺复杂，非常有特色，成为了现今人们收藏的宝贝。我在教学中都将这些品种的湖南黑茶向学生作了讲解，使他们了解其各自的特点。这当中最有特色的当属茯砖茶了。

茯砖茶，因在伏天加工，故又称“伏茶”。茯砖茶压制要经过“发花”这个特殊的工序，砖内含有金黄色霉菌，俗称“金花”，学名称之为冠突散囊霉，对人体极为有益。其营养价值早在20世纪80年代就引起了日本的关注，对茯砖作了长达十年的追踪研究。茯砖金花越茂盛，则品质越佳，而且有金花的特殊清香。事实证明，孩子们对茯砖的口味也都欣然接受、喜爱不已，好茶的魅力可见一斑！

另一种来自广西的六堡茶在黑茶家族中的地位也不容小觑。

六堡茶产地范围为广西壮族自治区梧州市。《广西特产志略》(1937 年)载:“在苍梧之最大出品，且为特产者，首推六堡茶，每年出口者，产额在 60 万斤以上。”

六堡茶色泽黑褐光润，汤色红浓明亮，滋味醇和爽口，有槟榔香味，并且耐于久藏，越陈越好。就六堡茶而言，打动人的是岁月的沧桑，愈陈愈香亦是它的特质。

六堡茶属于温性茶，除了具有其他茶类所共有的保健作用外，更具有消暑祛湿、明目清心、帮助消化的功效。既可饱食后饮之助消化，亦可以空腹饮之清肠胃。在闷热的天气里，饮用六堡茶清凉祛暑，倍感舒畅。科学试验和六堡茶爱好者品茗实践证明，六堡茶所含脂肪分解酵素高于其他茶类，故六堡茶具有更强的分解油腻、降低人体胆固醇的功效。随着人们生活水平的提高，六堡茶因其奇特的功效，愈来愈受到消费者的喜爱。

总之，黑茶以其保健功效尤为显著的特点，已越来越受到人们的关注与喜爱。

我们的学生们也知行合一，继续进行着冲泡方面的实践，孩子们对动手实践这一环节往往是最感兴趣的。

因为制作黑茶用的茶叶原料相对比较粗老，我引导他们用 95 摄氏度以上的水温来冲泡；由于有闷茶的需要，他们选择了紫砂壶、瓷壶、盖碗杯、玻璃壶等茶具来冲泡黑茶，效果都不错。有时候我们会把冲泡过一两次的黑茶放在壶中煮一煮，使口感香气更加醇和。

在实践中我们还发现，各地的黑茶清饮时口味各异。因为都是属于全发酵茶或后发酵茶，受到边疆少数民族人们的喜爱，而他们一般采取在茶汤中加奶加糖等做法，我考虑黑茶是否也可像红茶一样，利用其包容性极强的特点，再加入其他的味道，形成新的独特口味呢？孩子们是想象力最丰富的，这个问题一经提出，他们的积极性马上被调动起来了。有一次我让他们带一些或许可以加入黑茶中的食品，如水果、蜂蜜、干花等等进行尝试，他们带来了玫瑰花、桂花、玫瑰茄、苹果等食品，我则准备了广东新会陈皮、海南纯椰子粉、哈密瓜、葡萄等水果。师生联动，大家发明创造了好几道有趣的黑茶调和茶，并且发现有甜味和香味的食品与黑茶最相适宜。学生最喜爱的黑茶调和茶有“玫瑰蜂蜜藏茶奶茶”

“桂花蜂蜜老青砖茶”“哈密瓜六堡茶”“陈皮雅安茶”“椰香茯砖茶”等等，大家在愉快的氛围中发挥着自己的创意，感受着黑茶的巨大包容性。

黑茶的外形乌润，毫不起眼，它的茶汤色泽或红艳或橘黄，美丽而又朴素无华，但是它口味醇厚、营养丰富、包容大气，让人品饮过后身心滋润、难以忘却。每一种黑茶的背后不仅蕴含了中国茶文化的悠久历史，而且有着对话现实的时代感，同时也体现了自然和谐之美！在与学生共同探索的过程中，我再一次深切感受到了茶文化的博大和进才小茶人们的成长。

因势利导，改变学生

◇王佳辰

我作为一名新晋教师，虽然来到教师的岗位才一个学期，但也不乏在教育中产生的一些故事。今天，我就和大家分享一下我的教育故事。

我原本以为，当一名教师并不是一件难事，然而当我真正成为了一名教师，我才发现这也绝非易事。当教师不是单纯的传授知识技能，而是要去走进每一个学生的心底，因为每一个学生都是截然不同的个体，只有关爱学生，因材施教，使每个学生健康成长，才能肩负教师的使命。

刚开始教五年级时，我遇到了一个让我非常头疼的孩子，他总是在课堂上捣乱，而我对他束手无策。无论是严厉地批评他，还是苦口婆心地和他讲道理，似乎都起不到作用。诚然，这种情况让我也焦虑了一阵子。我一直在思考，究竟问题出在了哪里，是不是真的没有办法去教育和管理这个孩子了呢？后来，我发现，虽然这个孩子平时很调皮，但每次需要借还器材或有什么需要同学帮忙的时候他却十分积极。于是，我改变了自己的策略，开始尝试从团体荣誉感和责任感的方面入手教育他。首先，我让他去监督其他同学，看看课上有哪些学生比较调皮捣蛋。其次，我告诉他如果能够在课堂上管理好自己并且帮助老师去监督其他同学的话，以后有一些可以帮助老师做的事就让他来协助老师一起完成。从此之后，我发现他的行为收敛了很多，似乎有了一份责任感和团队荣誉感，他把自己看作班级的一份子，老师的好帮手，尽心尽力地帮助我管理班级。自然，我也会表扬他，鼓励他。我了解了这个学生的内心想法和行为习惯，所以因势利导，让他逐渐地从一个上课捣乱的学生变成了一个能协助老师管理班级的小助手。这不仅让这个学生自己能更好地上课，还让整个班级都能更好地上课，去接受知识、习得技能。

通过这件事，我也明白了很多。有时候，也许换一个思维模式，多去了解学生的心理，知道真正适合学生的教育手段和方式，能解决不少之前觉得无法解决的问题。所以，当教师，不是简单地传授知识，更要走近学生，不仅要了解他的学业水平，更要了解他的内心世界，了解他的行为习惯，然后再去思考如何能够转变这个学生的行为，完成从“坏”学生到好学生的转变。

仅仅一个学期，我就有了不少的教育故事，有令人快乐的，有令人烦恼的，也有令人振奋的。这也许也是一种当教师的乐趣吧。我相信在以后的教学生涯中，还会有各种各样的问题等着我去解决，也还会有各种各样的故事被演绎。为此，我要努力积累经验，努力学习各种教育教学的方式方法，使我今后的教育故事更加丰富多彩。

鼓励表扬“抢着说”

◇王艳丽

班主任工作是极为繁琐的，每天要面对各式各样性格不同的孩子，或是“传道授业”，或是“家长里短”，处理大小事宜，时常要将孩子的脾性和想法揣摩透彻了才能有恰如其分的应对方法。虽然担任了六七年的班主任工作，每天斟酌着方式方法，处理着各种事宜，但总免不了碰到一些未曾遇到过的人或事，这也算是对我育人智慧和能力的考验吧。

师者，传道授业解惑也。为人师表，要谨言慎行，言谈举止都应成为学生学习的榜样、典范。以前，我总想着表扬时就该不遗余力，批评时要实事求是，恰当有效，直到我遇见了他……

刚认识高高壮壮的小 G 时，虽然他不是最乖巧听话的，至少也是明事理的聪明孩子。但暑假结束后开学没多久，我发现他发生了“巨变”：动不动就爱触碰同学或随便拿走同学的东西；同学不按他的“指令”做，他就跺脚发脾气，甚至打人；老师布置的作业或是任务永远拖拖拉拉不肯完成，催催他，得到的却是“我等一下再做”或是“不要”等敷衍的回答。最让人难以接受的是，他变得爱发脾气、跺脚、尖叫，且不分时间与场合。几次三番下来，情况越来越严重，我虽尝试了多种方法期望纠正小 G，却也未见成效。

在与家长取得联系之后，我终于找到了原因：暑假里，小 G 多了个妹妹，家人虽不至于冷落了他，但减少对小 G 的关注在所难免。然而孩子是敏感的，小 G 选择了孩子们最常用的方法以换取家人的关注。同时，妈妈有一句话也间接影响到孩子的变化——“家里你最小，要听大人的话；等妹妹出生了，她就听你的话了！”本想让哥哥接受二胎妹妹的话语却被孩子曲解，并产生了未曾预料的结果。我也开始思考：教师的话该怎么说才能对小 G 起到作用？

一次餐后午休，小 G 桌子周围堆满了杂物。在我的催促之下，小 G 总算捡起了地上的东西，而地上的香蕉皮也暴露在眼皮底下——反复强调的卫生规范又出现了状况。我刚想询问、批评时，只见小 G 慢条斯理地拿出一包纸巾开始擦手。我转念一想，本想说的话变成了：“小 G 真棒，看见了垃圾就准备捡起来啦!”小家伙转过头看了看我，继而一声不响地转身捡起了香蕉皮并扔进了垃圾桶。虽然他的初衷并不是捡香蕉皮，但抢在他动作之前“表扬”他似乎效果不错。我为这一次的“成功”而暗自欣喜，不忘在全班面前再一次鼓励、表扬他。更让我没想到的是，没过多久，我又发现小 G 在擦桌子，而他的脚下堆着几张用过的纸巾，我刚想走过去批评他乱扔垃圾时，小 G 已弯腰捡起垃圾放进了自己的桌肚里，完全不用他人提醒。当下，我的脑海里不禁浮现出曾经的“两两相搏”：提醒无效果，批评是常事，每次都是一场“艰苦的战役”。现在，一句“抢”在行动前的提示性的鼓励和表扬就达到了我想要的卫生习惯教育效果，真真是我没有想到的。原来有时候，鼓励表扬的话也可以“抢着说”！当然，还须视具体学生、具体情况而言。

用爱点亮学生心中的灯

◇赵　颖

还记得六年前，开学第一天，和许多刚背上书包的孩子们一样，我怀揣着既兴奋又紧张的心情来到了人生的新起点。在那一天，我正式成为了一名人民教师，从此我有了一个崭新的舞台，以及一支粉笔、一张三尺讲台和一群稚嫩的孩童。

班主任可能是世界上最小的主任，却背负着很大的责任。工作伊始，我成为了 41 个孩子们的班主任。在家长们的眼神里，我看到的是对孩子们的无限期许，在孩子们纯净的眼睛里，我看到的是天真烂漫和对小学生活的无比好奇。班主任，是在学校陪伴他们时间最长的老师，她们平时和我在一起的时间甚至多于自己的父母，因而，班主任常常是孩子们最难遗忘的老师。我认为做班主任也是充实的。

班主任要以宽容之心对待学生，以学生之乐为乐，以学生之忧为忧。因为班主任面对的是千差万别的学生，每个学生都是有着个性差异的主体，教师不仅要读懂他们，体谅他们，更要学会宽容。宽容不易，才使宽容成为一种美德；宽容不仅是一种方法和手段，更是一种精神。作为班主任绝不能以自己的好恶去偏爱那些成绩好的、老实听话的学生，而排斥所谓笨学生、调皮学生。因为我们现在面对的是幼苗般的学生，他们在成长中出现的种种状况都是正常的，为师者要严爱相济，理解他们，宽容他们。具有宽容之心的教师才能因势利导，循循善诱，才能得到学生的爱戴与尊重。

在工作中，我发现了自身存在的问题。由于经验不足，有时对待学生过分的“严格”。为了在班级管理中能够早日“收服”他们，平时我总是板着一张脸，其实这样的做法拉远了我和孩子们的距离。一次语文课上，我发现一个男孩子没有认真听课，而是自顾自地做作业，于是我二话不说，当着全班学生的面对他进行了严厉的批评。整堂课，孩子一直把头扭向一边，眼睛看着墙壁。下课了，我走到他跟前，问道："为什么不认真听课?"孩子倔强地看着我，可是眼睛里却充满着泪水，委屈地说道："因为今天我要坐火车回老家看妈妈了，我想快一点把作业做好。"说着，泪水从他小小的脸蛋上滑落下来，这时我意识到刚才的举动伤到了孩子的自尊心，我蹲下身，温和地望着他，对他说："对不起，老师没有了解情况，我们的小宇已经是个小男子汉了，老师不该在这么多小朋友面前批评你，但是老师想给你一个小小的建议，你接不接受呢?"小宇点点头。"做一件事要一心一意，上课的时候认真听讲，才能更快更好地把作业完成，不要捡了芝麻丢了西瓜，结果课也没听到，作业也没有做好，你说呢?""嗯。"小宇轻轻地应道。之后的第二节课，我看到的是孩子专注的目光，积极举手发言，整堂课非常投入。

学生是成长着的发展中的人，我们可以允许他们犯错，但重要的是发现错误之后如何正确引导。孩子所犯的错误有些是无心的、无知的、无意的。教师的仁爱宽容往往体现在有问题的时刻和有问题的学生身上。教师要将爱抛洒给每一个学生，这份爱意味着博大的宽容和希冀的耐心。作为教师，特别是班主任，要用爱的力量点亮孩子们心中的灯，照亮他们前进的道路。

阿茅受伤了

◇黄兰芳

“不好啦，不好啦!”“阿茅在楼梯上摔了一跤出血啦!”……刚上完课，还没来得及进办公室喝口水，身后便传来孩子们惊慌失措的喊声。

我一回头，看到了被同学扶着的阿茅，他用手捂着左眉角，红红的鲜血从指缝里直往外冒，伤事触目惊心！我连忙一个箭步上去按住了阿茅捂住伤口的手，试图阻止血不再往外流，可是也无济于事。从四楼到一楼卫生室，滴滴答答，留下了一路血渍。

“乔老师，快，小朋友摔了一跤，出血了……”第一次遇到这样的意外，我慌得语无伦次。卫生老师乔老师比我镇静多了，她拿来消毒棉球，松开了小朋友的手，开始为他检查伤口，做初次消毒。我不忍直视，只是紧紧地握着阿茅的手，轻轻地问：“阿茅，疼吗?”“不疼……才怪呢!”这孩子，坚强地不哼一声，还这么幽默地将我一军!

“这孩子伤口深，必须去医院!”乔老师坚定地说。我连忙给阿茅妈妈打去了电话，他妈妈很快来了，像我一样，慌得不知所措，只是一个劲地听着乔老师分析伤情。妈妈给爸爸打了电话，因为爸爸在浦西上班，所以等爸爸来的时间感觉好长好长。

终于，阿茅爸爸的车来了。我们一起上了车，向儿童医学中心飞驰而去。一路上，没有一句责问，没有一句埋怨，只有给予阿茅的鼓励。

到了医院，医生冷静地擦拭伤口，平静地说：“需要缝针，起码五针。”“医生，有没有不影响面容的美容针法?”我想起来之前有位家长出了车祸后赞誉医生的美容缝针术，不由得问了医生一句。医生说：“美容针法是要打麻药的，需要很长时间慢慢缝。”“小朋友还是不要打麻药了吧！就几针，阿茅坚持一下就好了!”阿茅爸爸在一旁故作轻松地说道。

就这样，我们等在了诊间门口。

轮到阿茅了，阿茅妈妈被爸爸安排在了门外。我透过门缝，看到阿茅爸爸紧紧地抱着手术中的孩子，嘴里不停地说着一些鼓励的话，我依稀听见了爸爸在说自己小时候受伤的情景……作为班主任的我，也被这样平和的氛围安抚了，渐渐地放松自己，坐在了阿茅妈妈身边。阿茅妈妈说："黄老师，辛苦了！阿茅给你和乔老师添麻烦了。""哪里，这是我们应该做的。阿茅的伤口要好好养，尽量不留疤痕。"此时此刻，我也说不出更好的安慰的话了。没想到阿茅妈妈说："用迷信的话来说，这孩子长得太秀气了，脸上破破相还能冲一冲，说不定还是好事呢！"遇到这么通情达理的家长，我作为班主任，真的觉得好幸运！

阿茅爸爸牵着头绑纱布的阿茅从诊室里出来了。我想起了后天阿茅要在音乐公开课上表演尤克里里弹唱的事情，询问爸爸妈妈是否要取消。阿茅爸爸说："没问题的，我们阿茅很坚强的，这点伤不算什么！"阿茅笑眯眯地点点头。妈妈在一旁说："我回去给他找一顶合适的帽子戴戴就没事了。""好，阿茅好样的！"我给了阿茅一个大大的拥抱，心中的感动无从说起！

阿茅在家休息了一天，第二天就带着伤戴着帽子来上学了，音乐课上的尤克里里弹唱得到了大家的一致称赞。

第三天，我收到了阿茅妈妈寄给我的一束鲜花，里面留言："亲爱的黄老师，感谢您对阿茅的教诲和引导，这几个月以来，我们都感受到了他大大的进步！感谢您的付出！"

我坚信，付出与回报是对等的。付出是我们教师的天职，而回报是学生的健康成长和家长真诚的理解。

学会逆风飞翔

◇陈丽婷

“逆风的方向更适合飞翔，我不怕千万人阻挡，只怕自己投降。”这句出自《倔强》的歌词，曾经鼓舞了学生时代的我——心怀理想、克服困难、越挫越勇。

如今，人生角色已然转变，我成了一名青年教师，一名新手班主任，一名42位学生的“大家长”，我依旧没有忘记这句振奋人心的歌词。我时常怀着这股“倔强”去鼓励学生拥有理想，协助他们克服困难，鼓励他们珍惜逆境，因为逆风的方向更适合飞翔，更适合成长。

在学校中总有一些学生“知名度”极高。在我的班级就有这样一位学生，昵称小T。他的知名度这么高，是因为一个比较“丢脸”的习惯——哭。一年级学生刚入学时，对陌生环境的不适应、对父母的不舍等原因都可能导致孩子会哭，这是入学儿童的常见现象。可是小T的这个适应期不仅长，还哭得厉害。最初2个月，他几乎是每节课都要哭一下，而且是歇斯底里地哭。哭的原因大都是因为自己举了手而老师却叫了别的同学，或是自己回答错了。那时我仅是他们的语文老师，发现了小T的这个问题后，我觉得这位学生想问题只考虑满足自己的愿望，一旦愿望落空，就用“哭”这个方式来赢得机会弥补失望。我曾与小T的母亲交流起这个问题，他母亲表示因为自己的工作忙碌，小T小时候都由外公外婆带着。当她发现小T有点被“宠”过了头，方才领到自己身边带着。我想可能就是与外公外婆相处的那段时间，小T发现“哭”是个很有用的本领，只要自己一哭，所有的要求和期望就都能够被满足。

被“过度满足”宠溺的小T自己也发现了哭并不开心，而且在学校里老师们也不会因为他流下眼泪而有所“迁就”。我决定好好与小T谈谈，并且我有信心看到他的改变与进步。我每天用一段时间与小T聊一聊学习情况、情绪状态和内心想法。尤其是当他在我的课上哭过后，我会利用下课的时间与他交流、分析哭的原因，聊着聊着，他也渐渐明白哭解决不了问题，鼓励可能是老师给的，但信心要自己拥有才行。其实，小T的思维很活跃，回答的正确率也很高，但是因为频繁的哭让别的同学只记住了这个会哭的小T。我告诉他："陈老师能发现你身上的这些优点，但是你要如何改变在别的同学心里的印象呢？你是不是也很想让他们看到你更多的优点呢？"小T的脸上露出了欣喜的表情，用响亮的话语告诉我"我很想"，并且他也非常想改变自己"哭"的习惯。虽然，从后期的表现看，小T并没有完全割断"哭"的习惯，但是至少在开学后的第二个月起，他没有在我的课堂上再哭过。

进入二年级，我成为了他们的班主任，有了更多时间与同学相处。我发现部分同学们对小T爱哭的习惯有着不礼貌的表现，比如偷偷地笑话他，比如玩的时候会因为他哭而不跟他一起。看到同学们这样，小T只会哭得更严重。作为班主任，我利用晨会课和班队课带领小朋友剖析自己身上的优缺点，然后告诉他们我眼中的他们的优缺点。在说到小T的时候，我特地请别的同学来说一说。"小T很大方，会把自己的文具主动借给有需要的同学。""小T很可爱，下课会逗老师们开心。""小T很有礼貌，进校问候的声音非常响亮。"……说着说着，小T和我的脸上都露出了微笑。是呀，尺有所短，寸有所长，每个人身上都有优点，关键在于你是不是一个善于发现美的人。或许是大家的认可让他感受到自己是个"有用"的人，是个不用靠哭来解决问题的人，或许是我的长期谈话起了作用，他决心用语言和行动来让他的决心和理想变为现实。他告诉我自己想变成一个坚强的人，变成一个对班级有用的同学。于是，二年级第一学期中，我看到了小T的改变与进步，虽然我的"持续谈话"还在继续，虽然他的泪水偶尔还是会流淌，但是他在克服顽症的逆境中所表现出的不屈精神和进取决心，是令我倍感欣慰的。

脆弱的内心，爱哭的习惯，同学的不解，为这个刚入学的小T布下了不小的逆境，但正是这些问题的及时暴露，引起了教育正能的传递，让他吸取了一次又一次的经验教训；正是接受教育、正视自我、克服惯性的过程，让他的内心变得坚强；正是心中有了前进的目标，才让他明确了飞翔的方向，产生了能动的力量。逆风的方向，或许坎坷，或许痛楚，但请相信逆风的方向更适合飞翔，更适合茁壮成长，这是为世事所反复印证的真理。

在平凡中孕育伟大

◇孙沛莹

从象牙塔走向三尺讲台，我诗意地描绘着教师这份职业：我想像韩愈那样传道授业解惑，像蔡元培先生一样春风化雨润物无声，像黄宗羲先生一样塑德达之材、明先王之道、通当世之务……心中满是关于这份职业的崇高与伟大。

当我初为人师之后，我渐渐发现这份关于心灵和梦想的职业其实甚是平凡与琐碎，也不乏烦恼与艰辛。然而正是这样的平凡和琐碎、烦恼与艰辛才孕育了教师的伟大。

接手这个班时，有一个小男孩叫小钦。这个男孩子真是传统意义上的后进生，上课走神，课间打架，不做作业，每天闯祸最多，而且无论你怎样苦口婆心讲道理，他也不会说一句“我错了”。他对待每一件事情都是无所谓的态度，可谓油盐不进、软硬不吃。他的这种态度真把我气坏了。有时我想：这哪里是个六七岁的孩子啊？分明是块不可风化的顽石。

正在我不知所措的时候，我意外地发现了他对他父亲不同于旁人的依赖。于是，我找到了孩子的家长了解情况。原来，他的父母工作非常忙，从小不在他身边，有时候他一个月也见不到一次父母。他从小生长在老家，由爷爷奶奶带大，老人对他宠溺有加。刹那间我读懂了这个孩子，他内心深处渴望得到父母的关心，他的种种任性、顽劣都源于内心深处的不安，他倔强的外表只是为了保护自己脆弱的内心。

随后我与孩子的父母进行了多次深入谈话，制定了“改造”计划。之后的每一天，我都用爱和包容的目光来迎接他的漠视。我给了他更多的关注，我将他每一天的表现都详细地写在了记事本上，并要求他的妈妈在记事本上写上他在家里的表现。我在全班面前表扬他点滴的进步：字比昨天端正了，今天没有走神，本周作业都完成了，等等，还会额外给他贴上一颗五角星。

渐渐地，我发现他开始改变了，他不再是那块顽石了。当我表扬他时，他会露出羞涩的微笑；当我阅读他妈妈给他写的记事本时，他会用充满期待的眼光注视着我；当他又犯一点小错误时，他愿意听我的劝告了，肯承认错误了。后来，他成为了我的语文课代表。临近学期结束的时候，他的字已写得工整漂亮，上课回答问题也最积极。看到他这一喜人的变化，他的奶奶专程到学校来，拉着我的手，动情地说道："孙老师，您是我全家的大恩人啊！"

听完这句话，我百感交集。除了欣慰、自信外，我深深地意识到，一个孩子虽然只是班级的四十分之一，但是对于一个家庭来说，却是这个家庭的全部。校园不是神坛仙土，教育生活中的每一件事情看似平淡无奇，但是却闪着熠熠金光，因为教育是塑造人之灵魂的圣地。

我由此想起了1924年，梁漱溟先生离开北大时，有人问他原因，他是这样说的："因为觉得当时的教育不对，先生对学生毫不关心。"他认为，先生应该和学生成为朋友，所谓的朋友，就是帮助他们走路，包括道德人格、知识技能在内的路。想来，教育就应当是这样：着眼一个人的全部生活，领着他们走好人生大路，而身体的活泼、心灵的朴实至为重要。愿圣贤仁人关于教书育人的伟大情怀浸润广大教师，特别是青年教师，愿教师工作的平凡孕育伟大的使命。

蜕　变

◇罗静宜

走出大学校园，走进小学课堂，5 年的时间转眼就过去了。我从刚开始的懵懂，慢慢改变和适应，到现在已经习惯了教师这个身份。有人说过这样一句话："老师不经意的一句话，可能会创造一个奇迹；老师不经意的一个眼神，也许会扼杀一个人才。"是的，老师习以为常的行为，对学生终身的发展会产生不可估量的影响，所以我们要牢记教书育人、诲人不倦的理念，做一个有爱心、有耐心、有责任心的人民教师。

我喜欢和小孩子在一起，但是学习和玩乐并不能划等号。刚开始的时候我很茫然，孩子们都很喜欢我，可是上课的时候，他们都还是很调皮。控班成了我教学生涯中的第一道障碍。我当时找了班级里面最调皮和最乖的两位孩子，分别问他们同一个问题："你喜欢什么样子的课堂?"前者的回答是可以让他随心所欲的课堂，后者的回答是秩序井然的课堂。我当时很武断地认为调皮的孩子是在给我添堵。所以我采取的方式是施压，课堂中，我就扮演黑脸的角色，整节课都面无笑容，孩子们感受到我森冷的气场，班级里面安静得掉一根针都能听得到。可是几节课之后我就发现了不妥当的地方，举手回答问题的孩子变少了，孩子们主动要求对话的跃跃欲试的眼神变了。这些与我的教育方法和态度都有直接的关系。我只能慢慢转变，慢慢地适应他们的节奏，逐渐恢复成之前活泼的上课方式，但是他们可能也是发现原来我也是会态度强硬的，控班的情况渐渐地就有所改善了。教无定法，任何一种方法，只要我们使用得当，都会有好的效果。如果我们在专业教学的情景创设中注意了这些问题，相信会给我们的教学带来更多的实效，给我们的课堂带来更多的生气。

一个好老师应该是从各方面都会关注学生发展的。因为每个人的起点不同，所以发展的速度及方向都各不相同。以我的课代表为例，典型的处女座女生，做事认真，凡事都尽善尽美，可是胆子比较小。当时我决定让她担任课代表是希望她能通过领唱英文歌曲、收发英文练习以及和另一个小伙伴（非常外向）互相，取长补短。果然，但凡交给她的事情，都会准时准点、百分百地完成。可是我发现一个很有趣的现象，因为她做事一定要亲力亲为，所以有一些原本应该让组长统计上交与否和收发的事情，她自己默默地全做了。小伙伴见她这样，就把本应该自己收发的任务全部交给了她。我发现了之后，并没有直接去批评和指责小伙伴，而是先让她来我这里，跟她说了我发现的情况，问她是否需要我出面介入。她很茫然，我告诉她，如果老师出面的话，小伙伴可能会受到比较重的批评，如果她可以勇敢跟小伙伴提出来，并且能够自己处理好这件事情的话，对于小伙伴来说是比较好的。她似懂非懂，基于朋友以及“同事”的情谊，她选择自己处理，而我要求她在处理之后能告诉我处理的过程以及结果。事情的发展比我想象中的要快，也许是因为我给她定了期限，隔天她就来找我“述职”了。其实孩子们的世界远比我们想象的要简单，她婉转地表达了希望小伙伴能自己完成自己的工作，她也有自己要忙的事情之后，粗线条的小伙伴立刻就答应下来了，并且也为自己之前的行为道了歉。

其实有的时候，孩子的蜕变就是在与人、与事一次次的磨合中发生的。慢慢蜕变，慢慢长大，而我作为他们的老师，也跟着他们一起学习，一起长大。

激励与唤醒

◇顾春燕

“智如泉涌，行可以为仪表者，人之师也。”我从事教师这个职业，已是第六个年头了，在平凡的教与学的岁月里，着实收获了不少。入职之初，我总感觉把知识全数教给孩子们就是教师之道，可时间长了之后，感触尤深的是做教师要德才兼备，教师要言教更要身教，教师人格对于学生成长的影响是非常之大的。

片段一

四年级时的小 Y 在班级中比较内向，一直是默默学习的类型。文字的书写对于他来说，似乎是一个特别大的问题。刚开始接触他的时候，我一味的以批评为主，自认为这样可以让他认真对待书写。抄写本上留下了一个又一个的“加油”，一次又一次的“重写”，可是结果并没有朝我所希望的方向发展。字迹越来越歪，也越变越潦草。而且我分明感觉到他的课堂表现也“滑坡”了，慢慢开始喜欢低下头，做自己的事情，有些不那么爱学习了。我开始反思。有一天，我专门指定他回答了一个问题，特地好好表扬了一番，原本想着只是可以激励一下孩子，可是带来的结果却出乎我意料。第二天，小 Y 的抄写比之前好了一些，于是我写了一句：有进步，表扬，免抄写一次。第三天早上，我收到了一份更加进步的抄写作业，还收到了小 Y 爸爸的一句感谢：衷心感谢老师的鼓励！之后，我特别能感受到小 Y 的学习意愿不断增强，一直到五年级，都在努力着想变得更好。我这才意识到，老师的一言一行对于一个孩子的影响可以有多大。设身处地地想一想，在我小的时候，老师的一句鼓励，我可以一直记到现在，永远是心中幸福甜蜜的回忆，而且带来了无限的积极影响。

是啊，初为人师，我懂得了些许教育教学的艺术，教育不单单在于传授的本领，还在于激励与唤醒。

片段二

这件事情，与我的教学无关，但给了我深深的启迪。有一段时间，我发现班里的孩子都喜欢上写小说了，孩子们的微信朋友圈里有，平时课间休息时，也发现他们在写。开始时，我以为是小朋友们之间一时流行起的“潮流”，但在慢慢深入了解后发现，这些小说不是孩子们一时的兴起，更不是布置的硬性作业。一切，都源于孩子们的语文老师，在她的言传身教下，在她的魅力渲染下，越来越多的孩子乐意去写，而且有东西去写。这不是作业，而是一种语文学习的积累，并且是十分快乐的积累。在发现这一点时，我觉得十分惭愧。我是为了教而教，可一些出色的有经验的老师，他们是把学习方法教给了孩子们，以教师自身的人格魅力吸引学生，孩子们还特别乐意去学，去做，去探索。这样的老师，带给学生们的远不只是课本知识，那是一辈子的学习情怀。

在这里，我又懂得了些许教学的艺术，教师的教学艺术和人格魅力，是一种无声的激励与唤醒。

教师的育人使命任重而道远，我还有很长的教育之路要走，需要我去慢慢琢磨，慢慢历练，慢慢改变，不断超越。希望我的教育教学艺术不断丰富，真正能激励和唤醒我所教过的学生。

花 信 晚

◇李嘉伟

花信指花期，花开的季节。宋代范成大《元夕后连阴》诗曰：“谁能腰鼓催花信，快打凉州百面雷。”

刚做体育老师的第一年，我教了二年级，我这个人看上去温文尔雅、很有耐心，其实则不然。就和那范成大似得，什么都指望孩子们一次做到最好，但现实总是残酷的，也会给我上上课。这个班有个孩子是特殊学生，特殊到什么程度呢？他无法自控，他上课要发出声音，他在操场上要乱跑，他无法完成我的指令。一个不受控制的特殊学生，在一个很好的班级里，这种反差是极大的。我要顾着全班同学上课，又不能完全不管他，毕竟跑哪摔着了弄伤了也会受到皮肉之苦。于是我就采取了针对性措施：时而上课先吼他几嗓子，时而温柔，时而送点小礼物，时而表扬，时而严肃，软硬兼施各种手段都来。我对他的要求并不高，能排在队伍里到操场别说话就行！

就这样逐渐到了三年级。三年级的孩子心理成长较快，很快他在班级里就几乎没有朋友了，大家都不愿意和他一起活动。唯一愿意和他说说话的也就只有我这个老师了。于是我在班级活动正常的情况下都会找他说说话：“小毅，要不你的活动范围小一点吧！不要去主席台。同学们在跑步的时候别到跑道上。和同学们一起活动吧！来，你和李老师一起做游戏。哎哎，你别跑呀……”有时候同学们学习篮球的时候我也会给他单独拿一个，他倒是很乐意自己练习拍球，偶尔我也会边运球边唤他来抢，他抢了一会儿便累得直喘气，现在想来也不失有趣。

再过了一年，小毅同学到了四年级，班级里的孩子们越发不愿意搭理他，他的成绩也越来越差，几乎到了让老师放弃的地步。但是活动类的课程永远是孩子们喜欢的课。这小子不知道在哪看到了我的名字，每次看到我不喊李老师了，喊“李嘉伟”。我自然是很生气，批评教育了好几次，好说歹说，还是无效，我便和他说："你要是私下里叫我也就算了，当着同学们的面可不行，这么没礼貌的事情太不对了！再这样我去告诉你妈妈！"呵！这下消停了一阵。不过没出一月，又来了，但他怕被我抓住，总是远远地叫，轻轻地叫，叫完还一副嬉皮笑脸软硬不吃的赖像。这种"大逆不道"的行为，自然是把我惹毛了，有一天他妈妈来接他的时候，我就想和她打个照面，打算提一下这个事，没想到我还没开口，眼前的这位中年女子就一个劲和我道歉；"李老师，又给您添麻烦了是吗?真是对不起，我会多管教他的！对不起！对不起！对不起！"一时我倒是不好意思起来，赶快摆摆手："没事，没事，没什么事啦！"其实，家长对自己孩子的情况难道还不知道吗？我还要去告状实在是太不应该了，多一些宽容少一些介意吧，我一遍又一遍告诫自己。

那届学生到了五年级快要毕业的时候，班级里每每进行各种体育项目练习的时候，小毅都会自己拿个篮球在一边投篮，或许是没人陪他玩，或许是觉得投篮还挺有趣，总之，这一年的春夏秋冬都能看到他投篮的样子，一年半载下来居然有了惊人的进步：篮下上篮几乎个个都能投进，基本功比篮球队的孩子们都要好。我暗自称奇，是不是也该在同学们面前夸耀他几句？而他叫我名字的这个坏习惯依然在延续，只是悄悄到我身边来，爆着牙："李老师，我知道为什么不能在课上叫你名字，那我就轻点叫，或者下课叫，上次楼上叫你，你为什么不理我?"听罢，我心里还是五味杂陈："你小子叫我名字也不知道是喜欢我还是给我难堪啊！"当然，我已经学会不去和他计较这些了，因为要他彻底改掉这些习惯，他就不是那个小毅了。能慢慢交流，说十句能听一句，也是一种进步了，我相信多一点耐心和方法就能做好一件事。你看文首提到的范先生，范先生真是心急呀，眼看这花已经到了花期了却迟迟不开，真想敲锣打鼓地催一催它。我花了四年才明白了这个道理，有的花可能就是开得晚了一点，没关系，只要开了就是好花。

每一年的教师节，是很多毕业班学生回来看望老师的日子，我刚一坐下，就听到走廊里熟悉的声音："李老师呢？我来看李嘉伟！"刹那间，一股暖意从心底油然升起。

请让我牵你的手

◇张爱菊

开学初，学校安排我与阮老师接一年级班主任的任务。在第一次带班时，我就发现小蒋这个孩子与其他的孩子不一样，独自玩耍、一脸茫然，他的不合群与个性行为引起了我的注意。当党员教师开展爱心牵手活动时，我就想起了他，因此在本学期里我对他的帮教和关注比较多。

记得第一次的阳光体育活动时，其他的孩子都在自己的地方练习跳绳，只有他拿着绳子不知所措。于是我上前教他如何拿绳、比对、身体的姿势等要领，尽管示范、手把手地教，但在他身上收效甚微。之后，只要是跳绳的阳光体育活动，在安排好其他同学后，我总是对他特别的关心，希望他能通过自己的努力学会并掌控跳绳的技能。

有时，我找他谈心，通过聊天的方式了解他在家的生活习惯、学习习惯以及家庭环境，得知他父母平时很忙，都是爷爷照顾他的起居，平时的学习情况也是由爷爷监管。可以看出他的心里还是非常渴望与爸爸妈妈在一起的，由于父母工作忙碌对他有所忽略，他的爱好转移到画画上，通过画的形式表达自己的愿望。于是，我陪他画，从而了解他真实的想法，对他作进一步的引导，让他正视自己的行为与做法，积极地参与班级的活动，多与同学交往。

飞行棋是本学期一年级室内阳光体育活动的项目，每组的人员都分配好了，当大家都在下棋时，我看见他独自在自己的座位上涂涂画画，当我走到他的身边时，其他同学都在告知我他扔棋的行为。我立即制止了告状的学生，并轻轻地讲我们要学会帮助比我们弱的同学，同时鼓励小蒋尝试下棋，让伙伴们告知他下棋的基本规则。看着他能参与同学间的玩耍，我的内心是非常开心的！

课堂上，小蒋这孩子喜欢“孤立”自己，将自己的座位排得离小组远远的，小组活动时也不参与，当我看到这样的情况时，我会发动小组的力量一起帮助他，用同伴的力量协助他，拉他融进小组的活动中，让他慢慢接受大家，展现自我。

龙应台的《孩子你慢慢来》书中有一段话："脚踏车经过一片花开满地的平野，将车往草地上一倒，就坐下来，蒲公英年年都有，孩子那样幼小却只有一次。"作为一名平凡的教育工作者，不管在何时与孩子相遇，都应有这样的意境，我与他们的关系是定格在那个永恒的时间里的。

因此，我深深懂得，教育是爱的事业。这种爱是"一切为了学生，为了一切的学生，为了学生的一切"的博大无私的爱，它包含了崇高的使命感和责任感。"爱心最是有情物，化作春风更催人。"

爱是一种信任，爱是一种尊重，爱是一种鞭策，爱是一种激情，爱更是一种能触及灵魂、动人心魄的教育过程。教师应当有爱的情感、爱的行为，更要有爱的艺术。

我们的课前“两分钟”

◇汪未雄

课前“两分钟”演讲如今在我校各学科中全面推行，俨然成了我校课改的一道亮丽风景。它不仅锻炼了学生的口头表达能力，而且让每个孩子都有主动参与的机会，展示自我的“舞台”。在美术课堂上，我们也有着精彩的“两分钟”：有的孩子介绍世界名画名作，有的展示自己的美术作品，还有的讲述自己的绘画故事，还有的教大家做手工折纸……内容形式多种多样，百花齐放。

其中，有两个孩子的表现让我印象深刻。其中一个是个小男孩，他讲述了自己学习美术的体会：“我喜欢……喜欢上美术课，每当画画时我……很认真……画画能让我一颗热乎乎的心平静下来……”他的语句组织断断续续，表达也自然磕磕绊绊。演讲过程中不时有同学偷笑调侃，一方面是因为他叙述时那副有趣的样子，更是因为他所表达的意思和他本人平时的状态完全不一样。因为在大家眼里，他经常违反课堂纪律，甚至与其他同学发生争执，有时还会发出怪声音引起哄笑，做美术作业也是虎头蛇尾，怎么还说自己喜欢上美术课呢？其实我也觉得有些好笑，但分明我又观察到他是很认真地在叙述着，认真的模样让我有些诧异，甚至感动。的确，在平时的美术课上我从未见过他如此认真的样子。于是，我在之后的点评时说道：“今天小王同学的演讲让老师很感动，我和同学们一样，也很期待看到你认真画画的样子，希望在课堂上你那颗心真正因为画画而平静下来……”此时，同学们都向他投去了期待的目光和微笑。他似乎领悟到些什么，也有些不好意思地笑了起来。在之后的课堂上，他的确改变很多，画画时也真的很投入。我想，有些孩子不是不会“认真”，也许他们缺少的是关注和鼓励，就像小王同学一样。“两分钟”演讲为他们创造了一次机会，让他们感受到大家的期待和鼓励，这是自我亮相后努力改变自己的一种动力。

另一个是个小女孩，她的“两分钟”演讲很出彩。她带来了许多自己的绘画作品，有素描画、彩铅画、蜡笔画等，题材包括动物、人物、风景。她如数家珍地逐一展示，边展示边津津有味地介绍作画的过程、心得体会。她的讲解准备充分，倾情投入，就像一个小演说家。同学们听得是如此的专注，每当看到精彩的作品时还不时发出惊叹。这是多么自然的互动，多么动人的课堂瞬间。可见，孩子们是那么看重这短短的两分钟的机会，他们多么渴望通过这“两分钟”充分展示自我，尽情地与他人分享自己的感受，分享所获得的成功和快乐。

如何真正利用好这短短的课前“两分钟”，如何将这“两分钟”与学科教学内容有机的结合，着力展示学生个性，培养学生核心素养，是值得我们不断探究和思考的命题。很期待在今后的教学过程中，能看到孩子们更加精彩的“两分钟”表现！

用心滋润，终见阳光

◇单琬莹

“教育艺术的本质不在于传授本领，而在于唤醒、激励和鼓舞。”作为一名新教师，刚刚站上三尺讲台，正是对教育本质一知半解的时候。九月伊始，刚以语文老师的身份站在课堂中，我总觉得头绪多，困惑多，需学习、思考的问题不少。无奈，我只能树立一个基本的宗旨：多鼓励学生进步，让学习的正能量萦绕课堂，决不轻易地批评任何学生。如在第一轮“两分钟”演讲中，不管我的学生演讲情况如何，我会尽力找出他们演讲的优点，并予以鼓励。在我的努力下，我们班的学生都很喜欢进行演讲，喜欢语文的学习。

但是在一片祥和之境中，我也发现了一个不太合拍的身影，我们班的小吕同学似乎在我的课堂上总是没法专注地投入，听清楚我的要求。每次我在课堂上看到他的小手高高举起，满怀欣喜地请他回答时，他站起来不是要求上厕所，就是以身体不适的理由要求休息。此外，这个同学平时在老师面前表现得像一头温顺的小绵羊，私下里却会对身边的同学大吼大叫。还有，在他的日常作业中，充斥着情绪化的痕迹，作业本上字迹潦草不说，还经常出现一些很不应该的错别字，只有在我的关注和监督下才会稍有改进，但是往往好景不长，几天之后又重归旧貌。我是又气又急，也只能耐下心来一点一点地教他，盯着他完成作业。在盯做作业的过程中，我发现只要我一不留神，他就会瞅准时机开个小差，浪费时间，临近上交作业的规定时间才开始奋笔疾书追赶进度，如此完成的作业质量可想而知。于是，我决定牺牲我的休息时间抓他的作业，课上给予他更多的关注。在我日复一日的监督之下，小家伙的自觉性提高了不少，作业能及时完成上交了，本子上的字也像样了，脸上消极的表情变少了，看到他的改变，我也稍稍放下了心。

还记得是在12月的一节语文课上，空调把教室吹得暖洋洋的，小朋友们都半坐半趴在自己座位上，一副懒散的神态。当问到“是”的反义词除了“否”还有什么时，小朋友们的反应很冷淡，鲜有的举起小手的学生也未能答出。正当我酝酿着准备公布答案的时候，小吕同学的小手略带犹豫地缓缓举起，看着他一脸纠结的表情，我还以为小家伙又是要向我报告身体状况，直接挥手示意他在座位上休息，没想到小家伙略带迟疑地站了起来小声地回答了“非”，我顿时喜出望外，在全班同学面前好好地表扬了他一番，只看见他小脸红红的、埋得低低的，害羞的表情中带着一抹微笑，这还是我第一次看到他那阳光的、灿烂的笑容，那一刻，我的心被暖化了。我长时间以来播撒的阳光没有白费，终于让这棵苗苗绽放出了健康而富有活力的生机。在此后的课上，我隔三差五就能看到他积极的小手，虽然他的回答对错均有，但我分明看到他的变化，他的进步。身为他的老师，我由衷地为他高兴，也为初为人师的收获感到欣慰。

用心滋润，终见阳光。教书育人是一辈子的学问，且很多问题并没有所谓的正确答案，需要日复一日、年复一年的学习、践行与琢磨，困难与挑战，突破与成熟，是一条教师成长的必由之路。

用爱耐心浇灌孩子的心灵

◇顾　洁

孩子的个体差异真实存在着，但个性鲜明的个体如此之多且存在于一个班级之内，无疑给老师带来极大的挑战。我能做的是用爱耐心引导，使他们融为一个整体。

小陆，是个小个子男生，眼神中总带着那份不羁、任性，却又才华横溢。初次接触，他就给我了一个“下马威”。

那是在一节我的课上，我正专注于课堂教学之中，忽然瞥见了他埋头专注于某事，鉴于教师的职业敏感，我认为他应该是在阅读课外书。我一个箭步冲上去，欲收掉他的书，他敏感早知，死死攥住，一场“拔河”对弈开始，边上的孩子竟起哄“加油”，此时作为教师的我颜面尽落，心中一阵怒火，可转念：如此对弈，势必双方都无台阶可下。我便轻轻松手，面向同学说：“真要拔，他是我的对手吗?”同学们一下子哑然。“请你把书放进桌肚里，我们继续上课。”果然，他涨红的笑脸不再有博弈的紧张，轻轻地放回书，课堂继续。课后，我找到了他，分析他的问题，告诉他如此倔强的行为会让彼此陷入尴尬，希望他能换位思考，也告知他，他没有学会尊重老师，只是老师不予以一般见识而已。也许是因为我轻柔的话语、耐心的引导，一双倔强的小眼神似乎平和了不少。我的感受是：对付倔强的孩子，缓一缓，不对决，是个明智之举，事后冷静分析，更能让孩子接受。

在以后的日子里，我慢慢了解到，这孩子虽然为人倔强（源于父母的宠爱），但他却非常热衷于古诗文的阅读研究，有自己的思考，写作能力强。在平时的闲聊中，我有意无意地讲“仁、孝、义”等儒家文化的精髓，引导其文明地为人处事。一年后，他竟笑称自己“正走上康庄大道”。

教育孩子是迂回曲折的，正当我窃喜于自己的教育成果时，事情又发生了。

那天他犯了个大错，我请他的母亲来，一起教育他一番。孰知竟又见他倔强的小眼神，出言不逊：“妈，我不服你的教育，我觉得你说得没有道理，我只听顾老师的。”妈妈顿时颜面扫地，愤然离去，丢下一句话：“你不听我的，那也别回来了。”我一脸尴尬。心里暗想：原来任性倔强是有出处的。我是教育者，家长我无权教育，但学生我有责任引导。我走到他的身边：“看来今天只有我收留你了。”“不用，我妈不会拿我怎么样的，她会让我进家门的。”他超有把握。“可我觉得你妈妈今天真生气了，她在老师面前没有面子了，这事非同小可。”他似乎有些紧张了，但嘴上仍旧倔强地说：“不会的。”“那你冷静想一下吧！”十分钟后，我说：“我给你出个主意，我给你妈妈打个电话，你向她认个错，她应该会原谅你的。”这会儿，他冷静些了，不再反抗了，我拨通了电话，他嘴上还是不服软，但最终还是蹦了一句：“妈妈，我要回家去。”第二天，我与他聊起回家后的事，他说妈妈真生气了，说一个月不给他做好吃的。我适时与他聊到最近在看的《孝经》：“身体发肤，受之父母，不敢毁伤，孝之始也……”言语上的不敬，亦为不孝。慢慢地，他似乎明白了些。是的，教育明理可以从孩子直接经历的小事开始，这样能更好地触动孩子的内心。

现在的小陆虽然还会有些任性倔强，但次数越来越少，也学着慢慢尊重他人，朋友也多了，他的才华也使他更加自信了。相信耐心地引导，抓住生活中的点滴，用爱浇灌、滋养心灵，他会真正“走上康庄大道”。

断想中的教育感悟

◇吴梅芬

1991 年，我第一次站上讲台。在这之后的 26 年间，我发现，师范学校里学到的教育学、心理学等理论在实践面前苍白无力。人家都说，这世上两个职业最难，一个是商人，一个是教师。前者想方设法将别人口袋里的钱掏出来，后者想方设法把知识灌进别人的大脑。

直至今天，当下的这一秒，我已把我的半生献给教育。我不敢说懂教育，但是却敢说，再没有人比我们这些小学教师更懂孩子的了。没有什么捷径，也没什么难的，不过是耐着性子陪伴一届又一届的孩子们成长罢了。

时代在变迁，我依稀记得我的第一届学生们，一个班级大概也就二十多个孩子，一个年级至多不过六七个班级。刚开始的几年间，大部分孩子都来自上海本地。但是现在，动辄一班四五十个孩子，一个年级十几个班级，孩子有不同的家乡、不同的民族，甚至不同的国籍、肤色和语言。显而易见，教学难度比起从前是阶梯式地增长了。而时代发展带来的生活习惯的改变更是代代不同，以前也许更多要督促班里调皮捣蛋的“刺头”们不要只顾着在操场疯玩而忘记写作业，现在恐怕还要多加一条：前一天晚上不要熬夜用 iPad 打游戏，以致第二天上课打瞌睡。

清晰地记得我们班有个学生小于，机灵聪明，爱看书，知识面也很广，可是由于和爷爷奶奶住在一起，被过分宠爱，行为习惯很差，父母觉得成绩尚可对别的方面也不是很重视。上个学期，他成绩明显下降，我和家长交流了几次，效果也不明显，甚至家长觉得老师小题大做。有一天他上学又迟到了，到校后的晨读时间竟然还打瞌睡。我问他昨晚几点睡的，回答是九点。我直觉感到他在撒谎，我直接问他是不是等爸妈睡后又起床打游戏了。他一呆，又否认。经我反复且斩钉截铁地问，他才不得已承认。我打电话给家长，让带回家睡觉休息，家长才恍然大悟，万分感激之余，以后对老师的每一次意见和建议再也不敢掉以轻心。

每次这种时候，我都会感觉到，教师真的是一个带给人希望，带给人惊喜的职业。“灵魂的工程师”这种美称我不敢当，但是我很荣幸曾经在这些孩子们的人生刚刚启程的时候给予过他们帮助，也在某些学生可能误入歧途的时候拉他们一把，或者还将更多的学生稍稍匡正到更加顺遂一些的人生道路上。

这个工作除了孩子以外，接触到最多的就是家长们。从教近 30 年，我遇见过形形色色的家长们。有支持理解的，自然就会有不重视乃至不讲理的。前者自然是双赢局面，教学工作轻松，孩子进步明显。而后者则又会分好多类型，不重视孩子的，看不起中国教育的，不理解老师教学模式的。后者体现了真正的社会大熔炉，作为老师，在进行交互沟通时往往还需掌握技巧，把握坚持与妥协的平衡，“大家都是为了孩子”的理念恐怕是双方谈话的“基本原则”。

无论是孩子们，还是家长们，在我的教学生涯中都是形形色色的点点滴滴，与他们沟通必须及时且要放在第一位，孩子成长的关键几年是短暂的，耽搁不起一点点的时间。我将继续以孩子的健康成长为最高目标，迎接接下来将会遇见的每个孩子！

让“生活教育”焕发出生命的活力

——以《折现统计图》一课为例

◇方美琪

“生活即教育”，“教学做合一”，“为生活而教育”，是陶行知先生倡导的教育真谛。他认为教育起源于生活，又服务于生活，每一个孩子都应公平地享受为生活作准备的教育，教育要培养能适应社会生活的人，这就是教育的根本目的。现结合数学教学，述说我的教育故事。

大家知道，“生命教育”主要是帮助学生认识、珍爱自己的生命，并尊重他人的生命，进而珍惜人类所共同生存的环境。同时，帮助他们主动地去思索生命的意义，找出自己存在的价值与定位，去回馈社会，去造福更多的生命。然而，从小学生的年龄特征和认知水平来看，脱离所学的知识，光给他们讲热爱、珍惜自己的生命这样的大道理，收效肯定是有限的。如果教师能联系生活实际，利用数学应用广泛的特点，让学生真正体会到学习数学的实际意义，往往能起到由此及彼、事半功倍的效果。我在教《折线统计图》一课时，选择和讲解的例题就是从“生活教育”开始的。我从2005年上海的气温变化入手，介绍月平均气温的情况。这个例题的设计让学生感到亲切，易理解接受，能充分调动学生的积极性。“从这幅图上你能知道些什么呢？看到这样一个趋势，你有什么要提醒大家的呢？”学生发言争先恐后：“7月份的温度最高，月平均气温达到30摄氏度以上，希望大家做好防暑降温的工作。”“7月份温度很高，用电量很大，我们要想办法节约用电。”“3月到4月、10月到11月这些月的气温变化很大，容易感冒，大家要引起重视。”“1月、2月、12月的温度最低，小朋友们要做好保暖防冻的工作。”

通过这个例题的选择、解析与评议，学生们知道了节约用电、减少能耗的重要性；懂得了爱护国家财产要从自身做起、从身边小事做起，这是弘扬中华民族

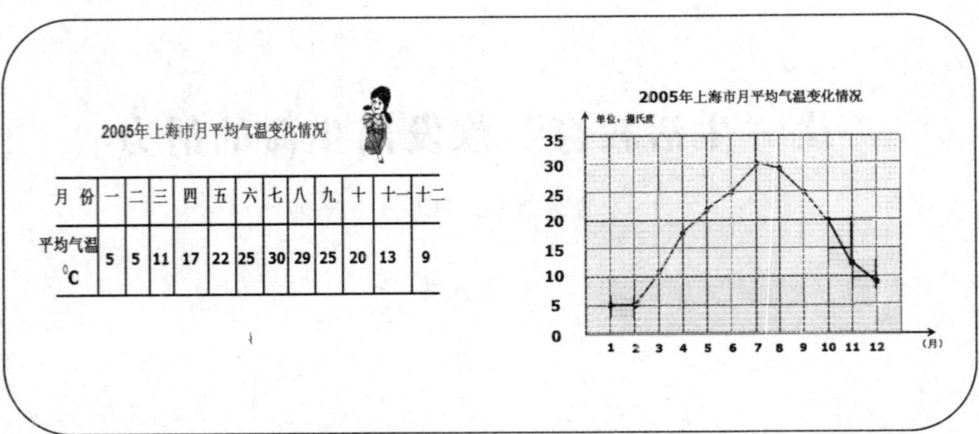

2005年上海市月平均气温变化情况

月份	一	二	三	四	五	六	七	八	九	十	十一	十二
平均气温 ℃	5	5	11	17	22	25	30	29	25	20	13	9

传统美德的具体表现，还学到了在易感冒的季节里怎样确保自身健康的具体做法。同时，在小组讨论的环节中，学生通过小组活动体验到集体组织对个人成长的帮助，通过同伴交流，发挥了学生的主体作用，帮助学生学会建设性地与他人沟通与交流。

数学来源于生活，又应用于生活。故而，我在教《折线统计图》一课时，设计过这样一个片断："我们来看看我们学校近五年的近视率变化的情况，从这幅图上，你看到些什么，你有什么想说的吗？"这道题目一方面要求学生学会折线统计图的理解与分析，另一方面要渗透"生活"教育的相关内容。我们来听听小朋友的回答："看到这样一个趋势，我一定要经常提醒自己，平时要养成良好的读写姿势，培养良好的读写习惯，保护好我们的视力非常重要。""为了保护好我们的视力，要自觉纠正眼保健操中不规范的动作，注意平时的用眼卫

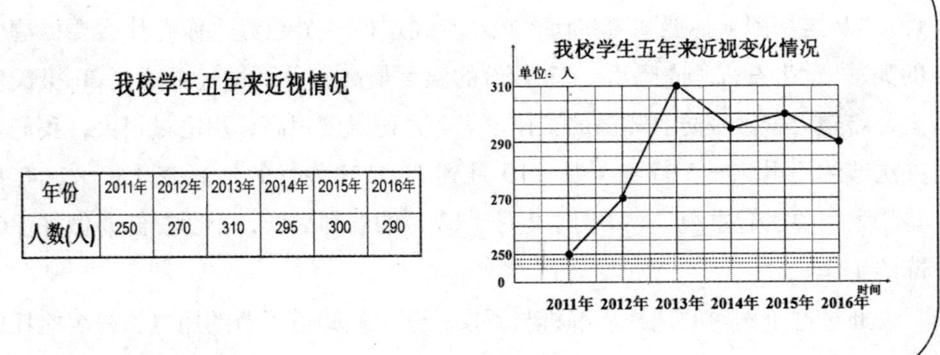

我校学生五年来近视情况

年份	2011年	2012年	2013年	2014年	2015年	2016年
人数(人)	250	270	310	295	300	290

生。”“平时做完作业，要注意适当地休息，看看远处的风景。”“学校里应该多种一些绿色植物，也能让空气更新鲜！”……听听这些呼声，这不正是“生活”教育精神在数学课堂中的有效落实吗？

我想，只要我们教师认真钻研教材，充分发掘教材中与“生活教育”相关的结合点或潜在因素，始终有意识地把“生活教育”贯穿于教学过程之中，那么这样的教学探索不仅能提高学生的学习兴趣和学习能力，而且贴近生活，学以致用，让“生活教育”走进课堂的初衷就不会停留于口号层面的形式化的宣传了。

如果我是他

◇江晓烨

现在的学生大多是独生子女，有些以自我为中心，不懂得什么是宽容和谦让。在家他们是“小皇帝”“小公主”，但是，在班级大家都是一样的小学生，如果再把在家的样子表现出来，恐怕无法和其他同学和睦相处，我们班就有这样一个问题很突出的学生小 Z。

赞可夫曾经说过：“个性的发展，在孤独和隔绝中是不可能的，只有在儿童集体的内容丰富而形式多样的生活中才有可能。”因而，我发现光靠老师或家长言语上的教育是不够的。所以，我决定让他们在集体中体会什么是谦让与宽容。

我利用班会课开展了《如果我是他》的主题班会。在班会上，当在各种情境中发生矛盾时，让模仿小 Z 的学生首先“发难”，就像小 Z 遇到问题时一样。然后，我就会请其他同学起来“以如果我是他为开头，说说如果你是情境中的人，你会怎么做”。每题我都会请小 Z 说，有一次他这样说：“如果我是他，我会希望他能够大胆地承认自己的错误，向别人道歉。”

在经过了几次情景扮演后，我最后请小 Z 来做个总结，请他说说这些情境中的同学表现的怎样。他想了想说道：“情境中的他总是只想到自己，而没有为别人着想。在遇到矛盾或摩擦时，没有谦让和宽容。”于是，我又乘胜追击地问：“如果你是他，你会怎么做?”他想了想又说：“如果我是他，我会说声‘对不起’；在别人向我道歉的时候，我会说声‘没关系’。大家让一步就好了!”于是，我又接着问：“你为什么会这么做呢?”“因为，我这样做了，那么同学之间就不会闹不开心，也不会去向老师告状了!”

接着，我又从另一个侧面问他说：“如果，你遇到了这种蛮不讲理的人，你会愿意和他一起玩吗?”这次他想都没想，直接说到：“不愿意!”“为什么?”“因为，和他玩总是会发生矛盾，大家都不开心!”“那时间久了，你愿意和他做朋友吗?”“不愿意!”

他回答完问题坐下去，好像明白了些什么。我于是总结道：“今天，我们通过‘如果我是他’这个游戏，明白了在与人交往中，要学会为别人着想，而不是只想到自己。在发生矛盾或摩擦时，要学会宽容和谦让。这样，在与同学的相处过程中，就会更愉快！同学也更愿意、更乐意与你交朋友！希望通过今天的活动，我们班的小朋友能够更和睦，彼此都成为好朋友!”

通过这次活动，其实不仅使小 Z 明白了一些道理，也使全班同学都明白了宽容与谦让的重要。

无规矩不成方圆

◇吴倩珺

小沈是我今年新接手的一年级新生，他长着个大大的脑袋，乌溜溜的大眼睛透出一股聪明劲。的确，一开始上课他就表现出优异的英语口语能力，能跟我全程用英语对话，语音语调特别出色。看来他的家长在培养他的英语技能上下了很大的功夫。果然，和他爸爸交流后得知，他从三岁就开始跟着外教学习英语，难怪他能说得那么流利。

但是没上两节课，小沈的顽皮本性就暴露无遗。课堂上随意插嘴，随意批评回答得不好的同学，甚至离开座位去打其他同学，还振振有词地辩解说刚才下课的时候别人先打他的。针对这样的情况我特意联系了小沈的爸爸，向他说明了孩子在校表现，以及我的解决方式。他爸爸非常重视这些问题，与我沟通了很久，也表示非常支持老师的所有行动。

终于在我一次次苦口婆心的教导下，小沈有了改进，慢慢地能够克制自己，不随意离开座位，也不插嘴了。为此我和他爸爸都很高兴。

随着教学进度的深入，我们开始在课堂教学中渗透字母的认读和自然拼读法，也开始教他们逐个地学习字母的书写。很多小朋友因为有过拼音的学习，对字母书写充满了期待，大家都很认真地一笔一画地照样子写。而小沈交上来的第一次作业就让我大跌眼镜，作业本封面上黑漆漆的都是铅笔涂抹的印记，页角已经开始打卷了。翻开作业本，每个字母都是又黑又粗，有的大，有的小，有的斜，简直没有一个字母是端端正正写在四线三格里的。我找他了解情况，他却觉得自己写得挺好，我跟他父亲反映情况，他爸爸说大概是左撇子的关系，平时写字确实是很难看。好吧，那我就多多鼓励，尽量让他克服自身的不足。可是第二次，他的作业还是很糟糕。这样下去不行，养成乱写的习惯以后就纠正不过来了。我把他请到办公室，给他看了班级里写得好的四个小朋友的作业，请他观察人家的作业好在哪里。他仔细看了又看，对我说：“他们的字写得大小一样的，很干净。”“对呀！你观察得还是很仔细的。”我乘机引导他写字要慢些，要仔细，每一笔每一划都要认认真真。小家伙大概看了同学们的作业本深受触动，听得很认真。我又拿出一本新的书写本给他，希望他能够重新开始写。他非常高兴地答应了，在我身边认认真真地开始重新开始写。有了标准，他的字一下子就写得非常好，和那几个做样板的小朋友写得差不多好。我非常开心，大大地表扬了他，给他打上了A加五角星。小家伙也特别开心。之后我把他前后两本作业上的字拍成照片发给他爸爸看，并详细告知今天的情况，他爸爸看了也很开心，表示会加强沟通，促其进步。估计在家也受到了表扬，小沈的自信心一下子提高了好多。最可喜的是，小沈在后来的字母书写上一直都那么认真。期末的家长会上我把他的转变作为案例进行介绍，与会的家长们颇受启发，连连点头。

古人云：无规矩不成方圆。小学生正处在长身体、长知识的重要阶段，学习态度是否端正，学习习惯是否养成，对他们的一生都会产生深远影响。在这一阶段，要严爱相济做好规矩。每个学生对于自己的老师而言都是宝贝，都会给予关心。当我们肩负育好苗，护好树的责任，严格要求学生，精心辅导学生时，学生才会在求知育能上有进步，有发展。当我们真心地向家长提出意见和建议，并得到家长们的及时跟进、积极配合时，才能取得事半功倍的成效。

“感化”还是“强压”？

——一堂美术课中的契机与改变

◇陆勤勤

这是两个个性很强，总是冷不防打乱上课纪律的人称“小霸王”的学生。比如我在讲课，一个会跑出座位去拿别人的工具，还会说“我借东西呀”，对老师的指责漫不经心；另一个也如此，更糟的是那个学生对老师的指责更不屑一顾，还会用仇恨的眼光瞪着我。对我提出的问题他俩总是自由散漫地说出一些奇怪的答案，时不时地将椅子一翘一翘地玩，有的学生对他俩的回答哈哈大笑，有几个班级小干部还开始指责起他们。那时，我看在眼里，强压着怒气，课就此打断，别的学生七嘴八舌地说：“他们上其他课也这样。”可他们丝毫没反应，还摆出一副神气的模样。

有一节美术课上，我看到其中一个人的课桌上堂而皇之放着别的课本且写个不停，我提醒他，他根本不听，我只好走过去收了他的书，于是又一次看到他的怒火，而且比以往的更凶。到大家开始作画时，他一动不动，怒火还在他眼中。“课后你到我办公室来拿。”我不再去理睬他。课后是午餐时间，我想以他天不怕地不怕的性格一定会来，但我在办公室等了一段时间，却没等到。“他会不会在发臭脾气？”我有点担心了，走到教室一看，他还在不停地写，我开始与他较量了：“你怎么不来拿书？”他恶狠狠地说：“我不要。”“你哪来的书？”我故意又问。“借的。”这时，班主任来发话了：“让他去，又发臭脾气了，他爱怎么样就怎么样。”这话刚落，他眼泪刷地流下来了。“你哭什么？你不是很厉害吗？”我乘机又说话了，“我提醒你两次收起其他作业，你都不听。”他带着哭腔说：“我只有做完才能吃饭。”“这就是你在美术课上做其他作业的理由吗？”“那让我怎么办？”他这么一说，还挂着眼泪，我的心一下子平静下来，开始有点体谅他了：“你饿吗？先去拿份饭吧！”旁边的同学说：“他写不完不能吃的。”“我不吃。”他冲着插嘴的同学恶狠狠地说。我看他不是冲着我，我又与他搭讪起来：

“你先吃饭，再写，我去帮你跟老师说，你放心，你去拿饭。”他看我这样低声下气，便往食堂走去。我离开教室，去找老师说明情况，心想：“我这种处理方式，是不是有失威信了？”解释完我又一次来到教室，看他又在写。“怎么回事？”我的语气变得关切起来。“没饭了。”我转身去食堂亲自拿饭，放在他桌上，看他开始吃了，我才回办公室。又一次去看他时，我顺便把书还给他还轻轻说：“以后别这样了。”他当然没怎么理我，转身就走了。

接下来的美术课，两个“小霸王”依旧是我行我素，让我欣慰的是，听到我的指责一个不会再流露怒火了，“感化”略胜“强压”，我感到小小的胜利。

后来，一节《漂流瓶》的课，彻底改变了他们。当学生们设计完成一个漂流瓶后，我给他们的任务是在一张心形的纸上认真写上自己的心愿或祝福。大家都写得很认真，我巡视着看了几个同学的愿望，又有意识看了看这两位的愿望，故意用调侃的口气说：“嘿，你们俩的愿望差不多嘛！”“我就要比他多一个！”其中一个说道。他们的愿望一个是得到100个爆丸（玩具），一个是得到101个爆丸。“他们俩是兄弟。”就是旁边传出来的声音一下子给了我灵感：他们是一对好斗的兄弟，这是一个良机。我提醒自己，爆丸是他们的共同目标，何不利用目标挑起一场“斗争”呢？机不可失，事不宜迟，我用挑衅的口吻说：“怎么样？你们两个来次比赛，谁赢了我就送给谁一个爆丸。”“真的还是假的？”一个人“中圈”了，我心想。“比就比，比什么？”另一个不甘示弱。时机成熟，“很简单”，我开始卖关子了，在他俩的催促下，我还是挑衅地说，“就比谁上课时，更能守纪律。”“这简单，说话算话，赢了就有爆丸喔！”一个已成功被诱惑，还有一个说：“好，但我赢了就要超大的爆丸！”我皱起眉头开始故意讨价还价，“不行，不行，太贵了。”“那好吧！”终于两个都“中圈”了。

从此以后，两人开始了“竞争”，我已在抽屉里放了两个爆丸，等他们拿爆丸时我会告诉他们：“你们胜的不是对方，而是自己。”

自主合作　享受成功

◇潘　剑

这是小学三年级的一节体育课。课程一开始，我安排学生进行打绳结比赛，学生们很快就完成了。

我说："同学们的动手能力真强，这么快就打好了绳结。想不想用绳结玩抛接？"

"想！想！"同学们异口同声地说。

"好！不过老师要你们练不同的抛接方法，方法越多越好，还要看你们谁接住的次数多。在练习时想一想怎样才能稳稳接住绳子。"

我的话刚说完，学生们就迫不及待地到指定的范围练习开了。我开始巡视。

"我接到三次了。"

"我每次都接到了。"

……

"嘟！嘟！嘟！"我吹响了集合的哨声，学生们很快来到我的身边。

"谁来告诉老师，怎样才能接住绳结？"

学生们七嘴八舌地说："抛得低一点。""抛得直。"……

在孩子们总结的基础上，我作了一下小结：要想稳稳接住，就要抛得低，抛得直，眼睛紧盯着绳结看。接着，我让学生又练习了一会儿。这一环节结束了，但学生的脸上洋溢着意犹未尽的神情。

"同学们，单脚交换跳短绳的动作我们已经学过了，还记得老师说过的脚的动作吗？"

"跳时脚底不能被同伴看到。"

"对，请同学们按要求，练一练。"

……

“嘟！嘟！嘟！”我又吹了集合的哨声，学生们很快集中到我的周围。

“大部分同学跳得很好，但速度不快。有几个同学还是脚的问题，失误很多。想想怎样才能跳得快，请你们带着问题去练一练。”学生们马上又走到自己的练习场地，积极地练开了。

大概跳了两分钟，我再次把学生召集到身边，说：“谁来告诉老师，怎样才能跳得快？”

“脚抬得低一点！”

“脚底不能被同伴看到！”

“摇得快，跳得快！”

……

在孩子们总结的基础上，我作了一下小结：单脚交换跳短绳，跳时手脚积极配合，脚抬得低，脚底不被同伴看到。

接着，我让学生自己选择练习方法，认为自己跳得好的留在小组内练习，组内同伴相互帮助，共同提高；自认跳得不好的到老师处练习，逐步掌握动作技术。

之后，我对同学们说：“你们跳得不错。现在老师给你们规定跳的个数（35个），看谁先完成！”

“好！好！”学生们兴奋地说。

“你们边跳边数，可要诚实噢。准备好了吗？”

“好嘞！”

“嘟！”我吹响了开始的哨声，学生们飞快地跳着。

“我跳好了！”

“老师，是我第一个跳好的！”

“我比你先跳好！”

“为那些还没有跳好的同伴加油呀！”

“小禹，加油！”

“小明，跳得快一点。”

“小华，你脚的动作不对。”

……

跳得慢的同学在同伴的加油声、提醒声中终于完成了任务。

我看看那些跳得快的洋洋自得的学生，又看看那些跳得慢的垂头丧气的学生，忽然灵机一动，心想：为何不让那些跳得慢的也尝尝成功的滋味呢？于是说：“老师想让跳得快的同学有超越自己的机会，也想让跳得慢的享受一下成功的快乐。为此，第二次练习老师想变一下规则：让你们自己定个数，在老师规定的基础上增加5个，或是减少5个，行吗？”

“行！行！”学生们立即活跃起来，他们非常认真地为自己设定目标。

随后，学生们随着我的哨声，积极地练习着……

跳短绳既有利于增强学生的灵活性、耐久力，又可以锻炼学生的协调性、节奏感，能综合提高学生的身体素质。三年级的学生喜欢上体育课，对各种体育活动有着浓厚的兴趣，在课堂上有较强的表现欲望和竞争意识。但他们对技术动作的学习兴趣不大，自控能力相对较差，注意力易分散，易受干扰，情绪不太稳定，就跳绳而言，他们的兴趣和热情来得快，去得也快，难以持久，这是他们最大的弱点。根据这些特点，在设计这堂跳短绳课时，我以提高学生的学习兴趣为宗旨，面向全体学生，营造自主学习、愉快合作学习的氛围；提供学生思考的时间和空间，倡导学有所思，思而后学的教学环境。在教学要求上，做到因人而异，对水平不同、能力不同的学生提出不同的练习要求，让每一个学生在原有的基础上能够得到提高，使学生始终保持在最佳状态下锻炼和游戏，在主动参与、体验、感受中完成本堂课的教学任务。

初为人师的感悟

◇尤盼盼

大学毕业后，我成为了一名平凡的教育工作者。对于教师这个行业，我一开始的认识也就是传道授业解惑也，认为教师的职责就是将书本的知识和自己的一些经验教授给学生，把教师看成是学生和知识之间的媒介，只是知识的运输者罢了。慢慢地，我发现我错了。教育是一项爱的事业。教师不仅仅是知识的传授者，更是学生成长的引路人。

我任教的是三年级的数学。当我第一次走进班级，40 多双眼睛齐刷刷地盯着我，让初涉教育行业的我感到新鲜，也有不安。自己虽然在大众面前经常介绍自己的课题，充满自信，可是第一次遇到自己将要接手的班级还是有些小紧张。在一旁的班主任王老师察觉了我的神态，主动过来和我介绍他们班级的情况，让我对这个班级有一个大概的了解，之后我简单地介绍了一下我自己并和小朋友们作了相互了解。慢慢地，我平静下来，环视整个教室，发现小朋友们的眼睛里流露出一丝丝好奇和喜悦，他们似乎很喜欢我。

一个偶然的机会让我注意到了一个成绩处于中等的小姑娘，她叫小 Q。她是一个文静的小女生，坐在倒数第三排。她向我表达了希望学好数学的愿望，而当时她的每次小练习基本都是勉强得 C，学得颇为吃力。我决定帮助她。利用偶尔的空余时间，她会拿着她不懂的题目跑到我的办公室，让我给她讲解。辅导的初始阶段简直就是一场折磨，估计不仅我有这种感觉，她一定比我还要难熬。小 Q 的语文和英语成绩都还可以，平时还学习多种乐器，并且是学校合唱团的成员，唯独对数学不感兴趣。在我看来，她只是在内心否定了自己，她告诉自己她永远也掌握不了数学。于是，我对她说："很多难学的东西你都掌握了，数学你也一定可以学好的。"不知道她是没有听见我对她这么说还是以为我是在安慰她，在做练习的时候，她算了很久，终于小声地说："60?""小 Q，你是在猜答案吗?"

“600?”我开始意识到，比起帮助，也许我带给她的伤害更多。虽然我想表达的是善意，却让她感到了不安和焦虑，她甚至委屈地掉下眼泪。在我们直接交流的过程中，我对小Q同学有了较多了解，我也尝试改变我的辅导方式。我对她说：“我知道你很聪明，但我们现在要定一些规则。你不可以猜答案，也不可以用空泛的答案回答我。要么就告诉我确切答案，要么就说不会!”我想这也许会让她有些不高兴，但这种方法毕竟有效。她开始果断地喊出答案，或者要求我再和她解释一遍。之后，她开始有些领悟，辅导也开始变得有趣、顺利了。小Q重拾信心，开始变得机敏。她已经跨出了克服数学学习困难的重要一步，相信她在再次面对困难的时候不会轻易退缩。

现在的小Q是四年级的小学生了。我虽不教她了，但偶尔她会用微信告诉我，她这次数学考了A+，或者这学期她被评上了中队长。这件事让我意识到，当好一名人民教师，不仅要练好课堂上的教学基本功，而且要在学生需要的时候竭尽所能地去帮助他们，给予他们更多的帮助和爱，让他们成长的新芽冲破自我或环境的阻力，蓬勃向上。

初当班主任的故事

◇蔡　恬

这一个学期对于我来说是特殊的，因为这是我第一次当班主任，可谓是五味杂陈的一个学期。还记得8月，当我第一次听到工作安排“一年级班主任——蔡恬”这几个字时，脑海里只有三个字：“我不行。”如果是五个字，那就是：“我肯定不行。”班主任这份工作对于我来说像登天一样难，我不知道应该从何做起，不知道应该怎么准备。于是在接下来的三天里，我躺在家里，辗转反侧，脑海里翻腾的全是我该怎么办的苦恼与无奈。连着几天晚上梦到的全是班级里面，哪个孩子磕着碰着了的状况。如负重荷的日子，持续了好几天，有一天，我终于醒悟了：这样下去肯定不行。于是我起床开始行动了。第一件事情，就是找我前两年的搭班班主任——陈老师和曹老师，向她们要了一堆资料，问了一堆问题。两位老师不厌其烦地回答我所有的疑问，并且他们知道我内心的不自信和焦虑，耐心地开导我，并告诉我，有任何疑问、需要任何帮助都可以去找他们。感恩之情三言两语难以言表。

现在，当我认真回忆这一个学期的班主任工作时，我发现我收获最多的其实是大家对我的帮助。无论是青年教师还是有经验的老师，我都可以从他们那儿学到许多。还记得离9月份开学还有20多天的日子，我几乎足不出户，做了许多的准备。我把所有想到的问题都罗列了下来，把可能遇到的困难也都写了下来。这时候，我发现原来自己有一个不足为奇的优点，就是不耻下问。当我想到一个问题时，我就会立即去问，为了防止自己忘记，问好以后一定及时记录。在这20多天的时间里，我脑海里蹦跶出了100多个问题，在一一提问的过程中基本上都得到了较好的解决，由此，我也增强了自信。

开学前的家访是一大难关。我和我的搭班都是20岁出头的青年教师，尽管我们都装着老成的模样出现在家长面前，但还是不免听到：“老师，你们都好年轻啊。”也许是赞扬，也许是怀疑的一句话，总要坦然去面对，虽然我们很年轻，但是我们同样可以。家访前，我仔细地回忆了两年前我跟随班主任老师同去家访的场景，连着家访的一周，就是一个从模仿到成长的过程，模仿有经验的班主任的谈吐、交流方式，再渐渐结合自己的个性特点和说话方式，尽量与家长友好沟通。家访，是一条新教师成长的必由之路。

每一个阶段，都有不同的焦虑。开学后的我，天天害怕班级里会有状况发生。于是，开学的前两周，几乎就像幼儿园坐班一样，我天天坐在教室里看着孩子们，怕一不留神就会发生什么事情。连着坐了好几个礼拜，我想这样下去不是办法，自己也没有时间去做其他的工作了，于是，我开始培养有能力的班干部，效果让人十分惊喜，孩子们的能力永远超乎你的想象。

在初当班主任的第一个学期里，有一件事情令我印象深刻。男生小天的许多课本上被画满了各种各样、大大小小的五角星，有的印记很深，难以擦去。小天的妈妈十分气愤，希望我可以调查出是谁在小天的本子上乱涂乱画。早上趁孩子出去阳光体育的时候，我找了小天周围的前后同学，问了一下基本情况，所有的孩子都摇头说肯定不是自己，或者表示不知情。当时我有点蒙了，因为所有的孩子都十分坚定，一点也看不出破绽。我也十分清楚，在没有证据之前，不应该随意批评任何一个孩子。于是，我拿出了铅笔和本子，让这几位孩子画五角星。其实这几个孩子画的五角星和小天书本上被画的五角星的造型都不像，但通过画五角星的笔画顺序，我基本判断应该就是女生小一。于是我让其他同学都离开，教室里只剩我和小一。我还没开口，孩子就落泪承认是自己画的了，而之所以会这么做，是因为小天和小一是幼儿园同学，小一称幼儿园时经常受小天欺负，没想到进了小学后这么巧就正好被安排成了同桌。而之所以不愿意承认，是因为她的家长十分严厉，她怕回家被骂。我和女生小一沟通许久，没有批评她一个字，但告诉并教育她这样做是不对的。我反复强调的是一句话：“无论发生什么事，都必须诚实，老师会原谅你的。”随后，我帮两个孩子调整了座位。

通过这件事，我很庆幸我没有冲动地批评任何一个孩子。我也很庆幸，当我知道是小一所为时，听她说了事情的来龙去脉。原来孩子和大人一样，做任何事情，无论对错，也有他们的理由。而作为老师，作为班主任，无论何时，首先要尽力保护他们稚嫩的心，然后为他们指引正确的方向，改正成长过程中的小错误，进而树立信心，不断进步。

这是我做了一个学期的班主任的心路历程和点滴故事。半年的时间说长不长，说短不短，对我而言，这却是难以忘怀的半年。如果没有师傅们和前辈老师们的帮助和关心，青年教师的成长不会这么快。感恩在心，无以回报，唯有化作行动，做一名更好的老师！一切的一切，都是为了孩子，为了未来！

用积分奖励激发学生的积极性

◇刘　芳

今年开始我执教三年级两个班的数学，一个班级是我从一年级带上来的，孩子们的情况、习惯以及情感等我都比较熟悉，教学上也很得心应手。另外一个班级是在二年级时接手的，原本班级里的问题学生就相对其他班级多一些，教学的各方面都感觉困难重重，我想了很多方法，效果总是不理想，时有波动。

经过一年的教学，我对这个班级情况有所了解：多数小朋友思维活跃，又生性活泼，也就是我们常说的聪明的孩子较多，但总有一些孩子自恃聪明、自以为是，平时课堂纪律就是一大难题，对于老师的讲授不能静心聆听，总是急着抢说答案。此外，课后作业情况很难做到全部上交，总有一些学生忘记交作业，批改后的作业也总是不能及时订正，需要一直催促。长此以往，让我产生心力交瘁之感。

一个偶然的机会让我发现班主任在班级里实行积分制度，对于表现突出的学生根据情况分别进行积分奖励：5 分、10 分、20 分，对于表现不佳的则进行扣分。学生所得积分可以用来兑换奖品和特权，如免做作业的特权、看动画片的特权、免惩罚的特权……自从积分制度实行之后，课堂纪律和表现都有了很大改善。于是，我决定借鉴班主任的积分制度，在教学中对学生课堂表现和作业情况进行奖励积分。

万事开头难。我在课上提出要实行积分制度，学生们很是赞同，并引发了极大的热情。我主动与他们商定积分奖励办法、奖品内容以及特权兑换等，在形成共识后制定了积分制度的规则和实施办法。最后制定出的奖励积分分别是：1 分、5 分和 10 分。课上表现好的积 1 分，积极回答问题的积 1 分，作业完成优秀的积 5 分，进步大的积 5 分，练习中成绩突出的积 10 分；上课被提醒的扣 1 分，被批评的扣 5 分。积分达 30 分，可兑换奖品自动铅笔，积分达 50 分可兑换奖品铅笔盒，积分达100分可兑换奖品书。每人积分达50分还可兑换看一节动画的权利，积分达100分还可以兑换一次免做作业的权利……孩子们热情高涨，很快进入了良好的学习状态。

自从实施了积分制度，课堂纪律有了明显改善，作业上交不仅快、齐，而且正确率大大地提高了。我感到很是欣慰。对于个别学习困难和有行为偏差的学生，我又专门设置了进步积分奖励，只要他们有一点点的进步，便可以得到进步积分。

当然，实施过程有时也并不顺利。班级里的小轩是各科老师都很头疼的学生，私下里他很懂事，可是在课堂上总是会随意插嘴起哄，爱表现又无纪律，因为他一个人，整个班级的教学都受到了极大的影响。一些任课老师也来询问我小轩的情况，我们发现，他只有在班主任的课上有所收敛，在其他课上表现都很不好。我也因为小轩的事情多次求助班主任，甚至几次找他家长来了解情况，可是小轩的课堂状态却没有明显改观。

我下定决心，一定要想出办法来解决这个问题，否则班里其他孩子也会受其影响，长此以往，只会越来越糟糕。我分析了小轩的性格，他之所以有这样的表现，无非是想引起关注，获得心理满足感。他课下很懂事，喜欢帮助别人，但是不太能接受他人的批评。他身体强壮，与他人一言不合就大打出手，别的孩子对他很畏惧。所以课上他一个人"独领风骚"，其他孩子也不敢对他抱怨指责。鉴于这种情况，我让小轩帮我管理积分，课前检查上课准备工作，课上记录表现优秀和表现不好的情况，课后分发积分和扣除积分。我惊喜地发现，小轩很认真地执行我交给他的任务，并且很仔细地做好记录，对于课堂表现也很公正地做出判断，给予奖励和惩罚。自担任此职后，他课上不再随意插嘴挑衅，也没有出现过违反纪律的现象，他在课上积极认真，工作也公正负责，孩子们对他的印象也逐渐好了起来，有事也会主动请小轩帮忙。班级上课纪律不佳的矛盾终于迎刃而解，现在课堂安静有序，学生们听课认真积极。我感到非常高兴，特别是能为自己转化这样一个有偏差学生而感到高兴。

教学中难免会遇到各种各样棘手的问题，也会遇到各种学生，有时需要我们以智取胜去解决遇到的这些困难。在成长过程中，自律自控的能力和意识要慢慢培养和养成，这需要教师的引导。只要找到学生的兴趣点，然后因势利导，就会得到事半功倍的效果。学生在特定的情境中，需要鼓励，需要理解，需要尊重。

教育，需要多一些特别的关爱和方法

◇王　帆

细细想来，自己参加教育工作已经四年了。分析自己这一学年的工作情况，各方面似在平凡、繁琐的育人工作中进步着。

做教师之后，我深切感受到教师这个职业的重要性和艰巨性。当各种社会问题、家庭问题、学习问题一并进入学校，矛盾的尖锐性、复杂性和特殊性常使一些老师们措手不及。做教师要有爱心、耐心和恒心，更要有将教育理论和教育实践紧密结合，形成体现教育机智的艺术与功力。

课上我强调无论想到什么都可以画，不仅不会批评天马行空、画得夸张的孩子，反而更多地表扬敢想敢画的学生。在作业收上来以后，我更是关注平日比较腼腆胆小的学生的画作，发现他们作业中的优点会及时展示，以增强他们对自己的信心和对绘画的兴趣。有时候我让他们自己介绍画作的内容，说不出的可以让大家一起发挥想象，为他们创设宽松、有趣的学习氛围，也使他们的作品在与同学的交流中显示意义，不断完善，同时也拓宽了他们想象的角度。

当然，在初入教坛的这几年中，教学过程中遇到最大的困难还是不知道如何进入一些“特别的”学生的世界。比如三年级的小宁，每回美术课他都会有各种各样的理由离开自己的座位，光是命令式的“不可以，回到自己的座位”的说教，对他起不到任何作用。苏霍姆林斯基曾说过：“一个好教师意味着什么？首先意味着他是这样的人，他热爱孩子，感到跟孩子交往是一种乐趣，相信每个孩子都能成为一个好人，善于跟他们交朋友，关心孩子的快乐和悲伤，了解学生的心灵，时刻都不忘记自己也曾是个孩子。”大爱无痕，润物细无声，教育无处不在，老师的一个微笑、一个和蔼的眼神、一个爱抚的动作、一句关心的话语，都会给学生带来欢乐，带来智慧。我会为学生，为事业不懈地努力。

于是我课后经常找小宁聊天，了解他的想法。在经过耐心交谈后，他的课堂情况有所好转，但效果甚微。他在我给其眼神提示时，能有所收敛，但只能维持三四分钟，之后又开始左顾右盼，我行我素。有一回放学时，我遇到了他的妈妈，我就了解了一下他平时在家的情况。在与家长沟通后，我决定让小宁准备一本本子，每次美术课要画的内容和他上课的表现，我都记在本子上，他父母也答应到家后会配合查看。自从这个计划实施后，他上课前都会自觉地给我本子，上课时眼睛认真地盯着我，也会主动提问了，偶尔还会给我看他自己的作品。现在，小宁的不良习性虽未根治，但已走上进步的轨道。我也在处理“特殊生”的个案中学到、悟到了许多。

教育职业崇高而艰辛，这条路并不如我想象的这么简单。教师只有知识是不够的，因为在一节课当中你不能只是把知识灌输给学生，还有很多的东西要言传身教，比如习惯的养成、能力的培养等等，而且课堂纪律好不好直接影响了一节课的质量。学习要在一个宽松安静的环境下才能有良好的效果，所以一个教师要掌握的不仅仅是知识，还有管理治班的艺术。

我很欣赏这样一句话：“一双眼睛看不住几十个学生，而一颗爱心却可以拴住几十颗心。”在教育过程中打动学生的是情，震撼学生的是爱，感染学生的是美。师爱如同闪耀光芒的太阳，让每一朵花绽放得更加灿烂，让百花齐放妆点教育的胜景。

小学一年级学生的英语学习

◇刘佳艺

课堂是教书育人的主要阵地，我们要精心设计自己的每一节课，力求达到高效的教学，让学生能有真正的收获，从而提高综合素养。

要在课堂教学中为学生积极创造能够获得学习乐趣和成功的机会，从而帮助学生树立学习的信心，提高学习的效果。为此，我们从符合小学生年龄特点的角度出发，遵循教育学、心理学、教学法、语言学等有关原则，在小学英语教学中大胆运用夸张手法，使之成为有效的教学方法之一。

首先，尽力激发学生学习英语的兴趣。

第一次给小朋友们上英语课时，他们会不停地用“Hello，Sissi！”“Hello！”热情地向我打招呼。他们所表现出来的对英语的热情似乎很高。但最开始的好奇与兴趣之后，是日常的学习，一些学生便为掌握英语单词和基本对话而发愁了。如何有效激发并维持学生学英语的兴趣呢？靠单纯枯燥的模仿和机械的记忆是不行的。针对一年级小学生好动、好奇、喜欢亲身经历等特征，我在教学中创设各种学生喜闻乐见的情境，给学生提供亲身体验的机会，让他们充分运用各种感官，在说说、唱唱、跳跳、画画、演演的情景中身临其境地学英语。牛津英语的课本都是每个单元有一个明确主题的，我在备课时就运用一些情景把主题演绎得具体生动、深入人心，如上到第三单元“My abilities”时就设计了一个“学生在课堂上能做什么”的主题来引出新课，既新颖又能直接引起孩子们的兴趣，让他们以平时在教室里能做什么事为主题进行英语学习，效果很好。所以灵活地运用每一个教学环节至关重要。

其次，讲究课堂内容的实在性。

在小学低年级英语的教学过程中，利用游戏能激发学生的学习兴趣，课堂上唱唱跳跳、说说演演，形式多样，十分热闹，使学生在快乐学习中接受教师预设的教学内容。但稍假以时日，很多学生原有的学习热情急剧下降，本能的兴趣正逐渐减退。在课堂教学中经常是：课前教师不遗余力地精心设计来吸引学生兴趣，课上学生走来走去，又是叫又是跑，甚是热闹，课后学生懵懵懂懂，一知半解。对此我进行了反思，究其原因是在课后没及时巩固，知识没能螺旋上升，直接导致学生消化不及时，特别是在单词和句型的认读方面，并非所有学生都能在规定的时间内熟练掌握。我认为，小学英语教学要重视学生学习兴趣的培养，但不能以说说唱唱玩玩为主，因为培养兴趣的目的主要是为学习英语，游戏只是小学生学习英语语言知识的手段。因此，我们在激发学生对学科学习的兴趣时，不能只停留在课堂表面的“活、乐、玩”中。在以后的教学中应多关注三维教学目标的要求，采用生动、灵活的教学方式，使学生更好地掌握知识发展能力。

另外，对学生进行有效的评价对教学有很大的帮助，评价可以使学生认识自我，树立自信，有助于反思不足，及时调整自己的学习过程。在评价时，一年级的学生更应以肯定为主，纠正为辅。针对这个年龄阶段的普遍特征，低年级的学生有些甚至无法接受批评，评价方式不当，反而会伤害他们学习的热情。因此要充分发现学生的进步，在课堂教学中多树立榜样的作用，多关心班级里的后进生，让他们在常态的、及时的激励性评价中获取自信，增强动力，从而知难而进，学习英语。

融严于爱　乐学数学

◇蔡　晴

在我小时候的印象中，老师是一个极其伟大的职业，因为她既承担了教书的职责，又传播着育人的方法，她伴随着我的成长。随着年纪的增长，我渐渐明白了教师的艰辛与不易，但我依然天真地认为即使高年级的老师不容易当，做一名小学教师一定是很洒脱的，因为小学阶段的知识比较浅显易懂，无非就是读读书，写写字，算算题，快快乐乐就可以毕业。而且小朋友一定也很听话，这一定是一份快乐的工作。

当我真正来到小学教师的岗位时，才发现原来一切并非如此，你以为简单的东西，其实只是在你的认知中，并不在现实中，对于小学教育而言，真正困难的是站在学生的角度去思考问题、理解问题、处理问题。

因为新教师的原因，我很担心自己上课气场比较弱，控班能力比较差。所以大部分的上课时间我都是比较严肃的，学生大多很怕我，常常看到我来了就大喊一声："蔡老师来了！"然后就跑回教室了，很少有学生走上前主动与我打招呼。后来我想大概是怕被我逮到挨批评吧！但当上课时，当有的问题反馈并不是那么如意令我感到失望时，学生眼中也都带有少许的惧怕，对我的问题要三思而后才敢回答，而且语气还不那么肯定，课堂上很沉闷。

小朱是班里不怎么爱说话的男孩，但他很聪明，我感到他有潜力可挖。这天放学前，我约他来办公室送作业，我不露声色，问其身体、家庭状况、与同学的关系、班里近况等，试图消除他的胆怯，他都默然不答。后来，几经周折，我终于敲开了他的心扉。"老师，我上课回答问题老是紧张，害怕回答错误，你会批评我，手里总是冒汗。"我再看看他，的确有些紧张，我让他坐下，耐心地开导他，终于，他向我倾吐了心里话。"老师，你上课的时候总是板着个脸，一点都不笑，我们都很害怕看到你的眼睛，每次被你一看就像犯了错误被你逮到一样。

同学们其实都挺喜欢你的，那天小赵生病了，你轻声地安慰她，还倒热水给她喝，小赵说她好感动。”听完他的这番话，我的心顿觉震撼，原来这是我的课堂沉闷的原因。我要感谢孩子的天真，感谢他的童言无忌，让我重新认识孩子们，他年龄虽小，很懂得道理，也很有个性与主见。从那以后，我尽量放松自己的表情，愉悦自己的语气，增进自己的亲和力，我的课堂活泼了不少，上课爱发言的学生增多了，学生的眼中少了惧怕，多了对我的信任、对数学学科的喜爱，让我从中体会到了与学生合作的快乐。

我现在执教的一年级，孩子们都处在稚气未脱的状态下，结合学生的年龄特点，在平时的交流或者上课时，我都会渗透一些生活中的关于数学的小故事，吸引小朋友的注意力，效果也会比较好。

目前，学生对枯燥的数学都产生了兴趣，对数学学习也获得了快乐学习的体验。那么，如何让学生在学习中自觉地动口、动手、动脑，促进课堂教学呢？这就成了数学老师当前的课题。我想，应在已有基础上，加强探究和实践，巧妙地使用教学资源，能动地激发学生的学习兴趣和求知欲，使学生在心理上产生“想学要学”的求知需求，进而达到数学教育之目的。

图书在版编目(CIP)数据

在实践中感悟，在感悟中成长：我的教育故事 / 赵国弟主编. 一上海：中西书局，2018.5 （2024.1重印）
ISBN 978－7－5475－1425－2

Ⅰ.①在… Ⅱ.①赵… Ⅲ.①小学教育—文集 Ⅳ.①G62—53

中国版本图书馆 CIP 数据核字(2018)第 093245 号

在实践中感悟，在感悟中成长
——我的教育故事

赵国弟 主编

责任编辑 孙本初
装帧设计 梁业礼

出版发行 上海世纪出版集团
中西書局(www.zxpress.com.cn)
地 址 上海市陕西北路 457 号(200040)
印 刷 三河市腾飞印务有限公司
开 本 700×1000 毫米 1/16
印 张 16.25
字 数 273 000
版 次 2018 年 5 月第 1 版 2024 年 1 月第 2 次印刷
书 号 ISBN 978－7－5475－1425－2/G·475
定 价 68.00 元